Três guinéus

Virginia Woolf

Três guinéus

ORGANIZAÇÃO,
TRADUÇÃO E NOTAS
Tomaz Tadeu

POSFÁCIO
Naomi Black

autêntica

7	Ilustrações
9	Um
49	Dois
95	Três
155	Notas e referências

Ilustrações

26   Um general

28   Arautos

30   Um cortejo universitário

72   Um juiz

130   Um arcebispo

Um

Três anos é muito tempo para deixar uma carta sem resposta, e a sua ficou aqui à espera de uma resposta por um tempo maior ainda. Tinha a esperança de que ela se respondesse por si só ou que outras pessoas a respondessem por mim. Mas aqui está ela com sua pergunta – como, em sua opinião, vamos evitar a guerra? – ainda sem resposta.

É verdade que muitas respostas se insinuaram, mas nenhuma que não exigisse explicação, e as explicações tomam tempo. Neste caso, além disso, há razões pelas quais é particularmente difícil evitar mal-entendidos. Uma página inteira poderia ser preenchida com desculpas e justificativas; proclamações de inépcia, incompetência, falta de conhecimento e experiência: e elas seriam verdadeiras. Mas, mesmo após terem sido expostas, restariam ainda algumas dificuldades tão fundamentais que poderiam perfeitamente se revelar, para o senhor, impossíveis de compreender, ou, para nós, de explicar. Mas não se quer deixar uma carta tão notável quanto a sua – uma carta talvez única na história da correspondência humana, pois quando, antes, um homem instruído perguntou a uma mulher como, em sua opinião, a guerra pode ser evitada? – sem resposta. Façamos, pois, a tentativa; ainda que ela esteja fadada ao fracasso.

Façamos, em primeiro lugar, aquilo que todas as cartas instintivamente fazem, um esboço da pessoa a quem a carta é endereçada. Sem alguém cálido e respirando do outro lado da página, as cartas são inúteis. O senhor, pois, que faz a pergunta, é um pouco grisalho nas têmporas; o cabelo do alto de sua cabeça não é mais espesso. Atingiu a meia-idade exercendo, não sem algum esforço, a advocacia; mas, em geral, sua jornada tem sido próspera. Não há nada de empedernido, mesquinho ou desgostoso em sua expressão. E sem querer lisonjeá-lo, sua prosperidade – esposa, filhos, casa – é merecida. O senhor nunca sucumbiu à satisfeita apatia da meia-idade, pois, como mostra sua carta, enviada de um escritório do centro de Londres, em vez de ficar dando voltas na cama e aguilhoando seus porcos, podando suas pereiras – pois o senhor possui alguns acres em Norfolk – o senhor escreve cartas, frequenta reuniões, preside isso e aquilo, faz perguntas, com o som das metralhadoras nos ouvidos. Quanto ao mais, iniciou sua educação num dos grandes internatos privados, concluindo-a na universidade.

É aqui que surge a primeira dificuldade de comunicação entre nós. Indiquemos rapidamente a razão. Nós dois viemos do grupo que, nesta época híbrida, na qual, embora a descendência seja mista, as classes ainda permanecem fixas, é conveniente chamar de classe instruída. Quando nos encontramos pessoalmente, falamos com o mesmo sotaque; usamos os talheres da mesma maneira; esperamos que as criadas preparem o jantar e lavem a louça depois; e durante o jantar podemos conversar sem muita dificuldade sobre a política e as pessoas; a guerra e a paz; o barbarismo e a civilização – questões todas, na verdade, sugeridas por sua carta. Além disso, ganhamos ambos a vida com nosso trabalho. Mas... esses três pontos assinalam um precipício, um abismo tão profundamente cavado entre nós que por mais de três anos tenho estado aqui sentada, do meu lado, me perguntando se vale a pena tentar falar com o outro lado. Peçamos, pois, a uma outra pessoa – trata-se de Mary Kingsley – que fale por nós. "Não sei se alguma vez lhe revelei o fato de que poder estudar a língua alemã foi *toda* a educação paga que jamais tive. Duas mil libras foram gastas na de meu irmão, espero que não inutilmente."[1]

Mary Kingsley não fala apenas por ela; fala também por muitas das filhas dos homens instruídos. E não se limita a falar por elas; ela também aponta um fato muito importante sobre elas, um fato que deve influenciar profundamente tudo o que segue: o fato do Fundo Educacional de Arthur. O senhor, que leu *Pendennis*, se lembrará da frequência com que as misteriosas letras F. E. A. apareciam nos registros contábeis domésticos. Desde o século treze as famílias inglesas têm depositado dinheiro nessa conta. Dos Pastons aos Pendennises, todas as famílias educadas, do século treze ao presente, têm posto dinheiro nessa conta. Trata-se de um receptáculo voraz. Onde havia muitos filhos homens a serem educados, era necessário um grande esforço de parte da família para mantê-lo cheio. Pois a educação de vocês não provinha apenas da cultura livresca; os jogos educavam-lhes o corpo; os amigos ensinavam mais que os livros ou os jogos. Conversar com eles alargava sua perspectiva e enriquecia sua mente. Nas férias vocês viajavam; adquiriam o gosto pela arte; certo conhecimento da política de outros países; e então, antes que pudessem ganhar a vida por conta própria, seu pai lhes dava uma quantia com a qual era possível viver enquanto vocês aprendiam a profissão que agora lhes dá o direito de apor as iniciais K. C. ao seu nome. Tudo isso provinha do Fundo Educacional de Arthur. E para isso, suas irmãs, como sugere Mary Kingsley, davam sua contribuição. Salvo pequenas quantias como as que serviam para pagar a professora de alemão, não era apenas a sua própria educação que ia para o fundo; mas muitos daqueles luxos e extras que são, no fim das contas, parte essencial da educação – viagens, vida social, privacidade, um aposento separado da casa da família – também eram depositados no fundo. Tratava-se de um receptáculo voraz, um fato sólido – o Fundo Educacional de Arthur – um fato tão sólido, na verdade, que ensombrecia toda a paisagem. E o resultado é que, embora olhemos para as mesmas coisas, nós as vemos de forma diferente. O que é aquele conjunto de edifícios ali, com uma aparência semimonástica, com capelas e residências universitárias e verdejantes campos esportivos? Para o senhor é sua antiga escola; Eton ou Harrow; sua antiga universidade, Oxford ou Cambridge; fontes de lembranças e de tradições inumeráveis. Mas para nós, que o vemos através da sombra do Fundo Educacional de Arthur, é uma carteira escolar; um ônibus para ir à aula; uma mulherzinha de nariz vermelho que não é, ela própria, muito instruída, mas que tem uma mãe inválida para sustentar; uma quantia de 50 libras por ano com a qual deve comprar roupas, dar presentes e pagar pelo transporte ao se aproximar da maturidade. É esse o efeito que o Fundo Educacional de Arthur tem tido sobre nós. Ele transforma a paisagem tão magicamente que, para as filhas dos homens instruídos,[2] os nobres pátios e quadrângulos de Oxford e Cambridge com frequência revelam-se como anáguas cheias de buracos, pernas de cordeiro frias, e como o trem que leva ao cais, rumo ao exterior, enquanto o guarda lhes fecha a porta na cara.

O fato de que o Fundo Educacional de Arthur transforma a paisagem – as residências universitárias, os campos esportivos, os edifícios sagrados – é um fato importante; mas deixemos esse aspecto para uma discussão futura. Aqui estamos preocupados tão somente com o fato óbvio, quando se trata de considerar a importante questão de como podemos ajudá-lo a evitar a guerra, de que a educação faz toda a diferença. Algum conhecimento de política, de relações internacionais, de economia é obviamente necessário para entender as causas que conduzem à guerra. A filosofia, até mesmo a teologia, podem proveitosamente dar sua contribuição. Ora, a pessoa sem instrução, a pessoa com uma mente pouco treinada, não poderia, possivelmente, tratar dessas questões de maneira satisfatória. A guerra, como resultado de forças impessoais, está, o senhor concordará, além da compreensão da mente pouco treinada. Mas a guerra como resultado da natureza humana é outra coisa. Não acreditasse o senhor que a natureza humana, as razões, as emoções do homem e da mulher comum conduzem à guerra, não teria escrito pedindo nossa ajuda. O senhor deve ter argumentado, homens e mulheres, aqui e agora, são capazes de fazer valer sua vontade; não são fantoches e marionetes controlados por mãos invisíveis. Podem agir e pensar por si próprios. Talvez possam até mesmo influenciar os pensamentos e as ações de outros. Algum raciocínio desse tipo deve tê-lo levado a recorrer a nós; e justificadamente. Pois felizmente há um ramo da educação classificado como "educação sem custo" – aquele entendimento dos seres humanos e suas motivações que, desde que a palavra seja expurgada de suas associações científicas, se pode chamar de psicologia. O casamento, a única profissão importante acessível à nossa classe desde o começo dos tempos até o ano de 1919; o casamento, a arte de escolher o ser humano com o qual se vai viver bem a vida, deve ter nos ensinado a desenvolver alguma habilidade nisso. Mas aqui, novamente, outra dificuldade se nos apresenta. Pois embora muitos instintos sejam tidos, em maior ou menor grau, como comuns a ambos os sexos, guerrear tem sido, desde sempre, hábito do homem, não da mulher. As leis e a prática desenvolveram essa diferença, seja ela inata ou acidental. Raramente, no curso da história, um ser humano foi abatido pelo rifle de uma mulher; os pássaros e os animais foram e são, em sua grande maioria, mortos por vocês, não por nós; e é difícil julgar aquilo de que não fazemos parte.[3]

Como, pois, vamos compreender o seu problema, e, se não conseguirmos, como poderemos responder a sua pergunta sobre como evitar a guerra? A resposta baseada em nossa experiência e nossa psicologia – por que lutar? – não é uma resposta que tenha qualquer valor. Obviamente, há para vocês alguma glória, alguma necessidade, alguma satisfação na luta, que nós nunca sentimos ou de que nunca extraímos prazer. Uma compreensão total só poderia ser alcançada por transfusão de sangue e transfusão de memória – um milagre ainda fora do alcance da ciência. Mas nós, que vivemos agora, temos um sucedâneo para a transfusão de sangue e a transfusão de memória que deve servir, em caso de necessidade. Há aquele maravilhoso, perpetuamente renovado e até agora amplamente inexplorado recurso para compreender as motivações humanas que é proporcionado em nossa época pela biografia e pela autobiografia. Há também o jornal diário, a história nua e crua. Não há mais nenhuma razão, portanto, para nos restringir ao diminuto espaço de tempo da experiência direta que ainda é, para nós, tão estreita, tão circunscrita. Podemos complementá-la observando a descrição da vida de outras pessoas. Trata-se, naturalmente, apenas de uma descrição, no momento, mas, como tal, deve servir. É à biografia, pois, que nos voltaremos, em primeiro lugar, rápida e brevemente, para tentar compreender o que a guerra significa para vocês. Destaquemos umas poucas frases de uma biografia.

Em primeiro lugar, isto, da vida de um soldado:

> Tive a mais feliz das vidas que se pode ter, e sempre trabalhei em prol da guerra, e agora entrei na maior de todas, na flor da idade, para um soldado... Graças a Deus, partimos dentro de uma hora. Que regimento magnífico! Que homens, que cavalos! Dentro de dez dias, espero, Francis e eu estaremos cavalgando lado a lado contra os alemães.[4]

Ao que o biógrafo acrescenta:

> Desde o primeiro momento, ele fora supremamente feliz, pois encontrara sua verdadeira vocação.

A isso acrescentemos estas palavras da vida de um piloto de guerra:

> Falamos da Liga das Nações e das perspectivas de paz e desarmamento. Sobre esse assunto, ele não era propriamente militarista mas marcial. A dificuldade para a qual não conseguia encontrar nenhuma resposta era que, se a paz permanente fosse

alguma vez alcançada, os exércitos e as marinhas deixariam de existir, não haveria nenhuma válvula de escape para as características viris que a luta desenvolveu, e a constituição humana e o caráter humano acabariam por se deteriorar.[5]

Aqui, imediatamente, estão três razões que levam o sexo que o senhor representa a guerrear; a guerra é uma profissão; uma fonte de felicidade e grandes emoções; e é também uma válvula de escape para as características viris, sem as quais os homens se deteriorariam. Mas o fato de que esses sentimentos e opiniões não são, de modo algum, universalmente partilhados pelo sexo que o senhor representa é demonstrado pelo seguinte extrato de outra biografia, a vida de um poeta que foi morto na guerra europeia: Wilfred Owen.

> Tive uma iluminação que nunca será absorvida pelo dogma de nenhuma igreja nacional: a saber, que um dos mandamentos essenciais de Cristo era: Passividade a qualquer preço! Padeça desonra e desgraça, mas nunca recorra a armas. Seja mal-tratado, ultrajado, deixe-se matar; mas nunca mate... Vê-se, assim, que o puro cristianismo nunca combinará com o puro patriotismo.

E entre algumas notas para poemas que ele não viveu para es-crever estão estas:

> A artificialidade das armas... A desumanidade da guerra... A insuportabilidade da guerra... A horrível bestialidade da guerra... A insensatez da guerra.[6]

A julgar por essas citações, é óbvio que o mesmo sexo sustenta opiniões diferentes sobre a mesma coisa. Mas é óbvio também, a julgar pelos jornais de hoje, que, não importa quantos dissidentes haja, os de seu sexo são, hoje, em sua grande maioria, a favor da guerra. A Conferência de Scarborough, de homens instruídos, a Conferência de Bournemouth, de homens da classe operária, chegaram ambas à conclusão de que gastar 300.000.000 de libras por ano é uma necessidade. Eles são da opinião de que Wilfred Owen estava equivocado; de que é melhor matar do que se deixar matar. Entretanto, uma vez que a biografia mostra que são muitas as diferenças de opinião, é evidente que deve haver alguma razão preponderante na gênese dessa esmagadora unanimidade. Devemos chamá-la, a bem da brevidade, de "patriotismo"? Em que, então, devemos perguntar em seguida, consiste esse "patriotismo" que leva vocês à guerra? Deixemos que o Lorde Chefe de Justiça da Inglaterra interprete isso para nós:

> Os ingleses se orgulham da Inglaterra. Para aqueles que foram educados nas escolas e universidades inglesas e trabalharam a vida toda na Inglaterra, há poucos amores mais fortes que o amor que temos por nosso país. Quando consideramos outras nações, quando julgamos os méritos da condução dos negócios públicos deste ou daquele país, é o nosso próprio país que tomamos como referência... A liberdade construiu sua morada na Inglaterra. A Inglaterra é o lar das instituições democráticas... É verdade que há em nosso meio muitos inimigos da liberdade – alguns deles, talvez, em locais um tanto inesperados. Mas nos mantemos firmes. Tem-se dito que a casa de um inglês é seu castelo. A casa da Liberdade situa-se na Inglaterra. E é, de fato, um castelo – um castelo que será defendido até o fim... Sim, somos imensamente abençoados, nós, os ingleses.[7]

Trata-se de uma declaração geral e clara sobre o que significa o patriotismo para um homem instruído e sobre quais deveres ele lhe impõe. Mas para a irmã do homem instruído – o que o "patriotismo" significa para ela? Tem ela as mesmas razões para se orgulhar da Inglaterra, para amar a Inglaterra, para defender a Inglaterra? Tem sido ela "imensamente abençoada" na Inglaterra? A história e a biografia, quando inquiridas, parecem mostrar que o lugar dela na morada da liberdade tem sido diferente do lugar de seu irmão; e a psicologia parece sugerir que a história não deixa de produzir seu efeito sobre a mente e o corpo. Portanto, a interpretação que ela faz da palavra "patriotismo" pode muito bem diferir da dele. E essa diferença pode fazer com que seja extremamente difícil para ela compreender a definição de patriotismo dada por ele e os deveres que ele impõe. Se, pois, nossa resposta à sua pergunta, "Como, em sua opinião, vamos evitar a guerra?", depende de compreendermos as razões, as emoções, as lealdades que levam os homens à guerra, seria melhor rasgar esta carta ao meio e jogá-la na lata de lixo. Pois parece óbvio que não podemos compreender um ao outro por causa dessas diferenças. Parece óbvio que pensamos diferente por termos nascido diferentes; há o ponto de vista de um Grenfell; o ponto de vista de Knebworth; o ponto de vista de Wilfred Owen; o ponto de vista do Lorde Chefe de Justiça e o ponto de vista da filha de um homem instruído. São todos diferentes. Mas não existe nenhum ponto de vista absoluto? Não podemos encontrar, em algum lugar, gravado em letras de ouro ou fogo, "Isto é certo. Isto é errado"? – um julgamento moral que devemos todos, quaisquer que sejam nossas diferenças, aceitar? Vamos, então, remeter a questão sobre se é certo ou errado ir à guerra àqueles que fazem da moral a sua profissão – o clero. Seguramente, se fizermos aos membros do clero a simples pergunta: "Ir à guerra é certo ou ir à guerra é errado?", eles nos darão uma resposta óbvia que não podemos negar. Mas, não – a Igreja da Inglaterra, que supostamente poderia ser capaz de desenredar a questão de suas complicações mundanas, também se divide entre duas opiniões. Os próprios bispos estão em desacordo. O bispo de Londres afirmou que "o verdadeiro perigo para a paz mundial hoje são os pacifistas. Por mais maléfica que seja a guerra, a desonra é ainda pior".[8] Por outro lado, o bispo de Birmingham[9] se descreveu como um "pacifista extremado... Não posso conceber que a guerra possa ser vista como estando em consonância com o espírito de Cristo". Assim, a própria Igreja nos dá conselhos divergentes – sob algumas circunstâncias é certo guerrear; sob nenhuma circunstância é certo guerrear. É aflitivo, desconcertante, desorientador, mas a verdade deve ser enfrentada; não há nenhuma certeza lá em cima no céu nem aqui embaixo na terra. Na verdade, quanto mais biografias lemos, quando mais discursos ouvimos, quanto mais opiniões consultamos, maior se torna a confusão e, ao que parece, menor se torna a possibilidade, uma vez que não conseguimos compreender os impulsos, os motivos ou a moralidade que levam vocês à guerra, de dar qualquer sugestão que ajude a evitar a guerra.

Mas além dessas imagens da vida e das opiniões de outras pessoas – dessas biografias e dessas histórias – há também outras imagens – imagens de fatos atuais; fotografias. Fotografias não são, obviamente, argumentos dirigidos à razão; elas são simplesmente asserções factuais dirigidas aos olhos. Mas justamente por sua simplicidade elas podem ser de alguma ajuda. Vejamos, pois, se quando olhamos para as mesmas fotografias sentimos as mesmas coisas. Aqui, na mesa à nossa frente, há algumas fotografias. O governo espanhol as envia com paciente pertinácia mais ou menos duas vezes por semana.* Não são fotografias agradáveis de olhar. São fotografias de cadáveres, na maior parte. A coleção desta manhã contém uma que pode ser o corpo de um homem, ou de uma mulher; está tão mutilado que poderia ser, por outro lado, o corpo de um porco. Mas essas são certamente de crianças mortas, e aquilo é, sem dúvida, parte de uma casa. Uma bomba pôs a parede abaixo; ainda se vê uma gaiola de passarinho balançado onde ficava, supostamente, a sala de visitas, mas o resto da casa mais parece um punhado de varetas suspensas no ar.

Essas fotografias não constituem um argumento; são simplesmente asserções factuais dirigidas aos olhos. Mas o olho está conectado com o cérebro, o cérebro com o sistema nervoso. Esse sistema envia suas mensagens como um raio, atravessando cada uma das lembranças do passado e cada uma das sensações do presente.

Quando olhamos para estas fotografias alguma fusão se dá dentro de nós; por mais diferentes que possam ser a educação e as tradições que nos embasam, nossas sensações, entretanto, são as mesmas; e elas são violentas. O senhor as chama de "horror e asco". Nós também as chamamos de horror e asco. E as mesmas palavras nos vêm aos lábios. A guerra, diz o senhor, é uma abominação, um barbarismo; a guerra deve ser interrompida a qualquer preço. E nós ecoamos suas palavras. A guerra é uma abominação, um barbarismo; a guerra deve ser interrompida. Pois agora estamos, ao menos, olhando para a mesma imagem; estamos vendo com o senhor os mesmos cadáveres, as mesmas casas destroçadas.

Renunciemos, pois, por enquanto, ao esforço para responder à sua pergunta, sobre como podemos ajudá-lo a evitar a guerra, pela via da discussão das razões políticas, patrióticas ou psicológicas que levam vocês a guerrear. Essa emoção é forte o bastante para merecer uma demorada análise. Concentremo-nos, por enquanto, nas sugestões práticas que o senhor traz à nossa consideração. Há três delas. A primeira consiste em assinar uma carta que será enviada aos jornais; a segunda, em filiar-se a uma certa sociedade; a terceira, em contribuir para seus fundos. Nada, à primeira vista, poderia soar mais simples. Rabiscar um nome numa folha de papel é fácil; participar de uma

---

* Escrito no inverno de 1936-1937.

reunião onde opiniões pacíficas são mais ou menos retoricamente reiteradas a pessoas que já acreditam nelas também é fácil; e preencher um cheque em favor dessas opiniões razoavelmente aceitáveis, embora não tão fácil, é uma maneira barata de tranquilizar aquilo que pode convenientemente ser chamado de nossa consciência. Há, entretanto, razões que nos fazem hesitar; razões que devemos examinar, menos superficialmente, mais adiante. Aqui é suficiente dizer que, embora as três medidas que o senhor sugere pareçam plausíveis, também parece que, se fizéssemos o que o senhor pede, a emoção causada pelas fotografias ainda não teria sido apaziguada. Essa emoção, essa fortíssima emoção, exige algo mais forte que um nome escrito numa folha de papel; uma hora desperdiçada ouvindo discursos; um cheque preenchido com uma quantia qualquer que possamos nos permitir gastar – digamos, um guinéu. Algum método mais enérgico, algum método mais ativo de expressar nossa crença de que a guerra é bárbara, de que a guerra é desumana, de que a guerra, como disse Wilfred Owen, é insuportável, horrível e brutal, parece ser necessário. Mas, retórica à parte, de que método ativo dispomos? Consideremos as possibilidades e as comparemos. Vocês, naturalmente, poderiam, uma vez mais, pegar em armas – na Espanha, tal como antes na França – em defesa da paz. Mas esse, supostamente, é um método que, tendo experimentado, vocês rejeitaram. De qualquer maneira, esse método não está disponível para nós; tanto o Exército quanto a Marinha estão vedados ao nosso sexo. Não nos é permitido ir à guerra. Tampouco nos é permitido participar da Bolsa de Valores. Assim, não podemos usar nem a pressão da força nem a pressão do dinheiro. As armas menos diretas, mas ainda assim efetivas, que nossos irmãos, como homens instruídos, possuem no serviço diplomático, na Igreja, também nos são negadas. Não podemos pregar sermões nem negociar tratados. E também, embora seja verdade que podemos escrever artigos ou enviar cartas para a imprensa, o controle da imprensa – a decisão sobre o que imprimir, o que não imprimir – está inteiramente nas mãos dos que pertencem ao seu sexo. É verdade que há vinte anos passamos a ser aceitas no Serviço Público e na Ordem dos Advogados; mas nossa posição ali é ainda muito precária e nossa autoridade, mínima. Assim, todas as armas com as quais um homem instruído pode fazer valer sua opinião estão fora de nosso alcance ou tão perto disso que, ainda que as usássemos, dificilmente poderíamos infligir um arranhão que fosse. Se os homens de sua profissão se unissem em torno de qualquer reivindicação e dissessem: "Se isso não for concedido, vamos parar de trabalhar", as leis da Inglaterra deixariam de ser aplicadas. Se as mulheres de sua profissão dissessem a mesma coisa, isso não faria absolutamente nenhuma diferença no que diz respeito às leis da Inglaterra. Não apenas somos incomparavelmente mais fracas do que os homens de nossa própria classe; somos mais fracas do que as mulheres da classe operária. Se as operárias do país dissessem: "Se forem à guerra, nós nos recusaremos a fabricar munições ou ajudar na produção de bens", a dificuldade de entrar em guerra aumentaria consideravelmente. Mas mesmo que todas as filhas dos homens instruídos deixassem, amanhã, de utilizar seus instrumentos de trabalho, nada de essencial, seja na vida da comunidade, seja no esforço bélico, seria perturbado. Nossa classe é a mais fraca de todas as classes do estado nacional. Não temos nenhuma arma com a qual fazer valer nossa vontade.[10]

A resposta a isso é tão familiar que podemos facilmente antecipá-la. As filhas dos homens instruídos não têm nenhuma influência direta, isso é verdade; mas elas possuem o maior de todos os poderes; ou seja, a influência que podem exercer sobre os homens instruídos. Se isso for verdade, ou seja, se a influência ainda é a mais forte de nossas armas e a única que pode ser eficaz em ajudá-lo a evitar a guerra, discutamos, antes de assinarmos o seu manifesto ou nos filiarmos à sua sociedade, o que essa influência acarreta. Ela é, claramente, de uma importância tão grande que merece um escrutínio profundo e prolongado. O nosso não pode ser profundo; tampouco pode ser prolongado; deve ser rápido e imperfeito – ainda assim, vamos tentar.

Que influência, pois, tivemos no passado sobre a profissão que está mais claramente ligada à guerra – sobre a política? Temos aí, novamente, as inumeráveis, inestimáveis biografias, mas extrair das copiosas vidas de políticos aquela passagem particular que é a influência das mulheres sobre eles seria um desafio para um alquimista. Nossa análise só pode ser ligeira e superficial; ainda assim, se restringirmos nossa pesquisa a limites manipuláveis e repassarmos as memórias de um século e meio, dificilmente poderemos negar que houve mulheres que influenciaram a política. As famosas duquesa de Devonshire, Lady Palmerston, Lady Melbourne, madame de Lieven, Lady Holland, Lady Ashburton – para pular de um nome famoso para o outro – exerceram todas, sem dúvida, grande influência política. Suas famosas casas e os grupos que nelas se reuniam exerceram um papel tão grande nas memórias políticas da época que dificilmente podemos negar que a política inglesa, talvez até mesmo as guerras inglesas, teriam sido diferentes se essas casas e essas festas nunca tivessem existido. Mas há uma característica que todas essas memórias têm em comum; os nomes dos grandes líderes políticos – Pitt, Fox, Burke, Sheridan, Peel, Canning, Palmerston, Disraeli, Gladstone – cobrem todas as páginas; mas o senhor não encontrará, quer no topo das escadas recebendo os convidados, quer nos aposentos mais privados da casa, nenhuma filha de um homem instruído. Pode ser que elas fossem desprovidas de encanto, de espirituosidade, de grau hierárquico ou de vestes. Seja qual for a razão, o senhor pode percorrer uma página atrás da outra, um volume atrás do outro, e embora vá encontrar os irmãos e os maridos delas – Sheridan na Devonshire House, Macaulay na Holland House, Matthew Arnold na Lansdowne House, e até mesmo Carlyle na Bath House – os nomes de Jane Austen, Charlotte Brontë e George Eliot não aparecem; e ainda que a sra. Carlyle tenha estado presente, a sra. Carlyle, isolada, parece ter se sentido pouco à vontade.

Mas, como o senhor destacará, as filhas dos homens instruídos podem ter tido outro tipo de influência – uma influência que era independente da riqueza e do status, do vinho, da comida, da roupa e de todas as outras comodidades que tornam as grandes casas das grandes damas tão sedutoras. Aqui, na verdade, estamos em terreno mais firme, pois houve, naturalmente, uma causa política em que as filhas dos homens instruídos estiveram muito envolvidas nos últimos cento e cinquenta anos: o direito ao voto. Mas quando pensamos no tempo que levaram para vencer essa causa, e com que esforço, só podemos concluir que a influência tem que ser combinada com a riqueza para ser eficaz como arma política e que a influência do tipo que pode ser exercida pelas filhas dos homens instruídos é, quanto à força, muito pequena, quanto ao efeito, muito lenta, e quanto à utilização, muito penosa.[11] Certamente a grande conquista política da filha do homem instruído custou-lhe mais de um século do mais exaustivo e humilde trabalho; manteve-a marchando em protestos, trabalhando na retaguarda, discursando em esquinas; finalmente, por ter usado a força, levou-a à prisão, e muito provavelmente ainda a manteria lá, não fora o fato, por paradoxal que seja, de que a ajuda que ela deu a seus irmãos, quando eles finalmente usaram a força, garantiu-lhe o direito de se chamar, se não uma filha em toda a plenitude do nome, pelo menos uma enteada da Inglaterra.[12]

A influência, pois, quando posta à prova, pareceu ser plenamente eficaz apenas quando combinada com status, riqueza e grandes casas. Influentes são as filhas dos nobres, não as filhas dos homens instruídos. E essa influência é da espécie descrita por um distinto membro da mesma profissão que a sua, o falecido Sir Ernest Wild.

> Ele sustentava que a grande influência que as mulheres exercem sobre os homens sempre foi, e sempre deverá ser, uma influência indireta. O homem gostava de pensar que estava fazendo sua tarefa por iniciativa própria quando, na verdade, estava apenas fazendo o que a mulher queria, mas a sábia mulher sempre deixava que ele pensasse estar no controle da situação quando, na verdade, não estava. Qualquer mulher que decidisse se interessar pela política tinha um poder imensamente maior sem o voto do que com ele, porque ela podia influenciar muitos votantes. Seu sentimento era de que não era certo rebaixar as mulheres ao nível dos homens. Ele admirava as mulheres e queria continuar a admirá-las. Ele desejava que a era do cavalheirismo nunca tivesse acabado, porque todo homem que tinha uma mulher para se preocupar com ele gostava de brilhar diante de seus olhos.[13]

E assim por diante.

Se essa é a natureza real de nossa influência, e todos nós reconhecemos a sua descrição e temos observado os seus efeitos, ela ou está fora de nosso alcance, pois muitas de nós somos simples, pobres e velhas; ou nem sequer merece nossa consideração, pois muitas de nós prefeririam simplesmente ser chamadas de prostitutas e se estabelecer abertamente sob as lâmpadas do Piccadilly Circus do que se utilizar dessa influência. Se essa é a real natureza, a indireta natureza dessa celebrada arma, devemos passar sem ela; acrescente nosso ímpeto minguado a suas forças mais substanciais e lance mão, como o senhor sugere, dos abaixo-assinados, da filiação a associações e do preenchimento de um ocasional e exíguo cheque. Essa pareceria ser a inevitável, ainda que deprimente, conclusão de nosso exame sobre a natureza da influência, não fora o fato de que, por alguma razão, nunca satisfatoriamente explicada, o direito ao voto,[14] em si de modo algum desprezível, estivesse misteriosamente associado a outro direito, de um valor tão grande para as filhas dos homens instruídos, que quase todas as palavras do dicionário foram por ele transformadas, inclusive a palavra "influência". O senhor não julgará que essas palavras são exageradas se explicarmos que elas se referem ao direito de ganhar a própria vida.

Esse, senhor, foi o direito que nos foi conferido há menos de vinte anos, no ano de 1919, por uma lei que franqueou o ingresso às profissões. A porta da casa privada foi escancarada. Em cada bolsa havia, ou podia haver, uma nova e brilhante moeda de seis pênis, sob cuja luz, cada pensamento, cada vista, cada ação parecia diferente. Vinte anos não é, em retrospecto, muito tempo; uma moeda de seis pênis tampouco é muito dinheiro; tampouco podemos, por enquanto, lançar mão da biografia para nos fornecer uma imagem da vida e da mente das novas proprietárias de moedas de seis pênis. Mas talvez possamos ver, em imaginação, a filha do homem instruído saindo da sombra da casa privada e se postando na ponte que fica entre o velho e o novo mundo, e perguntando, ao fazer rodopiar a sagrada moeda na mão, "O que farei com ela? O que vejo eu com ela?" Através dessa luz, podemos adivinhar, tudo que ela via parecia diferente – homens e mulheres, carros e igrejas. Inclusive a lua, marcada como ela é, na verdade, por cicatrizes de crateras esquecidas, parecia-lhe uma imaculada moeda de seis pênis, uma casta moeda de seis pênis, um altar sobre o qual ela jurou nunca ficar do lado dos servis, dos conformistas, uma vez que tinha o direito de fazer o que quisesse com ela – a sagrada moeda de seis pênis que ganhara com as próprias mãos. E se, moderando a imaginação com o prosaico bom senso, o senhor alega que depender de uma profissão é apenas outra forma de escravidão, o senhor admitirá, partindo de sua própria experiência, que depender de uma profissão é uma forma menos odiosa de escravidão do que depender de um pai. Lembre-se da alegria com que o senhor recebeu seu primeiro guinéu por seu primeiro processo, e do profundo ar de liberdade que aspirou quando se deu conta de que seus dias de dependência do Fundo de Educação do Arthur tinham chegado ao fim. Daquele guinéu brotara, como que de uma daquelas bolinhas mágicas às quais as crianças põem fogo e uma árvore se ergue, tudo o que senhor mais valoriza – a esposa, os filhos, a casa – e, acima de tudo, aquela influência que agora lhe permite influenciar outros homens. O que seria dessa influência se o senhor ainda estivesse tirando 40 libras ao ano da carteira da família e, para qualquer acréscimo àquela renda, estivesse na dependência do pai, ainda que ele fosse o mais benevolente deles? Mas é desnecessário entrar em detalhes. Seja qual for a razão, se por orgulho, ou amor à liberdade, ou ódio à hipocrisia, o senhor entenderá o entusiasmo com que, em 1919, suas irmãs começaram a ganhar não um guinéu mas uma moeda de seis pênis, e não desprezará esse orgulho, ou negará que era justamente fundado, uma vez que significava que elas não precisavam mais usar a influência descrita por Sir Ernest Wild.

A palavra "influência", portanto, se modificara. A filha do homem instruído tem agora ao seu dispor uma influência que é diferente de qualquer influência que tenha antes possuído. Não é a influência que a grande lady, a Sereia, possui; tampouco é a influência que a filha do homem instruído possuía quando não tinha direito ao voto; tampouco é a influência que possuía quando obteve o direito ao voto mas estava excluída do direito de ganhar a própria vida. É diferente porque é uma influência da qual o elemento da sedução foi removido; é uma influência da qual o elemento do dinheiro foi removido. Ela não precisa mais usar a sedução para obter dinheiro do pai ou do irmão. Uma vez que está fora do alcance do poder de sua família puni-la financeiramente, ela pode expressar suas próprias opiniões. Em vez de admirações e antipatias, que eram muitas vezes inconscientemente ditadas pela necessidade do dinheiro, ela pode declarar seus genuínos afetos e desafetos. Em suma, ela não precisa aquiescer; ela pode criticar. Ela está, finalmente, na posse de uma influência que é desinteressada.

Essa é, em linhas muito gerais, a natureza de nossa nova arma, a influência que a filha do homem instruído pode exercer agora que ela é capaz de ganhar a própria vida. A questão que a seguir, portanto, tem de ser discutida é: como pode ela usar essa nova arma para ajudá-lo a evitar a guerra? E fica imediatamente claro que, se não existe nenhuma diferença entre homens que ganham a própria vida nas profissões e mulheres que ganham a própria vida, então esta carta pode terminar; pois se nosso ponto de vista é igual ao seu, então devemos juntar nossa moeda de seis pênis ao seu guinéu; seguir seus métodos e repetir suas palavras. Mas, feliz ou infelizmente, isso não é verdade. As duas classes ainda diferem enormemente. E, para provar isso, não

· 23 ·

precisamos recorrer às arriscadas e incertas teorias dos psicólogos e dos biólogos; podemos apelar aos fatos. Considere o fato da educação. Sua classe tem sido educada nas escolas privadas e nas universidades por quinhentos ou seiscentos anos, a nossa, por sessenta. Considere o fato da propriedade.[15] Sua classe possui, por direito próprio e não pelo casamento, praticamente, todo o capital, toda a terra, todos os objetos de valor e todo o poder político da Inglaterra. Nossa classe não possui, por direito próprio e não pelo casamento, praticamente, nada do capital, nada da terra, nada dos objetos de valor e nada do poder político da Inglaterra. Que essas diferenças acarretam consideráveis diferenças na mente e no corpo é algo que nenhum psicólogo ou biólogo negaria. Parece seguir-se, pois, como fato indisputável, que "nós" – "nós" significando um todo composto de corpo, cérebro e espírito, influenciado pela memória e pela tradição – devemos ainda diferir, em alguns aspectos essenciais, de "vocês", homens, cujo corpo, cérebro e espírito têm sido tão diferentemente treinados e são tão diferentemente influenciados pela memória e pela tradição. Embora vejamos o mesmo mundo, nós o vemos através de olhos diferentes. Qualquer ajuda que possamos dar deve ser diferente daquela que vocês podem dar, e talvez o valor dessa ajuda possa estar no fato dessa diferença. Portanto, antes de concordarmos em assinar seu manifesto ou nos filiar à sua sociedade, talvez seja acertado descobrir onde reside a diferença, porque, então, poderemos também descobrir onde reside a ajuda. Vamos mostrar-lhe, pois, como uma introdução muito elementar, uma fotografia – uma fotografia grosseiramente colorida – de seu mundo tal como ele aparece para nós, que o vemos, através da sombra do véu que São Paulo ainda faz baixar sobre nossos olhos, desde a soleira da casa privada, desde a ponte que liga a casa privada com o mundo da vida pública.

Seu mundo, pois, o mundo da vida pública, profissional, visto desse ângulo parece, sem dúvida, estranho. À primeira vista, é muitíssimo impressionante. Num espaço bem pequeno se aglomeram a Catedral de St Paul, o Banco da Inglaterra, a Residência do Prefeito, as maciças, ainda que funéreas, ameias da Suprema Corte; e, do outro lado, a Abadia de Westminster e as Casas do Parlamento. Ali, dizemos para nós mesmas, nos detendo, neste momento de transição, sobre a ponte, nossos pais e nossos irmãos têm passado suas vidas. Por todas essas centenas de anos, eles têm se dedicado a galgar esses degraus, entrar e sair por essas portas, subir nesses púlpitos, a pregar, a fazer dinheiro, a ministrar a justiça. É desse mundo que a casa privada (em algum ponto, genericamente falando, do West End) tem extraído seus credos, suas leis, suas roupas e seus tapetes, sua carne bovina e sua carne ovina. E, então, como é agora permitido, cautelosamente empurramos as folhas da porta de vaivém de um desses templos, entramos nas pontas dos pés e inspecionamos a cena mais detalhadamente. A primeira sensação, do tamanho colossal, da majestosa alvenaria, fragmenta-se numa miríade de pontos em que se misturam espanto e interrogação. Suas roupas, antes de tudo, nos deixam boquiabertas de admiração.[16] Quão numerosas, quão esplêndidas, quão extremamente ornadas elas são – as vestes trajadas pelos homens instruídos em sua função pública! Ora vocês trajam roxo; um crucifixo cravado de joias balança-lhes no peito; ora seus ombros estão cobertos de passamanaria; ora forrados de arminho; ora enlaçados com muitas correntes interligadas e engastadas com pedras preciosas. Ora vocês carregam uma peruca na cabeça; fileiras de cachos graduais descem-lhes até o pescoço. Ora seu chapéu tem formato de barco ou é de abas viradas; ora ele se eleva em cones de pele preta; ora é de metal e toma a forma de balde de carvoeiro; ora é encimado por um penacho de penugem vermelha, ora por um penacho de penugem azul. Às vezes, uma toga lhes cobre as pernas; às vezes, polainas. Um tabardo com enfeites de leões e unicórnios pende de seus ombros; objetos de metal talhados em forma de estrela ou de círculo resplandecem e cintilam em seu peito. Fitas de todas as cores – azul, roxo, carmesim – vão de um ombro ao outro. Em contraste com a comparativa simplicidade de suas vestes em casa, o esplendor de seus trajes públicos é ofuscante.

Mas bem mais estranhos são dois outros fatos que se revelam gradualmente à medida que nossos olhos se recobram de seu primeiro assombro. Não apenas todo o corpo dos homens se veste de forma igual no inverno e no verão – uma característica estranha para um sexo que muda suas roupas de acordo com a estação e por razões de gosto pessoal e de conforto – mas cada botão, roseta ou faixa parece ter algum significado simbólico. Alguns têm o direito de usar apenas botões simples; outros, rosetas; alguns podem usar uma única fita; outros, três, quatro, cinco ou seis. E cada faixa ou cacho é afixado a uma distância precisa do outro; pode ser dois dedos para um, dois dedos e meio para outro. De novo, regras regulam o fio de ouro sobre os ombros, o galão nas calças, o emblema no chapéu – mas nenhum

par de olhos sozinho consegue enxergar todas essas distinções, quanto mais explicá-las acuradamente.

Ainda mais estranhas, entretanto, que o esplendor simbólico de suas roupas são as cerimônias que se realizam quando vocês as vestem. Aqui vocês se ajoelham; ali vocês se curvam, aqui vocês avançam em procissão atrás de um homem carregando um atiçador de prata; aqui vocês sobem numa cadeira entalhada; aqui vocês parecem render homenagem a um pedaço de madeira pintada; aqui vocês se prosternam diante de mesas cobertas com tapeçaria ricamente trabalhada. E seja lá o que essas cerimônias signifiquem, vocês sempre as executam juntos, sempre em concerto, sempre no uniforme apropriado ao homem e à ocasião.

Para além das cerimônias, tal vestuário decorativo nos parece, à primeira vista, estranho ao extremo. Pois a roupa, tal como nós a usamos, é comparativamente simples. Além da função primária de cobrir o corpo, ela tem dois outros papéis – o de produzir beleza para os olhos e o de atrair a admiração dos que pertencem ao seu sexo. Uma vez que o casamento até 1919 – há menos de vinte anos – era a única profissão disponível para nós, a enorme importância do vestuário dificilmente pode ser exagerada. Era para ela o que os clientes são para o senhor – o vestuário era o principal método, talvez o único, de ela se tornar Lorde Chanceler. Mas o vestuário de vocês, em sua imensa complexidade, tem, obviamente, outra função. Ele não apenas cobre a nudez, gratifica a vaidade e deleita os olhos, mas também serve para anunciar a posição social, profissional ou intelectual de quem o traja. Se o senhor perdoar a pobre ilustração, seu vestuário cumpre a mesma função que os rótulos numa mercearia. Mas, aqui, em vez de dizer "Isso é margarina; isso é manteiga pura; essa é a melhor manteiga do mercado", ele diz "Este homem é um homem inteligente – ele é Mestre em Artes; este homem é um homem muito inteligente – ele é Doutor em Letras; este homem é um dos mais inteligentes – ele é Membro da Ordem do Mérito". É essa função – o anúncio da função – de seu vestuário que nos parece a mais singular. Na opinião de São Paulo, esse anúncio, ao menos para o nosso sexo, era impróprio e impudico; até poucos anos atrás seu uso nos era interditado. E ainda agora persiste entre nós a tradição, ou a crença, de que expressar o valor de qualquer tipo, intelectual ou moral, pelo uso de peças de metal ou de fitas, de toucas ou vestidos coloridos, é um barbarismo que merece o escárnio que conferimos aos rituais dos

selvagens. Uma mulher que anunciasse sua maternidade por um tufo de crina de cavalo no seu ombro esquerdo dificilmente seria, o senhor há de concordar, um objeto venerável.

Mas que luz nossa diferença lança, nesse caso, sobre o problema em tela? Qual é a ligação entre os esplendores indumentários do homem instruído e a fotografia das casas destroçadas e dos cadáveres? Obviamente não é preciso ir muito longe para encontrar a ligação entre a vestimenta e a guerra; suas roupas mais refinadas são as que vocês usam como soldados. Uma vez que o vermelho e o dourado, o metal e as plumas são descartados no serviço ativo, é evidente que seu dispendioso e, pode-se supor, nada higiênico esplendor, é inventado, em parte, para impressionar o espectador com a grandiosidade do ofício militar, em parte com a finalidade de induzir, por meio da vaidade, os homens jovens a se tornarem soldados. Aqui, pois, nossa influência e nossa diferença podem ter algum efeito; nós, que estamos proibidas de usar essas vestimentas, podemos manifestar a opinião de que aquele que as traja não é, para nós, um espetáculo agradável ou impressionante. Ele é, ao contrário, um espetáculo ridículo, bárbaro, desagradável. Mas, como filhas dos homens instruídos, podemos utilizar nossa influência com mais eficácia em outra direção, sobre nossa própria classe – a classe dos homens instruídos. Pois aí, nas cortes e nas universidades, encontramos a mesma adoração pela vestimenta. Aí também estão o veludo e a seda, a pele e o arminho. Podemos dizer, no que toca aos homens instruídos, que enfatizar sua superioridade sobre outras pessoas, por razão de nascimento ou de intelecto, ao se vestirem de maneira diferente, ou adicionarem títulos antes de seus nomes ou letras maiúsculas depois deles, são atos que incitam a competição e a inveja – emoções que, nem precisamos apelar à biografia para prová-lo ou à psicologia para demonstrá-lo, contribuem para estimular a disposição para a guerra. Se expressamos, então, a opinião de que tais distinções tornam os que as possuem ridículos e o saber desprezível, devemos, indiretamente, fazer alguma coisa para desestimular os sentimentos que conduzem à guerra. Felizmente podemos, agora, fazer mais do que expressar uma opinião; podemos rejeitar todas essas distinções e todos esses uniformes para nós mesmas. Essa seria uma pequena mas decisiva contribuição para o problema com que nos defrontamos – como evitar a guerra; e uma contribuição que um treinamento diferente

e uma tradição diferente põem mais facilmente ao nosso alcance que ao de vocês.[17]

Mas a visão ampla que temos do exterior das coisas não é nada encorajadora. A fotografia colorida que estivemos olhando apresenta alguns aspectos notáveis, é verdade; mas ela serve para nos lembrar que há muitos compartimentos internos e secretos em que não podemos penetrar. Que influência real podemos exercer sobre a justiça ou os negócios, a religião ou a política – nós, às quais muitas portas estão ainda fechadas ou, na melhor das hipóteses, apenas entreabertas, nós, que não temos nem capital nem força em que nos apoiar? Tem-se a impressão de que nossa influência deve se deter na superfície. Tendo expressado uma opinião na superfície, fizemos tudo o que podemos fazer. É verdade que a superfície pode ter alguma ligação com as profundezas, mas se vamos ajudá-lo a evitar a guerra devemos tentar penetrar mais fundo sob a crosta. Olhemos, pois, numa outra direção – numa direção natural às filhas dos homens instruídos, na direção da educação em si.

Aqui, afortunadamente, o ano sagrado de 1919 vem mais uma vez em nosso socorro. Uma vez que esse ano pôs ao alcance das filhas dos homens instruídos o direito de ganhar a vida, elas têm, finalmente, alguma influência verdadeira sobre a educação. Elas têm dinheiro. Elas têm dinheiro para fazer contribuições a causas. Tesoureiras honorárias pedem sua ajuda. Para prová-lo, eis aqui, oportunamente, bem ao lado da sua, uma carta de uma delas, pedindo dinheiro para reconstruir uma faculdade feminina. E quando tesoureiras honorárias pedem ajuda, é evidente que elas estão abertas à negociação. Temos o direito de dizer a ela: "Só terá o seu guinéu para ajudá-la a reconstruir a sua faculdade se a senhora ajudar esse cavalheiro, cuja carta também está diante de nós, a evitar a guerra". Podemos dizer-lhe "A senhora deve educar as jovens a odiar a guerra. A senhora deve ensiná-las a sentir a desumanidade, a brutalidade, a insuportabilidade da guerra". Mas que tipo de educação devemos barganhar? Que tipo de educação ensinará as jovens a odiar a guerra?

É uma questão, por si só, bastante difícil; e pode muito bem parecer irrespondível para aquelas que pertencem à categoria de Mary Kingsley – para aquelas que não tiveram, elas próprias, nenhuma experiência direta da educação universitária. Contudo, o papel que a educação tem na vida humana é tão importante e o papel que ela pode ter em responder à sua pergunta é tão considerável que se esquivar a qualquer tentativa de examinar como podemos influenciar as jovens, por meio da educação, a se posicionarem contra a guerra seria covardia. Voltemo-nos de nosso posto na ponte sobre o Tâmisa em direção a outra ponte sobre outro rio, desta vez em uma das grandes universidades; pois ambas têm rios, e ambas também têm pontes sobre as quais podemos nos posicionar. Uma vez mais, como parece estranho, visto de nosso posto de observação, esse mundo de cúpulas e agulhas, de auditórios e laboratórios! Quão diferente da nossa é a impressão que o senhor deve ter desse mundo! Para aquelas que o contemplam do ângulo de Mary Kingsley – "ser autorizada a aprender alemão foi toda a educação paga que eu jamais tive" – pode muito bem parecer um mundo tão remoto, tão grandioso, tão complexo em suas cerimônias e tradições que qualquer crítica ou comentário pode muito bem parecer fútil. Aqui também nos maravilhamos com o esplendor de suas vestes; aqui também vemos cetros se elevando e procissões se formando, e observamos com olhos demasiadamente ofuscados para registrar, que dirá para explicar, as diferenças, as sutis distinções de chapéus e capelos, de roxo e carmesim, de veludo e pano, de borla e beca. É um espetáculo solene. As palavras do poema de Arthur, em *Pendennis*, nos vêm aos lábios:

> Embora eu não entre,
> Contudo em volta do local
>   Às vezes eu pairo,
> Com olhos ávidos espero,
>   Ansioso...

e ainda:

> Não entrarei lá,
> Para macular sua pura prece
>   Com pensamentos rebeldes.
> Mas permita-me andar a passo
> Em volta do local proibido,
>   Pairando um minuto,
> Como espíritos proscritos à espera
> Espiando pelo portão do Paraíso
>   Os Anjos lá dentro.

Mas, uma vez que tanto o senhor quanto a tesoureira honorária do fundo de reconstrução da faculdade estão aguardando respostas às suas respectivas cartas, devemos deixar de nos debruçar sobre velhas pontes sussurrando velhos poemas; devemos tentar tratar, ainda que imperfeitamente, do tema da educação.

O que é, pois, essa "educação universitária" sobre a qual a irmandade de Mary Kingsley tem ouvido tanto falar e para a qual tem contribuído tão arduamente? O que é esse misterioso processo que leva cerca de três anos para ser concluído, custa uma vultosa soma em dinheiro vivo e transforma um ser humano tosco e em estado bruto num produto acabado – uma mulher ou um homem instruído? Não há nenhuma dúvida, para começar, sobre seu supremo valor. O testemunho da biografia – aquele testemunho que qualquer um capaz de ler na língua inglesa pode consultar nas estantes de qualquer biblioteca pública – é unânime sobre esse ponto; o valor da educação está entre os maiores de todos os valores humanos. A biografia prova isso de duas formas. Primeiro, há o fato de que, em sua grande maioria, os homens que governaram a Inglaterra durante os últimos 500 anos, que agora governam a Inglaterra no Parlamento e no Serviço Público, tiveram uma educação universitária. Depois, há o fato, que é ainda mais impressionante, se levamos em conta o esforço, a privação que ele implica – e isso também é amplamente demonstrado na biografia – há o fato da imensa soma de dinheiro que foi gasta na educação nos últimos 500 anos. A receita da Universidade de Oxford é de 435.656 libras (1933-1934), a receita da Universidade de Cambridge é de 212.000 libras (1930). Além da receita da universidade, cada faculdade tem a própria receita, a qual, a julgar apenas pelas doações e pelos legados anunciados de tempos em tempos nos jornais, deve, em alguns casos, alcançar proporções fabulosas.[18] Se acrescentarmos, ainda, as receitas obtidas pelos grandes internatos privados – Eton, Harrow, Winchester, Rugby, para listar apenas os maiores – atinge-se uma soma tão imensa que não há nenhuma dúvida sobre o enorme valor que os seres humanos dão à educação. E o estudo da biografia – as vidas dos pobres, dos obscuros, dos pouco instruídos – prova que eles farão qualquer esforço, qualquer sacrifício para obter uma educação numa das grandes universidades.[19]

Mas talvez o maior testemunho do valor da educação com que nos brinda a biografia é o fato de que as irmãs dos homens instruídos não apenas sacrificavam o conforto e o prazer, sacrifícios que eram necessários para educar seus irmãos, mas também, na verdade, desejavam, elas próprias, se beneficiar da educação. Quando consideramos a doutrina da Igreja sobre esse tema, uma doutrina que, sabemos pelas biografias, estava em vigor até poucos anos atrás – "...disseram-me que, nas mulheres, o desejo de estudar era contra a vontade de Deus..."[20] – devemos admitir que seu desejo deve ter sido forte. E se refletimos que todas as profissões para as quais uma educação universitária preparava seus irmãos estavam interditadas para ela, sua crença no valor da educação deve parecer ainda mais forte, uma vez que ela deve ter acreditado na educação pelo seu valor intrínseco. E se refletimos, ainda, que se julgava que a única profissão que estava disponível para ela – o casamento – não exigia nenhuma educação e, na verdade, era de tal natureza que a educação tornava as mulheres inapropriadas para praticá-la, então não teria sido nenhuma surpresa descobrir que ela tinha renunciado a qualquer desejo ou tentativa de ser ela própria educada, mas tinha se contentado em contribuir para a educação de seus irmãos – a imensa maioria das mulheres, as anônimas, as pobres, por meio da redução das despesas domésticas; a diminuta minoria, as detentoras de títulos de nobreza, as ricas, por meio da instituição de faculdades para os homens ou de sua manutenção. Foi isso que, na verdade, elas fizeram. Mas é tão inato à natureza humana o desejo por educação que o senhor descobrirá, se consultar as biografias, que o mesmo desejo, apesar de todos os empecilhos que a tradição, a pobreza e o escárnio podiam pôr em seu caminho, existia também entre as mulheres. Para prová-lo, examinemos apenas uma vida – a vida de Mary Astell.[21] Pouco se sabe sobre ela, mas o suficiente para mostrar que há quase 250 anos esse obstinado e talvez irreligioso desejo estava vivo nela; ela, na verdade, propôs instituir uma faculdade para mulheres. O que é mais notável, a princesa Anne estava pronta a lhe dar 10.000 libras – na época e, na verdade, ainda agora, uma soma considerável, para qualquer mulher, ter à sua disposição – para as despesas. E então – então nos chocamos com um fato de extremo interesse, tanto histórica quanto psicologicamente: a Igreja interveio. O bispo Burnet era da opinião de que educar as irmãs dos homens instruídos significaria encorajar o ramo errado, ou seja, o ramo católico romano, da fé cristã. O dinheiro teve outro destino; a faculdade nunca foi instituída.

Mas esses fatos, como frequentemente ocorre com os fatos, se revelam ambíguos; pois, embora demonstrem o valor da educação, eles também provam que a educação não é, de modo algum, um valor positivo; não é boa em todas as circunstâncias e não é boa para todas as pessoas; é boa apenas para algumas pessoas e para alguns propósitos. É boa se instila a crença na Igreja da Inglaterra; má, se instila a crença na Igreja de Roma; é boa para um sexo e algumas profissões, porém má para o outro sexo e para outras profissões.

Essa, ao menos, parecia ser a resposta dada pela biografia – o oráculo não é mudo, mas é dúbio. Como, entretanto, é muito importante usarmos nossa influência por meio da educação para sensibilizar os jovens contra a guerra, não devemos nos deixar confundir pelas evasivas da biografia ou nos seduzir por sua atração. Devemos tentar ver que tipo de educação a irmã do homem instruído recebe atualmente, para que possamos nos esforçar ao máximo para usar nossa influência nas universidades, que é o seu lugar apropriado, e onde ela terá mais chance de penetrar além da superfície. Agora, felizmente, não precisamos mais depender da biografia, que, inevitavelmente, uma vez que se preocupa com a vida privada, está repleta de inumeráveis conflitos de opinião privada. Temos, agora, para nos ajudar, aquele registro da vida pública que é a história. Até mesmo outsiders podem consultar os anais dos órgãos públicos que registram não as opiniões cotidianas das pessoas privadas, mas utilizam um discurso mais abrangente e expressam pelos canais dos Parlamentos e dos Senados as opiniões ponderadas dos grupos de homens instruídos.

A história logo nos informa que há agora, e tem havido desde cerca de 1870, faculdades para as irmãs dos homens instruídos tanto em Oxford quanto em Cambridge. Mas a história também nos relata, a respeito dessas faculdades, fatos de uma tal natureza que todas as tentativas para influenciar as jovens contra a guerra por meio da educação que elas recebem ali deve ser abandonada. Em razão deles, é pura perda de tempo e esforço falar em "influenciar as jovens"; inútil estabelecer condições antes de a tesoureira honorária ter seu guinéu; melhor pegar o primeiro trem para Londres do que rondar os sagrados portões. Mas, o senhor intervirá, quais são esses fatos, esses históricos porém deploráveis fatos? Vamos, pois, colocá-los à sua frente, alertando-o de que eles são extraídos apenas daqueles registros que estão disponíveis para uma pessoa de fora e dos anais da universidade que não é a sua – Cambridge. Seu julgamento, portanto, não estará sujeito à distorção inerente à lealdade a antigos laços ou à gratidão por benefícios recebidos, mas será imparcial e desinteressado.

Para começar, pois, por onde paramos: a rainha Anne morreu e o bispo Burnet morreu e Mary Astell morreu; mas o desejo de instituir uma faculdade para o seu sexo não morreu. Na verdade, tornou-se cada vez mais forte. Pela metade do século dezenove, tornou-se tão forte que uma casa foi adquirida em Cambridge para alojar as estudantes. Não era uma casa bonita; era uma casa sem jardim, no meio de uma rua barulhenta. Depois, uma segunda casa foi adquirida, uma casa melhor desta vez, embora seja verdade que a água jorrava pelo refeitório em caso de temporal e não havia pátio de recreio. Mas essa casa não era suficiente; o desejo por educação era tão premente que era preciso mais quartos, um jardim para caminhar, um pátio de recreio para espairecer. Assim, era preciso outra casa. Agora a história nos diz que, para construir essa casa, era preciso dinheiro. O senhor não questionará esse fato, mas pode muito bem questionar o próximo – o de que o dinheiro era emprestado. O senhor achará ser mais provável que o dinheiro tenha sido dado. As outras faculdades, dirá o senhor, eram ricas; todas obtinham suas receitas indiretamente, outras diretamente, de suas irmãs. Temos a *Ode de Gray* para prová-lo. E o senhor citará a canção com a qual ele saúda as benfeitoras: a condessa de Pembroke que fundou Pembroke; a condessa de Clare que fundou Clare; Margaret de Anjou que fundou o Queen's College; a condessa de Richmond e Derby que fundou o St John's College e o Christ's College.

> O que é a grandeza, o que é o poder?
> Labuta mais árdua, maior sacrifício.
> Que radiante recompensa obtemos?
> A grata lembrança do bem.
> Doce é o murmúrio do chuvisco primaveril,
> Doces os tesouros colhidos pela abelha,
> Doce a suave cadência da música, porém mais doce ainda
> A mansa e débil voz da gratidão.[22]

Aqui, dirá o senhor em sóbria prosa, estava uma oportunidade para saldar a dívida. Pois que soma era necessária? Miseráveis 10.000 libras – exatamente a soma que o bispo negara anteriormente, dois séculos atrás. Essas 10.000 libras foram, de fato, vomitadas pela Igreja que as engolira? Mas as igrejas não vomitam facilmente aquilo que engoliram. Então, dirá o senhor, as faculdades que tinham se beneficiado, deviam elas tê-las doado em memória de suas nobres benfeitoras? O que 10.000 libras poderiam significar para o St John's College ou para o Clare ou para o Christ's College? E a terra pertencia ao St John's College. Mas a terra, diz a história, era arrendada; e as 10.000 libras não foram dadas; elas foram laboriosamente arrecadadas de bolsas privadas. Entre elas uma dama deve ser para sempre lembrada porque deu 1.000 libras; e Anon. deve receber seja lá qual for o agradecimento que Anon. consinta em receber, porque ela deu somas que vão de 20 a 100 libras. E outra dama pôde, graças à herança da mãe, oferecer seus serviços como diretora sem receber salário. E as próprias estudantes também contribuíram – tanto quanto pode uma estudante – fazendo camas e lavando louça, renunciando a certas comodidades e levando uma vida modesta. Dez mil libras não é, de forma alguma, uma soma miserável quando tem que ser arrecadada das bolsas das pobres, dos grupos das jovens. Exige tempo, energia, cérebros, para arrecadá-la, sacrifício para doá-la. Naturalmente, vários homens instruídos foram muito generosos; deram aulas para suas irmãs; outros não foram tão generosos; se recusaram a dar aulas para suas irmãs. Alguns homens instruídos foram muito generosos e encorajaram suas irmãs; outros não foram tão generosos, eles desencorajaram suas irmãs.[23] Não obstante, por mal ou por bem, finalmente chegou o dia, nos diz a história, em que alguém passou num exame. E então as presidentes, diretoras ou seja lá como elas chamavam a si mesmas – pois o título que deve ser usado por uma mulher que não receberá salário deve ser objeto de dúvida – perguntaram aos chanceleres e aos presidentes, sobre cujos títulos, pelo menos no que diz respeito ao salário, não cabe nenhuma dúvida, se as moças que tinham passado nos exames podiam anunciar esse fato, tal como fizeram aqueles próprios homens, pela aposição de letras maiúsculas aos seus nomes. Isso era aconselhável, porque, como nos informa o atual presidente do Trinity, Sir J. J. Thompson, OM, FRS, após fazer uma brincadeira nada justificável quanto à "perdoável vaidade" dos que apõem letras maiúsculas ao seu nome, "as pessoas pertencentes ao público geral que não obtiveram um grau universitário dão muito mais importância ao BA após o nome de alguém do que aquelas que obtiveram. As diretoras de escolas, portanto, preferem um corpo docente dotado de letras maiúsculas, de forma que as estudantes de Newnham e Girton, uma vez que não podiam apor o BA após os seus nomes, estavam em desvantagem na obtenção de emprego". E, pelos céus, podemos ambos perguntar, que razão concebível poderia haver para impedi-las de apor as letras BA aos seus nomes se isso as ajudasse na obtenção de emprego? A essa pergunta a história não fornece qualquer resposta; devemos buscá-la na psicologia, na biografia; mas a história nos fornece o fato. "A proposta, entretanto", continua o presidente do Trinity – isto é, a proposta de que aquelas que passarem nos exames possam se intitular BA – "encontrou a mais firme das oposições... No dia da votação houve uma grande afluência de não-residentes, e a proposta foi rejeitada pela esmagadora maioria de 1.707 a 661. Creio que o número de votantes nunca foi equiparado... O comportamento de algumas das graduadas depois que o resultado foi anunciado no Senado foi excepcionalmente deplorável e vergonhoso. Um grande grupo delas deixou o Senado, seguiu para Newnham e danificou os portões de bronze que tinham sido erguidos como um memorial à srta. Clough, a primeira diretora."[24]

Isso não é o bastante? Precisamos reunir mais fatos da história e da biografia para provar nossa afirmação de que todas as tentativas para influenciar as jovens contra a guerra, por meio da educação que recebem nas universidades, deve ser abandonada? Pois não provam eles que a educação, a melhor educação do mundo, não ensina as pessoas a odiar a força, mas a usá-la? Não provam eles que a educação, longe de ensinar a generosidade e a magnanimidade aos que a recebem, os torna, ao contrário, tão ansiosos para conservar o que possuem, aquela "grandeza e poder" de que fala o poeta, em suas próprias mãos, que eles usarão não a força mas métodos muito mais sutis que a força quando forem solicitados a partilhar aquilo que possuem? E não estão a força e a possessividade estreitamente conectadas com a guerra? De que serve, pois, uma educação universitária quando se trata de influenciar as pessoas a evitar a guerra? Mas a história não para, é claro; um ano se segue ao outro. Os anos mudam as coisas; leve, mas imperceptivelmente, eles as transformam. E a história nos diz que, por fim, após gastar tempo e energia, cujo valor é incomensurável, em solicitar repetidamente às autoridades, com a humildade esperada de nosso sexo e própria de suplicantes, o direito de impressionar diretoras de escola, o direito de apor as letras BA ao nome foi concedido.

Mas esse direito, a história nos diz, era apenas um direito nominal. Em Cambridge, no ano de 1937, as faculdades femininas – o senhor vai custar a acreditar, porém, uma vez mais, é a voz do fato que está falando, não a da ficção – as faculdades femininas não podiam fazer parte da universidade;[25] e o número de filhas de homens instruídos às quais é permitido receber uma educação universitária é ainda estritamente limitado; embora ambos os sexos contribuam para os fundos universitários.[26] Quanto à pobreza, o jornal *The Times* nos fornece números; qualquer ferragista pode nos fornecer uma régua de trinta centímetros; se compararmos o dinheiro disponível para bolsas nas faculdades masculinas com o dinheiro disponível para suas irmãs nas faculdades femininas, nos pouparemos o trabalho de fazer cálculos; e chegaremos à conclusão de que as faculdades para as irmãs dos homens instruídos são, comparadas com as faculdades de seus irmãos, inacreditável e vergonhosamente pobres.[27]

A prova desse último fato está, a propósito, na carta da tesoureira honorária pedindo dinheiro para reconstruir sua faculdade. Ela vem pedindo dinheiro por algum tempo; ela ainda está pedindo, ao que parece. Mas não há nada, após o que foi dito acima, que ainda deva nos surpreender, seja no fato de ela ser pobre, seja no fato de sua faculdade precisar ser reconstruída. O que é difícil, e tem se tornado, em vista dos fatos fornecidos acima, ainda mais difícil, é o seguinte: Que resposta devemos dar-lhe quando ela nos pedir ajuda para reconstruir sua faculdade? Juntos, a história, a biografia e o jornal tornam difícil responder a carta da tesoureira ou ditar-lhe condições. Pois, juntos, eles levantaram muitas questões. Antes de mais nada, que razão há para crer que uma educação universitária fará com que as pessoas instruídas se posicionem contra a guerra? Mais uma vez, se ajudarmos a filha do homem instruído a ir para Cambridge não estaremos forçando-a a pensar não sobre a educação, mas sobre a guerra, não sobre como ela pode aprender, mas sobre como pode lutar para conseguir conquistar as mesmas vantagens de seus irmãos? Além disso, uma vez que as filhas dos homens instruídos não fazem parte ativa da Universidade de Cambridge, não tendo nem voz nem voto na educação ali ministrada, como podem elas alterar essa educação mesmo que lhes pedíssemos que o fizessem? E, depois, surgem, naturalmente, outras questões – questões de natureza prática, que poderão facilmente ser compreendidas por um homem ocupado, um tesoureiro honorário, tal como o senhor.

O senhor será o primeiro a concordar que pedir a pessoas tão intensamente ocupadas em levantar fundos com os quais reconstruir uma faculdade que analisem a natureza da educação e que efeitos ela pode ter sobre a guerra significa um fardo a mais para vidas já sobrecarregadas. Vindo de uma outsider, além disso, que não tem qualquer direito a se expressar, um tal pedido pode muito bem merecer, e talvez receba, uma resposta demasiadamente forte para ser reproduzida. Mas juramos que faríamos tudo que pudéssemos para ajudá-lo a impedir a guerra pelo uso de nossa influência – a influência do dinheiro que ganhamos. E a educação é a maneira óbvia. Uma vez que ela é pobre, uma vez que ela está pedindo dinheiro e uma vez que quem doa tem o direito de impor condições, vamos correr o risco e esboçar uma carta para ela, estabelecendo as condições pelas quais ela terá o nosso dinheiro para ajudar a reconstruir sua faculdade. Eis aqui, pois, uma tentativa:

"Sua carta, senhora, tem estado à espera, sem resposta, por algum tempo. Mas surgiram algumas dúvidas e perguntas. Será que podemos apresentá-las à senhora, com a ignorância a que está sujeita uma outsider, mas com a franqueza que se espera de uma outsider quando solicitada a contribuir monetariamente? A senhora diz, pois, que está tentando arrecadar 100.000 libras com as quais pretende reconstruir sua faculdade. Mas como pode a senhora ser tão insensata? Ou está a senhora tão isolada, entre os rouxinóis e os salgueiros, ou tão ocupada com profundas questões sobre capelos e becas, ou qual deles deve entrar primeiro na sala da reitoria – o pug do diretor ou o lulu-da-pomerânia da diretora – que não tem tempo de ler os jornais diários? Ou está tão atormentada com o problema de extrair delicadamente 100.000 libras de um público indiferente que só consegue pensar em apelos e comitês, feiras beneficentes e sorvetes, morangos e creme?

Permita-nos, pois, informá-la: estamos gastando trezentos milhões anualmente com o exército e a marinha; pois, de acordo com uma carta que está bem ao lado da sua, há um grave risco de guerra. Como pode, pois, nos pedir seriamente que lhe dê dinheiro com o qual reconstruir sua faculdade? Se a senhora retrucar que a faculdade foi construída com pouco dinheiro e que ela precisa ser reconstruída, isso pode ser verdade. Mas quando, em seguida, a senhora diz que o público é generoso, e que o público ainda é capaz de dar grandes somas para reconstruir faculdades, permita-nos chamar sua atenção para uma passagem significativa nas memórias do diretor do Trinity. Ei-la: 'Afortunadamente, entretanto, logo após o início deste século, a Universidade começou a receber uma sucessão de generosos legados e doações que, complementados por uma liberal subvenção por parte do governo, têm colocado as finanças da Universidade em tão boa posição que tem sido praticamente desnecessário solicitar qualquer aumento na contribuição por parte das faculdades. A receita da Universidade, considerando todas as fontes, aumentou de 60.000 libras, aproximadamente, em 1900, para 212.000 libras em 1930. Não é uma hipótese muito disparatada supor que isso se deve, em grande parte, às importantes e muito interessantes descobertas que têm sido feitas na Universidade, e Cambridge pode ser citada como um exemplo dos resultados práticos que resultam da pesquisa pura'.

"Considere apenas a última frase: 'Cambridge pode ser citada como um exemplo dos resultados práticos que resultam da pesquisa pura'. Que tem feito a sua faculdade para incentivar os grandes fabricantes a patrociná-la? Têm vocês assumido papel de liderança na invenção de implementos de guerra? Quão bem-sucedidas têm sido suas alunas em seu ramo, como capitalistas? Como, então, pode a senhora esperar que 'legados e doações consideráveis' lhe sejam aportados? De novo, é sua faculdade parte efetiva da Universidade de Cambridge? Não é. Como pode, então, legitimamente reivindicar ter qualquer voz em sua distribuição? Não pode. É claro, portanto, que a senhora deve se postar à porta, de chapéu na mão, promovendo festas, consumindo sua força e seu tempo na solicitação de contribuições. Isso é claro. Mas é também claro que as outsiders que a encontram assim ocupada devem se perguntar, quando recebem um pedido de contribuição para reconstruir sua faculdade: devo enviá-la ou não? Se a enviar, que devo pedir-lhes para fazer com ela? Devo pedir-lhes para reconstruir a faculdade de acordo com os princípios antigos? Ou devo pedir-lhes para reconstruí-la, mas de maneira diferente? Ou devo pedir-lhes para comprar estopa e gasolina e fósforos Bryant & May e reduzir a faculdade a cinzas?

"Essas são as perguntas, senhora, que deixaram sua carta por tanto tempo sem resposta. São perguntas de grande dificuldade e talvez sejam perguntas inúteis. Mas devemos deixá-las sem resposta em vista das perguntas desse senhor? Ele está perguntando como podemos ajudá-lo a evitar a guerra. Ele está perguntando como podemos ajudá-lo a defender a liberdade; a defender a cultura. Considere também estas fotografias: são imagens de cadáveres e casas destroçadas. Com certeza, em vista dessas perguntas e imagens, a senhora deve examinar muito cuidadosamente, antes de começar a reconstruir sua faculdade, qual é o objetivo da educação, que tipo de sociedade, que tipo de ser humano ela deve procurar produzir. De qualquer maneira, lhe enviarei um guinéu para a reconstrução de sua faculdade apenas se a senhora puder me convencer de que ele será usado para produzir o tipo de sociedade, o tipo de pessoa que ajudará a evitar a guerra.

"Discutamos, pois, tão brevemente quanto possível, o tipo de educação de que precisamos. Ora, uma vez que a história e a biografia — a única evidência disponível para quem é uma outsider — parecem provar que a antiga educação das faculdades não produz nem respeito especial pela liberdade nem aversão particular à guerra, fica claro que vocês devem reconstruir a sua faculdade de maneira diferente. Ela é jovem e pobre; deixem, portanto, que ela tire vantagem dessas características e seja alicerçada na pobreza e na juventude. Obviamente, ela deve ser, portanto, uma faculdade experimental, uma faculdade ousada. Que seja construída de acordo com diretrizes próprias. Deve ser construída não com pedra esculpida e vitrais, mas com algum material barato, facilmente combustível, que não acumule poeira nem perpetue tradições. Não tenham capelas.[28] Não tenham museus e bibliotecas com livros acorrentados e primeiras edições trancadas em armários envidraçados. Façam com que os quadros e os livros sejam novos e estejam sempre mudando. Deixem que ela seja redecorada por cada geração com suas próprias mãos, de forma barata. O trabalho das internas é barato; com frequência trabalham de graça simplesmente porque se lhes permite trabalhar. Depois, o que deveria ser ensinado na nova faculdade, a faculdade pobre? Não a arte de dominar outras pessoas; não a arte de mandar, de matar, de acumular terra e capital. Essas artes exigem muitíssimas despesas extraordinárias; soldos e uniformes e cerimônias. A faculdade pobre deve ensinar apenas as artes que possam ser ensinadas de maneira barata e praticadas por pessoas pobres; tais como a medicina, a matemática, a música, a pintura e a literatura. Deve ensinar as artes das relações humanas; a arte de compreender a vida e a mente de outros povos, e as pequenas artes da conversação, do vestir-se, da culinária que a elas estão associadas. O objetivo da nova faculdade, a faculdade barata, não deve ser segregar e especializar, mas combinar. Ela deve explorar as formas pelas quais a mente e o corpo podem ser postos a cooperar; a descobrir que combinações novas produzem totalidades novas na vida humana. As professoras devem ser recrutadas tanto entre as pessoas que sabem viver quanto entre as que sabem pensar. Não deve haver nenhuma dificuldade em atraí-las. Pois não haveria nenhuma das barreiras da riqueza e da cerimônia, da publicidade e da competição que agora fazem das antigas e ricas universidades lugares de habitação tão desagradáveis – cidades de discórdia, cidades onde isto está trancado a chave e aquilo está acorrentado; onde ninguém pode caminhar ou falar livremente por receio de ultrapassar alguma marca de giz, de desagradar algum dignitário. Mas se a faculdade fosse pobre não teria nada a oferecer; a competição seria abolida. A vida seria livre e simples. As pessoas que gostam de aprender por aprender iriam para lá com prazer. Musicistas, pintoras, escritoras ensinariam lá porque elas iriam aprender. O que poderia ser de maior auxílio para uma escritora do que discutir a arte da escrita com pessoas que não estivessem pensando em exames ou diplomas ou na honra ou no lucro que a literatura poderia lhes trazer, mas na arte pela arte?

"E do mesmo modo com as outras artes e artistas. Elas viriam para a faculdade pobre e praticariam sua arte porque esse seria um lugar no qual a associação entre as pessoas seria livre; não dividida de acordo com as deploráveis distinções entre rico e pobre, inteligente e estúpido; mas no qual todos os diferentes graus e tipos de mente, corpo e alma seriam considerados dignos de dar sua contribuição. Fundemos, pois, esta faculdade nova; esta faculdade pobre; na qual se busca aprender por aprender; na qual a publicidade foi abolida; e não há diplomas; e aulas não são dadas e sermões não são pregados, e as antigas e intoxicantes pompas e ostentações que produzem a competição e a inveja...

Aqui a carta foi interrompida. Não foi por falta do que dizer; a peroração, na verdade, estava apenas começando. Foi porque o rosto do outro lado da folha – o rosto que quem está escrevendo a carta sempre vê – parecia estar fixado, com melancolia, numa passagem do livro que já havia sido citado. "As diretoras de escola preferem, portanto, um corpo docente com nomes seguidos de títulos pomposos em letras maiúsculas, de forma que as estudantes de Newnham e Girton, uma vez que não podiam apor um BA a seu nome, ficavam em desvantagem na obtenção de emprego." A tesoureira honorária do Fundo de Reconstrução tinha seus olhos fixados nisso. "De que serve pensar em como uma faculdade pode ser diferente", parecia dizer, "se ela deve ser um lugar onde as estudantes são ensinadas a conseguir emprego?" "Tenham seus sonhos", ela parecia acrescentar, voltando-se bastante cansada para a mesa que estava decorando para algum evento, uma feira beneficente, presume-se, "mas temos que encarar a realidade."

Esta, pois, era a "realidade" na qual seus olhos estavam fixados: deve-se ensinar as alunas a ganhar a própria vida. E uma vez que essa realidade significava que ela deveria reconstruir sua faculdade na mesma linha que as outras, concluía-se que a faculdade destinada às filhas dos homens instruídos também deveria fazer com que a pesquisa produzisse resultados práticos que atraíssem legados e doações por parte de homens ricos; deveria estimular a competição; deveria aceitar a concessão de graus acadêmicos e o uso de capelos coloridos; deveria acumular uma grande riqueza; deveria excluir outras pessoas da partilha de sua riqueza; e, portanto, em quinhentos anos, mais ou menos, essa faculdade também deveria fazer a mesma pergunta que o senhor está fazendo agora: "Como, em sua opinião, conseguiremos evitar a guerra?".

Parecia um resultado indesejável; por que, então, contribuir com um guinéu para obtê-lo? De qualquer maneira, essa pergunta já foi respondida. Nenhum guinéu, de dinheiro obtido com trabalho remunerado, deveria ser dado para reconstruir a faculdade conforme o antigo projeto; é igualmente certo que nenhum guinéu deveria ser gasto na construção de um prédio para a faculdade conforme um novo projeto; o guinéu deveria ter, portanto, a seguinte destinação: "Estopas. Gasolina. Fósforos". E esta observação deveria ser-lhe anexada: "Tomem este guinéu e com ele reduzam a faculdade a cinzas. Ateiem fogo às velhas hipocrisias. Deixem que a luz do prédio em chamas espante os rouxinóis e tinja de rubro os salgueiros. E deixem que as filhas dos homens instruídos dancem ao redor da fogueira e empilhem braçadas e mais braçadas de folhas mortas sobre as chamas. E deixem que as mães delas venham às janelas do andar de cima e gritem: 'Deixem que arda! Deixem que arda! Pois estamos fartas dessa educação!'".

Essa passagem, senhor, não é retórica vazia, pois se baseia na respeitável opinião do antigo diretor de Eton, atual deão de Durham.[29]

Não obstante, há algo de falso nela, como é demonstrado por um conflito momentâneo com os fatos. Dissemos que a única influência que as filhas dos homens instruídos podem atualmente exercer contra a guerra é a influência desinteressada que elas têm por ganharem a própria vida. Se não houvesse nenhuma maneira de treiná-las para ganhar a vida, essa influência acabaria. Elas não poderiam obter empregos. Se não pudessem obter empregos, elas voltariam a depender do pai e dos irmãos; e se elas voltassem a depender do pai e dos irmãos, elas estariam de novo, consciente ou inconscientemente, a favor da guerra. A história parece não deixar margem para dúvidas. Devemos, pois, enviar um guinéu à tesoureira honorária do fundo de reconstrução da faculdade, e deixá-la que faça o que puder com ele. É inútil, tal como são as coisas, impor condições quanto à maneira como esse guinéu deve ser gasto.

Essa é a resposta um tanto canhestra e deprimente à nossa pergunta sobre se podemos pedir às autoridades das faculdades destinadas às filhas dos homens instruídos que usem sua influência através da educação para evitar a guerra. Parece que não podemos pedir-lhes para fazerem coisa alguma; elas devem seguir pela velha estrada em direção ao velho destino; nossa própria influência como outsiders só pode ser das mais indiretas. Se formos solicitadas a lecionar, podemos examinar muito cuidadosamente o objetivo desse ensino e nos recusar a ensinar qualquer arte ou ciência que estimule a guerra. Além disso, podemos expressar certo desprezo às capelas, aos graus acadêmicos e ao valor dos exames. Podemos dar a entender que um poema premiado ainda pode ter algum mérito a despeito de ter obtido um prêmio; e sustentar que um livro ainda pode valer a pena ser lido a despeito do fato de que sua autora se classificou em primeiro lugar com honra nos exames finais de inglês. Se formos convidadas a dar uma conferência podemos nos recusar a promover o vão e vicioso sistema das conferências, recusando-nos a dar conferências.[30] E, naturalmente, se nos forem oferecidos títulos e honrarias podemos recusá-los – como, aliás, em vista dos fatos, poderíamos proceder de maneira diferente? Mas não há como ignorar o fato de que, no presente estado de coisas, a maneira mais eficaz pela qual podemos ajudá-lo através da educação a evitar a guerra consiste em contribuir com dinheiro e tão generosamente quanto possível para a manutenção das faculdades das filhas dos homens instruídos. Pois, repetimos, se essas filhas não forem instruídas, elas não poderão ganhar a própria vida, se não puderem ganhar a própria vida, ficarão, mais uma vez, restritas à instrução da casa privada; e se ficarem restritas à instrução da casa privada, irão, uma vez mais, exercer toda a sua influência, tanto consciente quanto inconscientemente, a favor da guerra. Sobre isso há pouca dúvida. Caso o senhor duvide, caso peça demonstração, consultemos, uma vez mais, a biografia. Seu testemunho quanto a isso é conclusivo, mas tão volumoso que devemos tentar condensar muitos volumes numa única história. Eis aqui, pois, a narrativa da vida da filha de um homem instruído, que, na casa privada do século dezenove, dependia do pai e do irmão.

O dia estava quente, mas ela não podia sair de casa. "Quantos longos e monótonos dias de verão passei confinada dentro de casa porque não havia lugar para mim na carruagem da família e nenhuma criada de companhia que tivesse tempo para caminhar lá fora comigo." O sol se pôs; e para fora ela foi por fim, vestida tão bem quanto podia se arranjar com uma quantia, para gastos, de 40 a 100 libras por ano.[31] Mas "para qualquer tipo de diversão ela devia estar acompanhada do pai ou da mãe ou de alguma mulher casada". Quem ela encontrava nessas diversões, assim vestida, assim acompanhada? Homens instruídos – "ministros, embaixadores, militares famosos e outros desse tipo, todos esplendidamente vestidos, ostentando condecorações". Sobre o que falavam? Sobre o que conversavam? Qualquer coisa que aliviasse a mente de homens ocupados que queriam esquecer seu trabalho – "o mexerico do mundo dançante" caía muito bem. Os dias passavam. O sábado chegou. Aos sábados "membros do Parlamento e outros homens ocupados tinham tempo livre para desfrutar da sociedade"; eles vinham para o chá e vinham para o jantar. O dia seguinte era domingo. Nos domingos, "a grande maioria de nós ia, de manhã, como era natural, à igreja". As estações mudavam. Era verão. No verão elas entretinham visitantes no campo, "a maior parte, parentes". Agora era inverno. No inverno, "elas estudavam história e literatura e música, e tentavam desenhar e pintar. Se não produzissem nada notável, aprendiam muito ao fazê-lo". E, assim, com algumas visitando os enfermos e ensinando os pobres, os anos passavam. E qual era o grande fim e objetivo desses anos, dessa educação? O casamento, naturalmente. "...a questão não era *se* devíamos casar, mas simplesmente *com quem* devíamos casar", diz uma delas.

Era com vistas ao casamento que sua mente era treinada. Era com vistas ao casamento que ela teclava o piano, mas não lhe era permitido fazer parte de uma orquestra; esboçava inocentes cenas domésticas, mas não lhe era permitido fazer estudos de nus; lia este livro, mas não lhe era permitido ler aquele, encantava, e conversava. Era com vistas ao casamento que seu corpo era educado; que uma criada lhe era atribuída; que as ruas lhe eram interditadas; que os campos lhe eram interditados; que a solitude lhe era negada – tudo isso lhe era imposto para que ela pudesse conservar seu corpo intacto para o marido. Em suma, a ideia do casamento influenciava o que ela dizia, o que ela pensava, o que ela fazia. Como poderia ser diferente? O casamento era a única profissão que estava disponível para ela.[32]

O panorama é tão curioso, pelo que mostra tanto sobre o homem instruído quanto sobre sua filha, que é tentador nos prolongarmos. A influência do faisão sobre o amor merece, ela só, um capítulo à parte.[33] Mas não estamos, neste momento, fazendo a interessante pergunta sobre qual era o efeito dessa educação sobre a estirpe. Estamos perguntando por que essa educação torna, consciente e inconscientemente, a pessoa assim educada a favor da guerra. Porque conscientemente, é óbvio, ela era obrigada a usar qualquer influência que possuísse para reforçar o sistema que lhe fornecia criadas; carruagens; roupas finas; requintadas festas – era por esses meios que ela conseguia se casar. Conscientemente ela devia usar qualquer encanto ou beleza que possuísse para lisonjear e adular os homens ocupados, os militares, os advogados, os embaixadores, os ministros, que desejavam recreação após seu trabalho diário. Conscientemente ela devia aceitar suas opiniões e concordar com suas decisões porque era apenas assim que ela podia induzi-los a lhe conceder os meios para se casar ou o próprio casamento.[34] Em suma, todo o seu esforço consciente devia ser em favor daquilo que Lady Lovelace chamava de "nosso esplêndido Império"... "cujo preço", acrescentava ela, "é pago principalmente pelas mulheres". E quem pode duvidar dela ou de que o preço era muito grande?

Mas sua influência inconsciente era, ainda mais fortemente, talvez, a favor da guerra. De que outra forma podemos explicar aquela explosão de agosto de 1914, quando as filhas dos homens instruídos que tinham assim sido educadas se precipitaram em direção aos hospitais, algumas ainda ajudadas por suas criadas, dirigiram caminhões, trabalharam nos campos e nas fábricas de munição e usaram todo seu imenso estoque de sedução, de simpatia, para persuadir os homens jovens que lutar era heroico e que os feridos em batalha mereciam todo o seu cuidado e seu louvor? O motivo se encontra naquela mesma educação. Tão profundo era seu ódio pela educação da casa privada, com sua crueldade, sua pobreza, sua hipocrisia, sua imoralidade, sua futilidade, que ela faria qualquer tarefa, por mais humilde que fosse, faria uso de qualquer poder de fascinação, por mais fatal que fosse, que lhe permitisse fugir. Assim, conscientemente, ela desejava "nosso esplêndido Império"; inconscientemente, ela desejava nossa esplêndida guerra.

Assim, senhor, se deseja que lhe ajudemos a evitar a guerra, a conclusão parece ser inevitável; devemos ajudar a reconstruir a faculdade que, por imperfeita que seja, é a única alternativa à educação da casa privada. Devemos esperar que, no devido tempo, essa educação possa ser mudada. Esse guinéu deve ser dado antes que lhe demos o guinéu que o senhor pediu para sua própria sociedade. Mas ele está contribuindo para a mesma causa − a prevenção da guerra. Guinéus são raros; guinéus são valiosos, mas enviemos um guinéu sem qualquer condição prévia à tesoureira honorária do fundo de reconstrução, porque ao fazê-lo estamos dando uma contribuição positiva para evitar a guerra.

Dois

Agora que doamos um guinéu para reconstruir uma faculdade, devemos considerar se não há algo mais que possamos fazer para ajudá-lo a evitar a guerra. E é imediatamente óbvio, se o que temos dito sobre a influência é verdadeiro, que devemos nos voltar para as profissões, porque, se pudermos convencer aquelas que podem ganhar a própria vida, e realmente mantêm, assim, em suas mãos essa nova arma, nossa única arma, a arma da opinião independente baseada na renda independente, a usá-la contra a guerra, estaremos fazendo mais para ajudá-lo do que apelando para as mulheres que precisam ensinar as jovens a ganhar a vida; ou rondando, ainda que por muito tempo, os locais proibidos e os portões sagrados das universidades nas quais elas recebem esse tipo de instrução. Esta é, portanto, uma questão mais importante do que a outra.

Mostremos, pois, sua carta pedindo ajuda para evitar a guerra, às mulheres independentes, maduras, àquelas que estão ganhando a vida nas profissões. Não há necessidade de retórica; dificilmente, supõe-se, de argumento. "Eis aqui um homem", é o que basta dizer, "que temos, todas, motivo para respeitar; ele nos diz que a guerra é possível; talvez provável; ele pede a nós, àquelas que ganham a própria vida, que o ajudemos, de qualquer forma que pudermos, a evitar a guerra." Isso, seguramente, será suficiente, sem necessidade de apontar para as fotografias que estão, todo esse tempo, se empilhando na mesa – fotografias de mais cadáveres, de mais casas destroçadas – para provocar uma resposta, e uma resposta que lhe dará exatamente a ajuda de que o senhor precisa. Mas... parece que há alguma hesitação, alguma dúvida – não certamente de que a guerra é horrível, de que a guerra é brutal, de que a guerra é insuportável e de que a guerra é desumana, como disse Wilfred Owen, ou de que queremos fazer tudo o que pudermos para ajudar a evitar a guerra. No entanto, há dúvidas e hesitações; e a maneira mais rápida de compreendê-las é mostrar-lhe outra carta, uma carta tão genuína quanto a sua, uma carta que, por acaso, está ao lado da sua sobre a mesa.[1]

Trata-se de uma carta de outra tesoureira honorária e esta também está pedindo dinheiro. "Poderia a senhora", escreve ela, "enviar uma contribuição" [a uma sociedade que tem como objetivo ajudar as filhas dos homens instruídos a conseguir emprego nas profissões liberais] "para nos ajudar na tarefa de ganhar a vida? Na falta de dinheiro", continua ela, "qualquer doação será bem-vinda – livros, frutas ou roupas descartadas que possam ser vendidas numa feira beneficente." Ora, essa carta está tão vinculada às dúvidas e hesitações acima referidas e à ajuda que lhe possamos dar que parece impossível enviar a ela um guinéu ou enviar ao senhor um guinéu até que examinemos as questões que ela levanta.

A primeira questão é, obviamente, esta: Por que está ela pedindo dinheiro? Por que é ela tão pobre, essa representante das mulheres profissionais, que deve implorar por roupas descartadas para serem vendidas numa feira beneficente? Esse é o primeiro ponto a ser esclarecido, porque, se ela é tão pobre quanto indica essa carta, então a arma da opinião independente com a qual estivemos contando para ajudá-lo a evitar a guerra não é, digamos assim, uma arma muito poderosa. Por outro lado, a pobreza tem suas vantagens; pois se ela é pobre, tão pobre quanto aparenta, então podemos negociar com ela, tal como negociamos com a irmã dela de Cambridge, e exercer o direito, que têm os potenciais doadores, de impor condições. Questionemo-la, pois, sobre sua posição financeira e alguns outros fatos antes de dar-lhe um guinéu ou estabelecer as condições pelas quais ela poderá tê-lo. Eis aqui o esboço dessa carta:

"Mil desculpas, senhora, por tê-la feito esperar tanto tempo por uma resposta à sua carta. É que surgiram certas questões que devemos pedir-lhe que sejam respondidas antes de lhe enviarmos uma contribuição. Em primeiro lugar, a senhora está pedindo dinheiro – dinheiro com o qual pagar seu aluguel. Mas como é possível, minha prezada senhora, como é realmente possível que a senhora seja tão terrivelmente pobre? As profissões liberais têm estado abertas às filhas dos homens instruídos por quase vinte anos. Portanto, como é possível que a senhora, que supomos ser sua representante, se ponha, o chapéu na mão, como sua irmã em Cambridge, a implorar por dinheiro ou, na falta de dinheiro, por frutas, livros ou roupas descartadas para vender numa feira beneficente? Como é possível, repetimos? Certamente deve haver alguma insuficiência grave de humanidade comum, de justiça comum ou de senso comum. Ou é possível simplesmente que a senhora esteja fazendo uma cara triste e contando uma lorota, tal como o mendigo da esquina que tem em casa uma meia cheia de guinéus seguramente guardada embaixo da cama? Em todo caso, este perpétuo apelo por dinheiro e alegação de pobreza a torna vulnerável a reprimendas muito graves, não apenas por parte de outsiders indolentes que odeiam pensar sobre questões práticas quase tanto quanto odeiam assinar cheques, mas também por parte dos homens instruídos. Vocês estão atraindo sobre si mesmas a censura e o desprezo de homens de reputação estabelecida, como filósofos e romancistas – de homens como o sr. Joad e o sr. Wells. Eles não apenas negam a pobreza de vocês , mas também as acusam de apatia e indiferença. Deixe-me chamar a sua atenção para as acusações que eles farão contra vocês. Escute, em primeiro lugar, o que o sr. C. E. M. Joad tem a dizer sobre vocês. Diz ele: 'Duvido que, em qualquer período de tempo, durante os últimos cinquenta anos, as jovens tenham sido mais politicamente apáticas, mais socialmente indiferentes, do que agora'. É assim que ele começa. E prossegue, para afirmar, muito corretamente, que não cabe a ele dizer o que vocês devem fazer; mas ele acrescenta, muito amavelmente, que lhes dará um exemplo do que vocês podem fazer. Vocês podem imitar suas irmãs da América. Podem fundar 'uma sociedade para a promoção da paz'. Ele dá um exemplo. Essa sociedade explicou, 'não sei com que grau de verdade, que a quantia de libras gastas pelo mundo em armamentos no corrente ano era exatamente igual à quantidade de minutos (ou eram segundos?) que tinham se passado desde a morte de Cristo, o qual ensinava que a guerra não é nada cristã...'. Ora, por que não podem vocês seguir o exemplo delas e também criar uma sociedade desse tipo na Inglaterra? Ela precisaria de dinheiro, naturalmente, mas – e este é o ponto que eu gostaria de particularmente enfatizar – não resta dúvida de que vocês têm o dinheiro. O sr. Joad fornece a prova. 'Antes da guerra, o dinheiro chovia nos cofres da

WSPU para que as mulheres pudessem obter o direito ao voto que, esperava-se, lhes permitiria fazer da guerra uma coisa do passado. O direito ao voto foi conquistado', continua o sr. Joad, 'mas a guerra está muito longe de ser uma coisa do passado.' Isso eu própria posso corroborar – é o que prova essa carta de um senhor pedindo ajuda para evitar a guerra, e há algumas fotografias de cadáveres e casas destroçadas – mas deixe que o sr. Joad prossiga. 'É irrazoável, continua ele, 'pedir que as mulheres de hoje estejam preparadas para dar tanto dinheiro e energia, para sofrer tanto insulto e injúria em favor da causa da paz, tal como o que suas mães deram e sofreram em favor da causa da igualdade?' E, mais uma vez, não posso senão fazer eco às suas palavras, é irrazoável pedir às mulheres para continuar, de geração em geração, a sofrer insulto e injúria, primeiro da parte de seus irmãos e depois por seus irmãos? Não são ambas as coisas perfeitamente razoáveis e, em geral, em favor de seu bem-estar físico, moral e espiritual? Mas não interrompamos o sr. Joad. 'Se a resposta é positiva, então quanto mais cedo elas renunciarem à pretensão de se imiscuírem na vida pública e retornarem à vida privada tanto melhor. Se não conseguem fazer um bom trabalho na Câmara dos Comuns, deixem-nas, ao menos, fazer o melhor que podem em sua própria casa. Se não conseguem aprender a proteger os homens da destruição que a incurável maldade masculina ameaça infligir-lhes, deixem que as mulheres ao menos os alimentem antes que eles se aniquilem.'[2] Não paremos para perguntar como, mesmo com o direito ao voto, elas podem curar o que o próprio sr. Joad admite ser incurável, pois a questão é como, em face dessa afirmação, vocês têm a desfaçatez de me pedir um guinéu para pagar o aluguel? De acordo com o sr. Joad vocês são não apenas extremamente ricas; você são extremamente ociosas; e estão tão imersas em comer amendoins e tomar sorvete que não aprenderam como preparar um jantar para ele antes que ele se aniquile, para não falar do que se deve fazer para impedir esse ato fatal. Mas acusações mais sérias se seguem. A letargia de vocês é tanta que vocês não lutarão nem mesmo para proteger a liberdade que suas mães conquistaram para vocês. Essa acusação é feita contra vocês pelo mais famoso dos romancistas ingleses vivos – o sr. H. G. Wells. O sr. H. G. Wells diz: 'Não tem havido nenhum movimento perceptível das mulheres para se opor à supressão, na prática, de sua liberdade pelos fascistas ou nazistas'.[3] Ricas, ociosas, ávidas e letárgicas como são, como têm vocês audácia de me pedir para contribuir para uma sociedade que ajuda as filhas dos homens instruídos a ganhar sua vida nas profissões? Como provam esses senhores, a despeito do direito ao voto e da riqueza que esse direito deve ter trazido junto com ele, vocês não deram um fim à guerra; a despeito do direito ao voto e do poder que esse direito deve ter trazido junto com ele, vocês não opuseram resistência à supressão, na prática, de sua liberdade pelos fascistas ou pelos nazistas. A que outra conclusão, pois, se pode chegar senão a de que a totalidade do que a senhora chamou de 'movimento das mulheres' tem se mostrado um fracasso; e o guinéu que estou lhe enviando em anexo deve ser empregado não a pagar o seu aluguel, mas a reduzir seu edifício a cinzas. E quando ele estiver reduzido a cinzas, recolha-se uma vez mais à cozinha, senhora, e aprenda, se puder, a preparar o jantar que talvez a senhora não tenha com quem partilhar...".[4]

Aqui, senhor, a carta foi interrompida; pois, no rosto do outro lado da carta — o rosto que a pessoa que escreve a carta sempre vê — se estampava uma expressão de enfado, talvez, ou seria de cansaço? O olhar da tesoureira honorária parecia repousar numa pequena tira de papel sobre a qual estavam registrados dois pequenos e obscuros fatos que, uma vez que têm relação com a questão que estamos discutindo, ou seja, como podem as filhas dos homens instruídos que estão ganhando sua vida nas profissões ajudar a evitar a guerra, merecem ser reproduzidos aqui. O primeiro fato é que a receita da WSPU, sobre a qual o sr. Joad baseara sua estimativa da riqueza delas, era (no ano de 1912, no auge de sua atividade) 42.000 libras.[5] O segundo fato é este: "Ganhar 250 libras por ano é uma proeza até mesmo para uma mulher altamente qualificada e com anos de experiência".[6] A data dessa afirmação é 1934.

Ambos os fatos são interessantes e, uma vez que ambos têm relação direta com a questão que se nos apresenta, examinemo-los. Para considerar primeiro o primeiro fato — ele é interessante porque mostra que uma das maiores mudanças políticas de nosso tempo foi conseguida graças à soma incrivelmente diminuta de 42.000 libras por ano. "Incrivelmente diminuta" é, sem dúvida, um termo comparativo; ou seja, é incrivelmente diminuta em comparação com a receita que o Partido Conservador ou o Partido Liberal — os partidos aos quais pertencia o irmão da mulher instruída — tinha à disposição

· 53 ·

para suas causas políticas. É consideravelmente menor que a receita que o Partido Trabalhista – o partido ao qual pertence o irmão da mulher operária – tem à sua disposição.[7] É incrivelmente diminuta em comparação com a soma que uma sociedade como a Sociedade para a Abolição da Escravatura, por exemplo, tinha à disposição para a abolição da escravatura. É incrivelmente diminuta em comparação com a soma que o homem instruído gasta anualmente, não com causas políticas, mas com esporte e lazer. Mas nossa perplexidade, seja diante da pobreza das filhas dos homens instruídos, seja diante de sua economia, é um sentimento decididamente desagradável neste caso, pois ele nos leva a suspeitar que a tesoureira honorária esteja dizendo a pura verdade; ela é pobre; e isso nos força a perguntar mais uma vez como, se 42.000 libras é tudo que as filhas dos homens instruídos conseguem juntar depois de muitos anos de infatigável trabalho pela própria causa, podem elas ajudá-lo a ganhar a sua? Quanta paz 42.000 libras por ano comprará neste momento, quando estamos gastando anualmente 300.000.000 de libras em armamentos?

Mas o segundo fato é o mais alarmante e o mais deprimente dos dois – isto é, o fato de que agora, quase vinte anos depois de elas terem sido admitidas nas profissões rendosas, 'ganhar 250 libras por ano é um grande feito até mesmo para uma mulher altamente qualificada e com anos de experiência'. Na verdade, esse fato, se é que se trata de um fato, é tão alarmante e tem relação tão grande com a questão que se nos apresenta que devemos parar por um instante para examiná-lo. Ele é tão importante que deve ser examinado, além disso, à clara luz dos fatos, não à matizada luz da biografia. Recorramos, pois, a alguma autoridade impessoal e imparcial que, tanto quanto a Cleopatra's Needle, não tem nenhum ponto de vista a defender, nem qualquer compromisso a cumprir – o *Almanaque Whitaker*, por exemplo.

Whitaker, desnecessário dizê-lo, é não apenas um dos autores mais imparciais, mas também um dos mais metódicos. Ali, em seu *Almanaque*, ele reuniu todos os fatos sobre todas, ou quase todas, as profissões que se tornaram disponíveis para as filhas dos homens instruídos. Numa seção intitulada "Governo e repartições públicas", ele nos fornece uma lista cristalina de quem o governo emprega profissionalmente e da quantia que o governo paga aos que emprega. Uma vez que o *Almanaque Whitaker* adota o sistema da lista alfabética, sigamos seu exemplo e examinemos as seis primeiras letras do alfabeto.

Sob a letra A temos o Almirantado, o Ministério da Aeronáutica e o Ministério da Agricultura. Sob a letra B, temos a BBC; sobre a letra C, o Departamento das Colônias e o Departamento das Instituições de Caridade; sobre a letra D, o Secretariado dos Domínios e a Comissão de Desenvolvimento; sob a letra E, temos o Departamento Eclesiástico e o Conselho de Educação; e, assim, chegamos à sexta letra, F, sob a qual encontramos o Ministério da Pesca [*Fisheries*], o Ministério das Relações Exteriores [*Foreign Office*], o Departamento das Sociedades de Mútuo Socorro [*Friendly Societies*] e o Secretariado das Belas Artes [*Fine Arts*]. Essas são, pois, algumas das profissões que estão agora, como somos frequentemente lembrados, disponíveis, igualmente, para homens e mulheres. E os salários pagos a quem nelas trabalha vêm do dinheiro público que é suprido, igualmente, por ambos os sexos. E o imposto de renda que supre esses salários (entre outras coisas) está agora fixado em cinco xelins por cada libra de rendimento. Temos todos, pois, interesse em perguntar como esse dinheiro é gasto e com quem. Examinemos a lista dos salários do Conselho de Educação, uma vez que essa, senhor, é a classe à qual ambos, embora em graus muito diferentes, temos a honra de pertencer. O presidente do Conselho de Educação, diz o Whitaker, ganha 2.000 libras; seu secretário particular ganha de 847 a 1.058 libras; o subsecretário ganha de 277 a 634 libras. Depois, temos o secretário permanente do Conselho de Educação. Ele ganha 3.000 libras; seu secretário particular ganha de 277 a 634 libras. O secretário parlamentar ganha 1.200 libras; seu secretário particular ganha de 277 a 634 libras. O secretário substituto ganha 2.200 libras. O secretário permanente do Departamento do País de Gales ganha 1.650 libras. E depois temos os subsecretários de grau mais elevado e os simples secretários assistentes, temos os diretores de estabelecimentos, os contadores gerais, os diretores financeiros de grau mais elevado e os simples diretores financeiros, os conselheiros jurídicos de grau mais elevado e os simples conselheiros jurídicos – todos esses senhores e essas senhoras, nos informa o impecável e imparcial Whitaker, têm rendimentos que chegam a quatro cifras ou mais. Ora, um rendimento maior que mil por ano, ou ao redor disso, é uma bela e considerável soma quando é paga anual e pontualmente; mas quando consideramos que se trata de um trabalho qualificado e de tempo integral não devemos ficar com raiva dessas senhoras e desses senhores por causa de seus salários, ainda que nosso imposto de renda não esteja na faixa dos cinco xelins por cada libra de rendimento e nossos rendimentos não sejam, absolutamente, pagos pontual e anualmente. Os homens e as mulheres que passam todos os dias e o dia todo numa repartição desde a idade de 23 anos até a idade de 60 ou ao redor disso, merecem cada pêni que ganham. Só que, e aqui a reflexão se impõe, caso essas senhoras estejam ganhando 1.000, 2.000 e 3.000 libras por ano, não apenas no Conselho de Educação, mas em todos os outros conselhos e repartições que estão agora disponíveis para elas, desde o Almirantado, no começo do alfabeto, até o Conselho do Trabalho [*Board of Works*] no final, a afirmação de que "250 libras é um grande feito até mesmo para uma mulher altamente qualificada e com anos de experiência" deve ser, para expressá-lo francamente, uma deslavada mentira. Ora bem, temos apenas que caminhar por Whitehall; ter em conta quantos conselhos e repartições estão aí sediados; refletir que cada um deles é servido e atendido por uma multidão de secretários e subsecretários, em tão grande número e tão escrupulosamente classificados que nossa cabeça se põe a rodar à simples menção de seus títulos; e lembrar que cada um deles ou cada uma delas tem seu próprio e adequado salário, para exclamar que a afirmação é impossível, inexplicável. Como podemos explicá-la? Só recorrendo a óculos mais fortes. Leiamos a lista de cima para baixo, indo cada vez mais para baixo. Por fim, chegamos a um nome ao qual o prefixo "srta." está vinculado. É possível que todos os nomes acima do dela, todos os nomes aos quais os grandes salários estão vinculados, sejam os nomes dos cavalheiros? É o que parece. Assim, pois, não são os bons salários que estão faltando; são as filhas dos homens instruídos.

Ora bem, três boas razões para essa curiosa deficiência ou disparidade vêm à tona. O dr. Robson nos fornece a primeira – "A classe administrativa, que ocupa todas as posições de controle no Serviço Público, é formada, em esmagadora maioria, pelos poucos afortunados que conseguem entrar em Oxford ou Cambridge; e o exame de admissão tem sido sempre expressamente planejado com esse propósito".[8] As poucas afortunadas de nossa classe, as filhas dos homens instruídos, são poucas, muito poucas. Oxford e Cambridge, como vimos, limita estritamente o número das filhas dos homens instruídos às quais é permitido ter uma educação universitária.

Em segundo lugar, o número de filhas que permanecem em casa para cuidar das mães na velhice é muito maior que o de filhos que fazem o mesmo para cuidar dos pais na velhice. A casa privada, é preciso lembrar, continua sendo uma preocupação. Como consequência, o número de filhas que se inscrevem no concurso para o serviço público é menor que o de filhos. Em terceiro lugar, é razoável supor que sessenta anos de experiência de aprovação em concursos não são tão eficazes quanto quinhentos. O concurso para o serviço público é um concurso difícil; é razoável supor que mais filhos do que filhas passem nos exames. É preciso explicar, entretanto, o curioso fato de que, embora algumas filhas se inscrevam no concurso e passem nos exames, aquelas a cujos nomes a palavra "srta." é afixada não parecem chegar à faixa de rendimento das quatro cifras. Essa marca sexual parece, de acordo com o Whitaker, dotada de uma curiosa propriedade plúmbea, capaz de manter circulando nas esferas inferiores qualquer nome ao qual ela seja atribuída. Evidentemente, é possível que o motivo disso esteja localizado não na superfície, mas no interior. É possível, para dizê-lo sem rodeios, que as filhas sejam realmente deficientes; que elas tenham se mostrado indignas de confiança; insatisfatórias; tão carentes da capacidade requerida que seja do interesse público mantê-las nos graus inferiores, nos quais, ainda que recebam menos, têm menos chance de obstruir a operação dos negócios públicos. Essa solução seria fácil, mas, infelizmente, nos é negada. Ela nos é negada pelo próprio primeiro-ministro. As mulheres do Serviço Público não são indignas de confiança, nos informou o sr. Baldwin no outro dia.[*] "Muitas delas", disse ele, "são colocadas em situações, no decurso de seu trabalho diário, em que reúnem informações secretas. As informações secretas tendem a vazar com muita frequência, como nós, políticos, sabemos, às nossas próprias custas. Nunca soube de um caso em que um vazamento desse tipo tivesse sido atribuído a uma mulher, mas soube de casos de vazamento por parte de homens que teriam a obrigação de ser mais atilados." Elas não são, assim, tão tagarelas e indiscretas como quer a tradição? Trata-se de uma contribuição útil, ao seu modo, à psicologia, e uma

---

[*] Desde que essas palavras foram escritas, o sr. Baldwin deixou de ser primeiro-ministro e recebeu o título de conde.

sugestão para os romancistas; mas ainda pode haver outras objeções ao emprego das mulheres no serviço público.

Intelectualmente, elas podem não ser tão capazes quanto seus irmãos. Porém aqui, mais uma vez, o primeiro-ministro não nos ajudará em nada. "Ele não estava preparado para dizer que se tinha chegado a alguma conclusão – ou até mesmo se ela era necessária – sobre se as mulheres eram tão boas quanto os homens ou inclusive melhores que eles, mas acreditava que era de bom grado que as mulheres trabalhavam no serviço público e certamente para a completa satisfação de todos os que, de alguma forma, tratavam com elas." Por fim, como que para arrematar o que deve, necessariamente, ser uma sentença inconclusiva, com a expressão de um parecer pessoal que pode, por certo, ser mais positivo, ele disse: "Gostaria de pagar meu tributo pessoal à industriosidade, à capacidade, à competência e à lealdade das mulheres que encontrei em certos cargos no serviço público". E ele foi adiante, expressando a esperança de que os empresários se utilizassem mais dessas valiosas qualidades.[9]

Ora bem, se há uma pessoa em condições de conhecer os fatos, esta pessoa é o primeiro-ministro; e se há uma pessoa capaz de falar a verdade sobre eles, essa pessoa é o mesmo cavalheiro. Contudo, o sr. Baldwin diz uma coisa; o sr. Whitaker diz outra. Se o sr. Baldwin é bem informado, o sr. Whitaker também o é. Entretanto, eles se contradizem mutuamente. A querela está posta; o sr. Baldwin diz que as mulheres são funcionárias públicas da mais alta qualidade. Trata-se, em suma, do litígio *Baldwin vs. Whitaker*, e como se trata de um litígio importante, pois dele depende a resposta a muitas perguntas que nos intrigam, não apenas sobre a pobreza das filhas dos homens instruídos, mas também sobre a psicologia dos filhos dos homens instruídos, ponhamos em julgamento o litígio *Primeiro-Ministro vs. Almanaque*.

Para esse julgamento, o senhor tem qualificações indisputáveis; como advogado, o senhor tem conhecimento de primeira mão de uma das profissões, e como homem instruído, conhecimento de segunda mão de muitas mais. E se é verdade que as filhas dos homens instruídos que pertencem à categoria de Mary Kingsley não têm nenhum conhecimento direto, ainda assim elas podem reivindicar, através dos pais e tios, primos e irmãos, algum conhecimento da vida profissional – trata-se de uma fotografia que elas têm contemplado com frequência – e, esse conhecimento indireto, elas podem reforçar, se forem inteligentes, espiando pelas portas, tomando notas e discretamente fazendo perguntas. Se, pois, juntarmos nosso conhecimento de primeira e segunda mão, direto e indireto, das profissões, com vistas a pôr em julgamento o importante litígio *Baldwin vs. Whitaker*, iremos concordar, desde o começo, que as profissões são coisas muito distorcidas. Não se pode deduzir, de modo algum, que um homem inteligente chega ao topo e que um homem obtuso permanece em baixo. Essa ascensão e queda não é, de modo algum, um processo racional, exato, predefinido – nisso nós dois devemos estar de acordo. Afinal, como temos, ambos, motivo para sabê-lo, juízes são pais; e secretários permanentes têm filhos. Os juízes precisam de oficiais de justiça; os conselheiros, de secretários de Estado, de secretários particulares. O que é mais natural do que um sobrinho ser nomeado oficial de justiça ou o filho de um antigo colega de escola ser nomeado secretário particular? Dispor dessas benesses faz parte do que é devido ao servidor público tanto quanto um charuto uma vez ou outra ou uma roupa descartada aqui e ali fazem parte das benesses do servidor privado. Mas a distribuição dessas benesses, o exercício dessa influência, distorce as profissões. O sucesso é mais fácil para alguns, mais difícil para outros, não importando que a capacidade mental seja a mesma, de maneira que alguns sobem inesperadamente; alguns caem inesperadamente; alguns permanecem estranhamente estacionários; resultando que as profissões se tornam distorcidas. Com frequência, na verdade, é para o bem público que elas devem ser distorcidas. Uma vez que ninguém, do diretor do Trinity para baixo (à exceção, talvez, de umas poucas diretoras), acredita na infalibilidade dos examinadores, um certo grau de elasticidade favorece o bem público; uma vez que o impessoal é falível, é bom que ele seja suplementado pelo pessoal. Felizmente para todos nós, portanto, podemos concluir, uma banca não é literalmente feita de madeira de lei, nem uma demarcação é literalmente feita de ferro. Tanto as comissões quanto as escalas hierárquicas irradiam empatias humanas e refletem antipatias humanas e, como consequência, as imperfeições do sistema de exames são retificadas; o interesse público é atendido; e os laços de sangue e amizade são reconhecidos. É, assim, perfeitamente possível que o título "srta." irradie através da comissão ou da escala hierárquica alguma vibração que não é registrada na sala de exames. O título "srta." irradia sexo; e o sexo pode exalar um aroma. O título "srta." pode trazer, junto com o ruge-ruge das anáguas, o aroma do rastro ou outro odor perceptível e desagradável ao nariz do lado mais distante da escala. O que encanta e consola na casa privada pode distrair e irritar na repartição pública. A Comissão dos Arcebispos nos garante que é isso que acontece no púlpito.[10] Whitehall pode ser igualmente suscetível. De qualquer modo, a srta. é uma mulher, a srta. não foi educada em Eton ou na Christ Church. Uma vez que a srta. é uma mulher, a srta. não é um filho ou um sobrinho. Estamos nos aventurando por um caminho de imponderáveis. Dificilmente podemos ir muito adiante nas pontas dos pés. Estamos tentando, lembre-se, descobrir qual odor se liga ao sexo numa repartição pública; estamos farejando, muito delicadamente, não fatos, mas aromas. E, portanto, seria bom não depender de nosso próprio nariz privado, mas apelar para evidências externas. Voltemo-nos para a imprensa e verifiquemos se podemos descobrir, a partir das opiniões aí tornadas públicas, alguma pista que nos guie em nossa tentativa de resolver a delicada e difícil questão sobre o aroma, a atmosfera que cerca a palavra "srta." em Whitehall. Consultaremos os jornais.

Em primeiro lugar:

> Penso que seu correspondente... resume corretamente essa discussão ao observar que a mulher tem liberdade demais. É provável que a assim chamada liberdade tenha surgido com a guerra, quando as mulheres assumiram responsabilidades que até então lhes eram desconhecidas. Elas prestaram um esplêndido serviço naquela época. Infelizmente, elas foram elogiadas e afagadas de maneira desproporcional relativamente à importância de seu desempenho.[11]

Para começar, está perfeito. Mas vamos adiante:

> Sou da opinião de que um grau considerável da angústia que prevalece nesse segmento da comunidade [o clerical] poderia ser aliviado pela política de empregar homens em vez de mulheres sempre que possível. Há hoje, nas repartições governamentais, agências dos Correios, companhias de seguro, bancos e outros escritórios, milhares de mulheres fazendo o trabalho que os homens poderiam fazer. Ao mesmo tempo, há milhares de homens qualificados, jovens e de meia-idade, que não conseguem nenhum tipo de emprego. Há uma grande

demanda pelo trabalho feminino nas artes domésticas, e, no processo de realocação, um grande número das mulheres que foram deslocadas para o trabalho de escritório ficou disponível para o serviço doméstico.[12]

O odor se adensa, o senhor haverá de concordar.

Depois, uma vez mais:

> Estou certo de que expresso a opinião de milhares de homens jovens quando digo que, se os homens estivessem fazendo o trabalho que milhares de jovens mulheres estão agora fazendo, os homens seriam capazes de manter essas mesmas mulheres em casas decentes. A casa é o verdadeiro lugar das mulheres que estão agora obrigando os homens a se manterem ociosos. É hora de o governo insistir com os empregadores para darem trabalho para mais homens, possibilitando, assim, que eles se casem com as mulheres das quais não conseguem agora chegar perto.[13]

Aí está! Agora não há mais nenhuma dúvida a respeito do odor. Era um segredo de polichinelo.

Após levar em conta os indícios contidos nessas três citações, o senhor concordará que há boas razões para pensar que a palavra "srta.", por mais delicioso que seja seu aroma na casa privada, tem um certo odor ligado a ela, em Whitehall, que é desagradável para os narizes do outro lado da divisória; e que é provável que um nome ao qual "srta." esteja afixado irá circular, por causa de seu odor, nas esferas inferiores nas quais os salários são pequenos em vez de subir para as esferas superiores nas quais os salários são substanciais. Quanto a "sra.", trata-se uma palavra contaminada; uma palavra obscena. Quando menos se falar sobre essa palavra tanto melhor. Tal é o cheiro dela, tão rançosa ela cheira nos narizes de Whitehall, que Whitehall a exclui totalmente. Em Whitehall, tal como no paraíso, não existe casar-se nem dar em casamento.[14]

O odor, pois – ou devemos chamá-lo "atmosfera"? – é um elemento muito importante na vida profissional; a despeito do fato de que ele é, tal como outros elementos importantes, impalpável. Pode escapar ao nariz dos examinadores nas salas de exame, mas penetrar nas comissões de triagem e nas escalas hierárquicas e afetar os sentidos dos que estão no seu interior. Sua relevância para o caso que se nos apresenta é inegável. Pois ele nos permite decidir, no caso

· 61 ·

de *Baldwin vs. Whitaker*, que tanto o primeiro-ministro quanto o *Almanaque* estão dizendo a verdade. É certo que as mulheres que são funcionárias públicas merecem receber tanto quanto os homens; mas também é verdade que elas não recebem tanto quanto os homens. A discrepância deve-se à atmosfera.

A atmosfera tem, claramente, um poder enorme. A atmosfera não apenas muda o tamanho e a forma das coisas; ela afeta corpos sólidos, como os salários, que podem ter sido considerados como sendo impermeáveis à atmosfera. É possível que se tenha escrito um poema épico sobre a atmosfera ou um romance em dez ou quinze volumes. Mas uma vez que isso é apenas uma carta, e o senhor está com pouco tempo, limitemo-nos à simples afirmação de que a atmosfera é um dos mais poderosos inimigos, em parte por ser um dos mais impalpáveis, com o qual as filhas dos homens instruídos têm que lutar. Se o senhor julga que a afirmação é exagerada, observe uma vez mais os exemplos de atmosfera contidos naquelas três citações. Encontraremos ali não apenas a razão pela qual a remuneração das mulheres profissionais é tão baixa, mas também algo mais perigoso, algo que, caso se espalhe, pode envenenar ambos os sexos de maneira igual. Ali, naquelas citações, está a larva daquele mesmíssimo verme que conhecemos sob outros nomes em outros países. Ali temos, em embrião, a criatura, o Ditador, como o chamamos quando ele é italiano ou alemão, que acredita que tem o direito, seja dado por Deus, seja pela natureza, pelo sexo ou pela raça, de ditar a outros seres humanos como eles devem viver; o que eles devem fazer. Recorramos de novo à citação: "A casa é o verdadeiro lugar das mulheres que estão agora obrigando os homens a se manterem ociosos. É hora de o governo insistir com os empregadores para darem trabalho para mais homens, possibilitando, assim, que eles se casem com as mulheres das quais não conseguem agora chegar perto." Coloquemos, ao lado desta, outra citação: "Há dois mundos na vida da nação, o mundo dos homens e o mundo das mulheres. A natureza fez bem em confiar ao homem o cuidado da família e da nação. O mundo da mulher é a família, seu marido, seus filhos e a sua casa". Uma está escrita em inglês, a outra, em alemão. Mas onde está a diferença? Não estão ambas dizendo a mesma coisa? Não são ambas, falem elas inglês ou alemão, vozes de Ditadores, e não concordamos todos que o ditador, quando o localizamos no exterior, é um animal muito perigoso e muito feio? E ele está entre nós, erguendo sua horrível cabeça, cuspindo seu veneno, pequeno ainda, enrolado como uma lagarta sobre uma folha, mas no coração da Inglaterra. Não é dessa larva, para citar novamente o sr. Wells, que "a supressão prática da [nossa] liberdade pelos fascistas ou pelos nazistas" emergirá? E não é a mulher que tem que respirar esse veneno e combater esse inseto, secretamente e sem armas, em seu escritório, combatendo os fascistas e os nazistas tanto quanto aqueles que o combatem com armas, sob os holofotes da atenção pública? E não irá esse combate esgotar suas forças e exaurir seu espírito? Não deveríamos ajudá-la a esmagá-lo em nosso próprio país antes de pedir a ela que nos ajude a esmagá-lo lá fora? E que direito temos nós, senhor, de alardear nossos ideais de liberdade e justiça para outros países quando podemos sacudir nossos mais respeitáveis jornais, em qualquer dia da semana, e vermos saltar larvas como essas?

Aqui, corretamente, o senhor interromperá o que tem todos os sintomas de se tornar uma peroração, observando que, embora as opiniões manifestadas nessas citações não sejam, de forma alguma, lisonjeiras à nossa autoestima nacional, elas são a expressão natural de um medo e de um ressentimento que devemos compreender antes de condenar. É verdade, o senhor dirá, que esses cavalheiros parecem um pouco preocupados demais com os próprios salários e a própria segurança, mas isso é compreensível, dadas as tradições de seu sexo, e até mesmo compatível com um amor genuíno pela liberdade e um ódio genuíno pela ditadura. Pois esses cavalheiros são, ou desejam se tornar, maridos e pais, e nesse caso o sustento da família dependerá deles. Em outras palavras, suponho que o senhor queira dizer que o mundo está dividido, atualmente, em dois serviços; um, o público, e o outro, o privado. Num dos mundos, os filhos dos homens instruídos trabalham como funcionários públicos, juízes, militares e são pagos por esse trabalho; no outro mundo, as filhas dos homens instruídos trabalham como esposas, mães, filhas – mas sem serem remuneradas por esse trabalho? O trabalho de uma mãe, de uma esposa, de uma filha não vale nada para a nação em moeda sonante? O fato, se de um fato se trata, é tão espantoso que devemos confirmá-lo, apelando, mais uma vez, para o impecável Whitaker. Voltemos novamente para suas páginas. Podemos virá-las e voltar a virá-las. Parece incrível, mas parece inegável. Entre todos aqueles departamentos não existe nenhum departamento da mãe; entre todos aqueles salários não existe nenhum salário de mãe. O trabalho de um arcebispo custa 15.000 libras por ano para o Estado; o trabalho de um juiz custa 5.000 libras por ano; o trabalho de um secretário permanente custa 3.000 libras por ano; o trabalho de um capitão do exército, de um capitão da marinha, de um sargento dos dragões, de um policial, de um carteiro – todos esses trabalhos merecem ser pagos com o dinheiro obtido dos impostos, mas as esposas e as mães que trabalham o dia todo, todos os dias, sem cujo trabalho o Estado entraria em colapso e se esfacelaria, sem cujo trabalho os seus filhos, senhor, deixariam de existir, não recebem absolutamente nada. É possível? Ou declaramos Whitaker, o impecável, como capaz de cometer erros?

Ah, o senhor contrapõe, eis aqui outro mal-entendido. Marido e mulher não são apenas uma só carne; eles são também uma só bolsa. O salário da mulher é a metade da renda do marido. O homem é pago mais que a mulher justamente por essa razão – porque ele tem uma esposa para sustentar. O homem solteiro é, então, pago na mesma proporção que a mulher solteira? Parece que não – um outro efeito estranho da atmosfera, sem dúvida nenhuma; mas deixemos isso de lado. Sua afirmação de que o salário da esposa é a metade do rendimento do marido parece ser um arranjo justo e, sem dúvida, uma vez que é justo, é ratificado pela lei. Sua réplica de que a lei deixa esses assuntos privados para serem decididos privadamente é menos satisfatória, pois significa que a metade da renda comum que cabe à mulher não lhe é legalmente posta em suas mãos, mas nas do marido. Mas, ainda assim, um direito espiritual pode ser tão imperativo quanto um direito legal; e se a esposa de um homem instruído tem o direito espiritual à metade da renda do marido, então podemos supor que a esposa de um homem instruído tem, na mesma medida do marido, tanto dinheiro para gastar, uma vez que as contas domésticas comuns tenham sido cobertas, com qualquer causa que lhe agrade. Ora bem, o marido, disso é testemunha o Whitaker, disso são testemunhas os testamentos noticiados nos jornais diários, é, com frequência, não simplesmente bem pago por sua profissão, mas é possuidor de um capital bastante considerável. Portanto, essa senhora que afirma que 250 libras por ano é tudo o que uma mulher pode ganhar hoje nas profissões está fugindo da questão; pois a profissão do casamento nas classes instruídas é uma profissão muito bem remunerada, uma vez que ela tem direito, um direito espiritual, à metade do salário do marido. O enigma se aprofunda; o mistério se adensa. Pois se as esposas dos homens ricos são, elas próprias, ricas, como se explica que a renda da WSPU seja de apenas 42.000 libras por ano; como se explica que a tesoureira honorária do fundo de reconstrução da faculdade ainda esteja solicitando 100.000 libras; como se explica que a tesoureira de uma sociedade que tem como objetivo de ajudar as mulheres profissionais a obter emprego esteja não apenas solicitando dinheiro para pagar o aluguel, mas também declarando que será grata por quaisquer livros, frutas ou roupas descartadas? É evidente que se a esposa tem direito espiritual à metade do salário do marido porque seu próprio trabalho como esposa não é pago, então ela deve, na mesma medida dele, ter dinheiro para gastar com essas causas tanto quanto lhe aprouver. E como essas causas têm estado, chapéu na mão, a mendigar, somos forçados a concluir que são causas que não angariam a simpatia da esposa do homem instruído. A acusação contra ela é uma acusação muito séria. Pois pense bem – dinheiro está lá – aquele fundo excedente que pode ser destinado à educação, aos prazeres, à filantropia, quando as necessidades da casa estão supridas; ela pode gastar sua parte tão livremente quanto o marido gasta a sua. Ela pode gastá-la com quaisquer causas que lhe agradem; e contudo ela não a gastará com as causas que são caras ao seu próprio sexo. Aí estão elas, chapéu na mão, mendigando. Trata-se de uma terrível acusação a ser feita contra ela.

Mas façamos uma pausa antes de julgar essa acusação contra ela. Perguntemos quais são as causas, os prazeres, as filantropias com as quais a esposa do homem instruído de fato gasta sua parte do fundo comum excedente. E aqui nos confrontamos com fatos que, gostemos ou não, devemos encarar. O fato é que os gostos da mulher casada de nossa classe são marcadamente masculinos. Ela gasta anualmente enormes somas com fundos partidários; com esporte; com terrenos para a caça do galo silvestre; com o críquete e o futebol. Ela esbanja dinheiro com clubes – o Brook's, o White's, o Travellers', o Reform, o Athenaeum – para mencionar apenas os mais notáveis. Sua despesa com essas causas, esses prazeres e essas filantropias deve chegar a muitos milhões por ano. E contudo a maior parte dessa soma é, sem dúvida, gasta com prazeres de que ela não partilha. Ela desembolsa milhares e milhares de libras com clubes aos quais seu próprio sexo não é admitido;[15] com pistas de corrida em que ela não pode concorrer; com faculdades das quais seu próprio sexo está excluído. Paga anualmente uma enorme conta por vinhos que ela não toma e por charutos que não fuma. Em suma, só há duas conclusões a que podemos chegar sobre a esposa do homem instruído – a primeira é que ela seja o mais altruísta dos seres, que prefere gastar sua parte do fundo comum com os prazeres e causas dele; a segunda, e mais provável, embora menos louvável, é não que ela é o mais altruísta dos seres, mas que seu direito espiritual a partilhar a metade da renda do marido resume-se, na prática, ao direito real à comida, à moradia e a uma pequena soma anual para a roupa e pequenos gastos. Qualquer uma dessas conclusões é possível; a evidência das instituições públicas e das listas de contribuição elimina qualquer outra. Pois considere quão nobremente o homem instruído ajuda sua antiga escola, sua antiga faculdade; quão esplendidamente ele contribui para fundos partidários; quão generosamente ele contribui para todas aquelas instituições e aqueles esportes através dos quais ele e seus filhos homens educam a mente e desenvolvem o corpo – os jornais diários dão testemunho diário desses fatos indisputáveis. Mas a ausência do nome dela das listas de contribuições e a pobreza das instituições que educam a sua mente e seu corpo parecem provar que há algo na atmosfera da casa privada que desvia, impalpável mas irresistivelmente, a parte espiritual a que a esposa tem direito na renda para aquelas causas que seu marido aprova e para aqueles prazeres dos quais ele desfruta. Louvável ou não, isso é fato. E esta é a razão pela qual aquelas outras causas estão à míngua.

Com os fatos do Whitaker e os fatos das listas de contribuições à nossa frente, parece que chegamos a três fatos que são indisputáveis e devem ter grande influência sobre nossa investigação sobre como podemos ajudar a evitar a guerra. O primeiro é que as filhas dos homens instruídos são muito mal remuneradas com o dinheiro dos fundos públicos por seus serviços públicos; o segundo é que elas não recebem absolutamente nada dos fundos públicos por seus serviços privados; e o terceiro é que sua parcela na renda do marido não é uma parcela material, mas espiritual ou nominal, o que significa que quando ambos tiverem sido alimentados e vestidos, o fundo excedente que pode ser destinado a causas, prazeres e filantropias, gravita, misteriosa mas indisputavelmente, em torno daquelas causas, daqueles prazeres e daquelas filantropias de que o marido desfruta ou que o marido aprova. Parece que a pessoa à qual o salário é realmente pago é a pessoa que tem o real direito de decidir como o salário será gasto.

Esses fatos, portanto, nos trazem de volta, de ânimo contrito e com uma visão bem diferente, ao nosso ponto de partida. Pois íamos expor, como o senhor deve se lembrar, o seu apelo, pedindo a ajuda das mulheres que ganham a vida nas profissões para evitar a guerra. É a elas, dizíamos, que devemos apelar, porque são elas que têm nossa nova arma, a influência de uma opinião independente baseada numa renda independente, em suas mãos. Mas os fatos, uma vez mais, são deprimentes. Eles deixam claro, em primeiro lugar, que devemos descartar, como possíveis contribuintes, aquele grande grupo de mulheres para as quais o casamento é uma profissão, porque se trata de uma profissão não-remunerada, e porque a parcela espiritual de metade do salário do marido não é, como os fatos parecem mostrar, uma parcela real. Portanto, sua influência desinteressada baseada numa renda independente é nada. Se ele é a favor da força, ela também será a favor da força. Em segundo lugar, os fatos parecem demonstrar que a afirmação "ganhar 250 libras por ano é um grande feito até mesmo para uma mulher altamente qualificada e com anos de experiência" não é uma mentira consumada, mas uma verdade altamente provável. Portanto, a influência que as filhas dos homens instruídos têm, no momento, com base em sua capacidade de ganhar dinheiro, não pode ser classificada como muito grande. Contudo, como é agora, mais do que nunca, óbvio, que é a elas que devemos nos voltar em busca de ajuda, pois só elas podem nos ajudar, é a elas que devemos recorrer. Esta conclusão nos leva de volta, pois, à carta da qual extraímos as citações acima – a carta da tesoureira honorária, a carta solicitando uma contribuição à sociedade para ajudar as filhas dos homens instruídos a obter emprego nas profissões. O senhor concordará que temos motivos fortes e egoístas para ajudá-la – não pode haver nenhuma dúvida sobre isso. Pois ajudar as mulheres a ganhar sua vida nas profissões é ajudá-las a se apoderarem daquela arma da opinião independente que ainda é a sua arma mais poderosa. É ajudá-las a ter uma mente própria e uma vontade própria com as quais elas podem ajudar a evitar a guerra. Mas... – aqui, de novo, nesses pontinhos, dúvidas e hesitações se impõem – podemos nós, considerando os fatos expostos acima, enviar a ela nosso guinéu sem estabelecer condições muito estritas de como esse guinéu deve ser gasto?

Pois os fatos que descobrimos ao verificar a afirmação dessa senhora sobre sua situação financeira suscitam questões que nos fazem perguntar se estamos sendo sensatos ao estimular as pessoas a ingressar nas carreiras profissionais se quisermos evitar a guerra. O senhor se recordará de que estamos utilizando nossa intuição psicológica (pois essa é a nossa única qualificação) para decidir quais são os traços da natureza humana mais suscetíveis de conduzir à guerra. E, por sua natureza, os fatos expostos acima nos fazem perguntar, antes de preencher nosso cheque, se ao estimularmos as filhas dos homens instruídos a ingressarem nas carreiras profissionais não estamos estimulando aquelas mesmas características que desejamos evitar. Não deveríamos fazer com que nosso guinéu servisse para assegurar que em dois ou três séculos não apenas os homens instruídos das carreiras profissionais mas também as mulheres instruídas dessas carreiras façam – oh, a quem? como diz o poeta – exatamente a mesma pergunta – como podemos evitar a guerra? – que fazemos agora? Se estimularmos as filhas a ingressar nas carreiras profissionais sem impor nenhuma condição quanto à forma pela qual as profissões devem ser exercidas, não estaremos fazendo o possível para estereotipar a velha cantiga que a natureza humana, como um gramofone cuja agulha emperrou, agora repisa com voz roufenha e desastrosa unanimidade? "Lá vamos nós em volta da amoreira, da amoreira, da amoreira. Dai-me tudo sem demora, sem demora, sem demora. Trezentos milhões gastos com a guerra." Com essa canção, ou algo parecido, soando em nossos ouvidos, não podemos enviar nosso guinéu à tesoureira honorária sem adverti-la de que ela só o terá se jurar que no futuro as profissões serão exercidas de forma que elas conduzam a uma canção diferente e a uma conclusão diferente. Ela só o terá se puder nos convencer de que nosso guinéu será gasto com a causa da paz. É difícil formular tais condições; em nossa atual ignorância psicológica talvez seja impossível. Mas a questão é tão séria, a guerra é tão insuportável, tão horrível, tão desumana, que é preciso tentar. Eis aqui, pois, outra carta à mesma senhora.

"Sua carta, senhora, ficou um longo tempo à espera de uma resposta, mas estivemos examinando algumas acusações feitas contra a senhora e colhendo algumas informações. Nós a absolvemos, a senhora ficará aliviada em saber, da acusação de contar mentiras. Parece ser verdade que a senhora é pobre. Nós a absolvemos, além disso, da acusação de indolência, apatia e ganância. O número de causas que a senhora está patrocinando, ainda que de maneira secreta e ineficaz, pesa em seu favor. Se a senhora prefere sorvete e amendoim a carne assada e cerveja, a razão parece ser econômica em vez de gustativa. Parece ser provável que a senhora não tenha muito dinheiro para gastar com comida ou muito tempo livre para gastar em refeições, em vista das circulares e dos panfletos que a senhora publica, dos encontros que coordena, das feiras beneficentes que organiza. Na verdade, a senhora parece estar trabalhando, inclusive sem qualquer salário, por muito mais horas do que as que o Ministério do Interior aprovaria. Mas, embora nos inclinemos a deplorar sua pobreza e a louvar sua diligência, não lhe enviaremos um guinéu para ajudá-la a ajudar as mulheres a ingressar nas profissões a menos que possa nos assegurar de que elas exercerão essas profissões de modo a evitar a guerra. Trata-se, dirá a senhora, de uma declaração vaga, de uma condição impossível. Ainda assim, uma vez que os guinéus são raros e que os guinéus são valiosos, a senhora ouvirá os termos que queremos impor se, a senhora insinua, eles puderem ser expressos de maneira breve. Pois bem, uma vez que a senhora está premida pelo tempo, às voltas com o Projeto de Lei das Pensões, às voltas com a tarefa de ciceronear os pares do reino à Câmara dos Lordes de forma que eles possam votar a favor da lei de acordo com as suas instruções, às voltas com a leitura de Hansard e dos jornais – embora isso não deva tomar muito tempo; a senhora não encontrará, nessas publicações, nenhuma menção a suas atividades;[16] uma conspiração do silêncio parece ser a regra; às voltas, ainda, com o conluio em favor da remuneração igual por trabalho igual no Serviço Público e, ao mesmo tempo, arranjando lebres e cafeteiras velhas de forma a persuadir as pessoas a pagar por elas mais do que estritamente valem numa feira beneficente – uma vez que, em uma palavra, é óbvio que a senhora está ocupada, sejamos breves; façamos um levantamento rápido; discutamos umas poucas passagens dos livros de sua biblioteca; dos documentos em cima de sua mesa, e então vejamos se podemos tornar a declaração menos vaga, as condições mais claras.

"Comecemos, pois, examinando o lado de fora das coisas, o aspecto geral. As coisas, lembremo-nos, têm um lado de fora, assim como têm um lado de dentro. Aqui perto há uma ponte sobre o Tâmisa, um admirável ponto de observação para um levantamento desse tipo. O rio flui embaixo dela; as barcaças passam, carregadas de madeira, atulhadas de trigo; lá, de um lado, estão as cúpulas e agulhas da cidade; do outro, Westminster e as Câmaras do Parlamento. É um lugar para se ficar por horas a fio, sonhando. Mas não agora. Agora estamos premidas pelo tempo. Agora estamos aqui para julgar fatos; agora devemos fixar nossos olhos na procissão – na procissão dos filhos dos homens instruídos.

"Lá vão eles, nossos irmãos que têm sido educados nas escolas privadas e nas universidades, subindo aqueles degraus, entrando e saindo por aquelas portas, galgando aqueles púlpitos, pregando, ensinando, dispensando a justiça, praticando a medicina, efetuando negócios, fazendo dinheiro. É sempre um espetáculo solene, como uma caravana cruzando um deserto. Bisavôs, avôs, pais, tios – todos fizeram esse caminho, vestindo sua beca, portando sua peruca, alguns com fitas atravessadas no peito, outros sem elas. Um era bispo. Outro, juiz. Um era almirante. Outro, general. Um era professor. Outro, médico. E alguns deixaram a procissão e a última notícia que se tem deles é que estavam na Tasmânia, fazendo nada; ou que foram vistos, andrajosos, vendendo jornais em Charing Cross. Mas a maioria deles se manteve na linha, conduziu-se de acordo com a regra e, por bem ou por mal, ganhou o suficiente para manter a casa da família, em algum ponto, geralmente falando, do West End, abastecida com carne bovina e ovina para todos e para financiar a educação de Arthur. É um espetáculo solene, essa procissão, um espetáculo que muitas vezes nos levou, a senhora deve se lembrar, olhando-o de esguelha de uma janela num andar superior, a nos fazer certas perguntas. Mas agora, pelos últimos vinte anos, mais ou menos, não é mais simplesmente um espetáculo, uma fotografia ou um afresco rabiscado nos muros do tempo, que podemos contemplar simplesmente por prazer estético. Pois ali vamos, arrastando-nos na cola da procissão, nós mesmas. E isso faz diferença. Nós, que por tanto tempo vimos cortejos nos livros, ou de uma janela acortinada observamos homens instruídos deixarem a casa por volta das nove e meia para ir para um escritório, retornando à casa, vindo de um escritório, por volta das seis e meia, não precisamos mais ficar contemplando passivamente. Nós também podemos deixar a casa, podemos subir aqueles degraus, entrar e sair por aquelas portas, portar perucas e becas, fazer dinheiro, ministrar a justiça. Pense bem – qualquer dia desses, a senhora pode portar uma peruca de juiz na cabeça, uma capa de arminho nos ombros; sentar embaixo do leão e do unicórnio; receber um salário de cinco mil por ano, com uma pensão ao se aposentar. Nós que agora brandimos essas humildes penas podemos, em um século ou dois, discursar de um púlpito. Ninguém ousará, então, nos contradizer; seremos as porta-vozes do espírito divino – trata-se de um pensamento solene, não é mesmo? Quem pode dizer se, com o passar do tempo, não poderemos trajar um uniforme militar, com um galão dourado no peito, espada no flanco, e algo como um antigo capacete de metal da família, em forma de balde de carvoeiro, na cabeça, exceto pelo fato de que o venerável objeto nunca foi decorado com penacho de pelos de cavalo branco. A senhora dá risadas – de fato, a sombra da casa privada ainda faz esses apetrechos parecerem um pouco estranhos. Temos usado vestes privadas por tanto tempo – o véu que São Paulo recomendava. Mas não viemos aqui para rir ou para falar de modas – masculinas e femininas. Estamos aqui, em cima da ponte, para nos fazer certas perguntas. E trata-se de perguntas muito importantes; e temos muito pouco tempo para respondê-las. As perguntas que temos que fazer e responder sobre aquela procissão neste momento de transição são tão importantes que elas podem muito bem mudar a vida de todos os homens e todas as mulheres para sempre. Pois temos que nos perguntar, aqui e agora: queremos nos juntar àquela procissão ou não queremos? Em que termos devemos nos juntar àquela procissão? Sobretudo, para onde ela está nos levando, a procissão dos homens instruídos? O tempo é curto; pode durar cinco anos; dez anos, ou talvez seja questão de apenas mais alguns meses. Mas as perguntas precisam ser respondidas; e elas são tão importantes que, se todas as filhas dos homens instruídos não fizessem nada, da manhã à noite, a não ser examinar aquela procissão de todos os ângulos, se não fizessem nada a não ser ponderá-la e analisá-la e pensar e ler sobre ela e combinar suas opiniões e suas leituras e o que elas veem e o que elas adivinham, seu tempo seria mais bem-aproveitado do que em qualquer outra atividade que esteja, no momento, disponível para elas. Mas a senhora objetará que não tem tempo para pensar; tem suas batalhas para travar, seu aluguel para pagar, suas feiras beneficentes para organizar. Essa desculpa de nada lhe valerá, minha senhora. Como a senhora sabe, a partir de sua própria experiência, e há fatos que o provam, as filhas dos homens instruídos sempre se dedicaram a pensar em meio à faina cotidiana; não sob a luz verde dos abajures

nas escrivaninhas dos claustros das faculdades afastadas. Elas pensavam enquanto mexiam a panela, enquanto balançavam o berço. Foi assim que obtiveram para nós o direito à moeda de prata novinha em folha, no valor de seis pênis. Cabe a nós continuar pensando; como vamos gastar esses seis pênis? É imprescindível que pensemos. Pensemos nos escritórios; nos ônibus; enquanto estamos em meio à multidão vendo as coroações e as exibições do Lord Mayor; pensemos enquanto passamos pelo Cenotáfio; e em Whitehall; no corredor da Câmara dos Comuns; nos Tribunais de Justiça; pensemos durante os batismos e os casamentos e os funerais. Não paremos nunca de pensar – em que consiste esta 'civilização' em que nos encontramos? Em que consistem essas cerimônias e por que devemos participar delas? Em que consistem essas profissões e por que devemos ganhar dinheiro exercendo-as? Para onde, em suma, ela está nos levando, essa procissão dos filhos dos homens instruídos?

"Mas a senhora está ocupada; voltemos aos fatos. Venha para dentro, então, e abra os livros das estantes de sua biblioteca. Pois a senhora tem uma biblioteca, e uma boa biblioteca. Uma biblioteca ativa, uma biblioteca viva; uma biblioteca na qual nada está preso por correntes e nada está trancado; uma biblioteca na qual as canções dos poetas surgem naturalmente da vida dos vivos. Ali estão os poemas, aqui, as biografias. E que luz elas lançam sobre as profissões, essas biografias? Em que medida elas nos estimulam a pensar que se ajudarmos as filhas a se tornarem mulheres profissionais estaremos desestimulando a guerra? A resposta a essa questão está espalhada por todos esses volumes; e se mostra legível para qualquer pessoa com uma capacidade básica de leitura. E a resposta, deve-se admitir, é extremamente estranha. Pois praticamente todas as biografias que lemos, de homens profissionais do século dezenove, para nos limitarmos a esse período pouco distante e plenamente documentado, concentram-se na guerra. Eram grandes combatentes, ao que parece, os homens profissionais da época da rainha Vitória. Houve a batalha de Westminster. Houve a batalha das universidades. Houve a batalha de Whitehall. Houve a batalha de Harley Street. Houve a batalha da Academia Real. Algumas dessas batalhas, como a senhora pode comprovar, ainda estão em andamento. Na verdade, a única profissão que não parece ter travado uma batalha feroz durante o século dezenove foi a profissão da literatura. Todas as outras profissões, de acordo com o testemunho da biografia, parecem ter sido tão sanguinárias quanto a própria profissão das armas. É verdade que os combatentes não infligiram feridas físicas;[17] o cavalheirismo não o permitia; mas a senhora haverá de concordar que uma batalha que desperdiça tempo é tão mortal quanto uma batalha que desperdiça sangue. A senhora haverá de concordar que uma batalha que custa dinheiro é tão mortal quanto uma batalha que custa uma perna ou um braço. A senhora haverá de concordar que uma batalha que força a juventude a gastar seu vigor regateando em salas de reunião, implorando favores, assumindo uma máscara de reverência para esconder o ridículo disso, inflige feridas ao espírito humano que nenhuma cirurgia pode curar. Até mesmo a batalha por remuneração igual por trabalho igual não se deu sem desperdício de tempo, sem desperdício de vitalidade, como até a senhora, se não fosse inexplicavelmente reticente sobre certas questões, haveria de concordar. Ora bem, os livros de sua biblioteca registram tantas batalhas como essas que é impossível tratar delas todas; mas como todas parecem ter sido travadas quase de acordo com o mesmo plano e pelos mesmos combatentes, ou seja, homens profissionais vs. suas irmãs e filhas, destaquemos rapidamente, uma vez que o tempo é escasso, apenas uma dessas campanhas e examinemos a batalha de Harley Street, para que possamos compreender que efeito as profissões têm sobre quem as exerce.

"A campanha foi aberta no ano de 1869 sob a liderança de Sophia Jex-Blake. Seu caso é tão tipicamente um exemplo da grande luta vitoriana entre as vítimas do sistema patriarcal e os patriarcas, das filhas contra os pais, que merece ser examinado. O pai de Sophia era um admirável espécime do homem instruído vitoriano, bondoso, cultivado e bem de vida. Ele era membro da Sociedade de Advogados Civis. Ele podia permitir-se manter seis criados, cavalos e carruagens, e podia prover sua filha não apenas com comida e moradia, mas também com 'lindos móveis' e 'uma aconchegante lareira' em seu quarto. Como salário, 'para a roupa e o dinheiro para uso pessoal', ele lhe dava 40 libras por ano. Por alguma razão, ela achava essa soma insuficiente. Em 1859, em vista do fato de que ela tinha apenas nove xelins e nove pênis restando para gastar até o próximo trimestre, ela quis ganhar o próprio dinheiro. E lhe foi oferecido um trabalho de tutora com o salário de cinco xelins por hora. Ela falou ao pai sobre a oferta. Ele respondeu: 'Minha querida, apenas agora fiquei sabendo que você pensa em ser remunerada para dar aulas. Seria algo muito abaixo de seu nível, querida, e não posso consenti-lo'. Ela argumentou: 'Por que eu não deveria aceitá-lo? O senhor, como homem, fazia seu trabalho e recebia sua remuneração, e ninguém julgou que isso fosse degradante, mas uma troca justa... Tom está fazendo em grande escala o que eu estou fazendo em pequena escala'. Ele respondeu: 'Os casos que você cita, minha querida, não são pertinentes... T. W.... sente-se, como homem... na obrigação... de sustentar a família e a esposa, e sua posição é uma posição alta, que só pode ser preenchida por um homem de caráter de primeira linha, e está lhe rendendo algo mais próximo de dois mil por ano que de mil... É um caso completamente diferente, minha querida! Não lhe falta nada, e você sabe que (humanamente falando) não lhe falta nada. Se você se casasse amanhã de acordo com a minha preferência – e não creio que você jamais se casaria diferentemente – eu lhe daria uma grande fortuna'. Sobre isso, o comentário dela, num diário particular, foi: 'Como uma tola, consenti em renunciar à remuneração apenas por este trimestre – embora esteja miseravelmente pobre. Foi uma tolice. Apenas adia a luta'.[18]

"Nisso ela estava certa. A luta com o próprio pai terminara. Mas a luta com os pais em geral, com o patriarcado em si, fora adiada para outro local e outra hora. A segunda luta foi em Edimburgo, em 1869. Ela tinha se inscrito para a admissão na Faculdade Real de Cirurgiões. Eis aqui o relato do confronto feito por um jornal. "Uma confusão de natureza um tanto imprópria ocorreu na tarde de ontem em frente à Faculdade Real de Cirurgiões... Pouco antes das quatro horas... quase 200 estudantes se reuniram em frente ao portão que leva ao edifício..." Estudantes de medicina gritavam e entoavam canções. "O portão foi fechado em sua [das mulheres] cara... O dr. Handyside considerou absolutamente impossível começar sua demonstração... uma ovelha de estimação foi introduzida na sala" e assim por diante. Os métodos eram mais ou menos os mesmos que foram empregados em Cambridge durante a batalha do diploma. E, mais uma vez, tal como naquela ocasião, as autoridades deploraram aqueles métodos diretos e empregaram outros, mais astuciosos e mais eficazes, de sua própria invenção. Nada conseguia fazer com que as autoridades alojadas no interior dos sagrados portões permitissem a entrada das mulheres. Diziam que Deus estava do seu lado, a Natureza estava do seu lado, a Lei estava do seu lado e a Propriedade estava do seu lado. A faculdade tinha sido fundada para benefício exclusivo dos homens; apenas os homens tinham direito, por lei, a se beneficiar das doações que lhe eram feitas. Os comitês de sempre foram formados. As petições de sempre foram assinadas. Os respeitosos apelos de sempre foram feitos. As feiras beneficentes de sempre foram organizadas. As questões táticas de sempre foram debatidas. Como sempre, perguntou-se: devemos atacar agora ou é mais prudente esperar? Quem é nosso amigo e quem é nosso inimigo? Houve as diferenças de opinião de sempre, as divisões de sempre entre conselheiros. Mas por que detalhar? O processo todo é tão familiar que a batalha de Harley Street, no ano de 1869, poderia muito bem ser a batalha da Universidade de Cambridge nos dias de hoje. Em ambas as ocasiões há o mesmo desperdício de energia, o mesmo desperdício de equilíbrio, o mesmo desperdício de tempo e o mesmo desperdício de dinheiro. Quase as mesmas filhas exigem de quase os mesmos irmãos quase os mesmos privilégios. Quase os mesmos cavalheiros entoam quase as mesmas recusas usando quase as mesmas razões. Tem-se a impressão de que não houve nenhum progresso na raça humana, mas apenas repetição. Podemos quase ouvi-los, se nos pomos à escuta, cantando a mesma e velha cantiga: "Lá vamos nós em volta da amoreira, da amoreira, da amoreira" e, se acrescentássemos "da propriedade, da propriedade, da propriedade", estaríamos mantendo o ritmo sem violentar os fatos.

"Mas não estamos aqui para cantar velhas cantigas ou para manter o ritmo. Estamos aqui para examinar fatos. E os fatos que acabamos de extrair da biografia parecem provar que as profissões têm um certo e inegável efeito sobre as pessoas que as praticam. Elas fazem com que as pessoas que as exercem se tornem possessivas, ciosas de qualquer infração aos seus direitos e altamente combativas se alguém ousar contestá-las. Não temos, pois, motivos para imaginar que, se ingressarmos nas profissões, iremos adquirir essas mesmas características? E não é verdade que essas características conduzem à guerra? Se, daqui a mais ou menos um século, estivermos exercendo as profissões da mesma forma, não seremos nós exatamente tão possessivas, exatamente tão ciosas, exatamente tão agressivas, exatamente tão convictas do veredito de Deus, da Natureza, da Lei e da Propriedade quanto o são agora esses cavalheiros? Portanto, este guinéu, que vai ajudá-la a ajudar as mulheres a ingressar nas profissões, está atrelado a uma primeira condição. A senhora deve jurar que fará tudo que estiver ao seu alcance para garantir que qualquer mulher que ingressar em qualquer profissão não deverá, de nenhuma maneira, impedir qualquer outro ser humano, homem ou mulher, branco ou negro, desde que ele ou ela tenha as qualificações para exercê-la, de nela ingressar; mas deverá fazer tudo que estiver ao seu alcance para prestar-lhes ajuda.

"A senhora está disposta, como diz, a usar sua mão para assinar embaixo, aqui e agora, e, ao mesmo tempo, a estender essa mesma mão para receber o seu guinéu. Mas espere. Outras condições estão atreladas a ele antes que passe a ser seu, pois considere, uma vez mais, a procissão dos filhos dos homens instruídos; pergunte a si mesma, uma vez mais, para onde ela está nos levando. Uma resposta se insinua imediatamente. Aos rendimentos, é óbvio, que parecem, para nós ao menos, extremamente generosos. É o que diz, para além de qualquer dúvida, o Whitaker. E, além da evidência do Whitaker, há a evidência do jornal diário – a evidência dos testamentos, das listas de contribuição, que já examinamos. Numa das edições de um jornal, por exemplo, informa-se que três homens instruídos morreram; e um deixou 1.193.251 libras; outro, 1.010.288 libras; outro ainda, 1.404.132 libras. Trata-se, a senhora haverá de admitir, de grandes somas para serem acumuladas por pessoas físicas. E por que não devemos nós acumulá-las também no decorrer do tempo? Agora que o Serviço Público está aberto para nós, podemos muito bem ganhar de mil a três mil por ano; agora que a Ordem dos Advogados está aberta para nós, podemos muito bem ganhar 5.000 libras por ano como juízas, e qualquer soma até quarenta ou cinquenta mil por ano como advogadas. Quando a Igreja estiver aberta para nós poderemos receber salários de quinze mil, cinco mil, três mil por ano, com mansões e casas paroquiais incluídas. Quando a Bolsa de Valores se abrir para nós, poderemos morrer valendo muitos milhões como Pierpont Morgan ou o próprio Rockefeller. Como médicas, poderemos ganhar qualquer coisa de dois mil até cinquenta mil por ano. Como editoras podemos ganhar salários que não são nada desprezíveis. Um certo editor ganha mil por ano; outro, dois mil; corre o boato de que o editor de um grande jornal diário ganha cinco mil por ano. Toda essa riqueza pode, com o tempo, se tornar disponível para nós se passarmos a exercer uma profissão. Em suma, podemos mudar nossa posição, de vítimas do sistema patriarcal, pagas pelo sistema de remuneração em forma de mercadorias, acrescido de 30 ou 40 libras por ano em espécie e casa e comida, a campeã do sistema capitalista, com a posse de uma renda anual de muitos milhares que, por meio de investimentos prudentes, pode nos tornar, ao morrermos, detentoras de uma soma considerável de milhões, maior do que a que podemos contar.

"É um pensamento que não deixa de ter o seu glamour. Considere o que significaria, se agora houvesse entre nós uma fabricante de carros a motor que, com uma canetada, pudesse dotar as faculdades das mulheres com duzentas ou trezentas centenas de libras para cada uma delas. A tesoureira honorária do fundo de reconstrução, sua irmã de Cambridge, teria, então, seu trabalho consideravelmente aliviado. Não haveria nenhuma necessidade de apelos e comitês, de morangos e sorvetes e feiras beneficentes. E suponha que houvesse não apenas uma mulher rica, mas que mulheres ricas fosse algo tão comum quanto homens ricos. O que não poderia a senhora fazer? Poderia fechar seu escritório imediatamente. Poderia financiar um partido de mulheres na Câmara dos Comuns. Poderia publicar um jornal diário que se dedicasse a uma conspiração não do silêncio, mas da palavra. Poderia conseguir pensões para as solteironas; essas vítimas do sistema patriarcal, cujo auxílio financeiro paterno é insuficiente e que não têm mais direito a casa e comida. Poderia conseguir remuneração igual para trabalho igual. Poderia fornecer clorofórmio a todas as mães quando nasce um filho;[19] diminuir, talvez, o índice de mortalidade materna de quatro por mil para zero. Numa sessão poderia aprovar leis que agora lhe exigiriam talvez uns cem anos de trabalho duro e contínuo para fazer passá-las pela Câmara dos Comuns. Parece, à primeira vista, não haver nada que a senhora não poderia fazer se tivesse à sua disposição o mesmo capital que seus irmãos. Por que, então, exclama a senhora, não nos ajuda a dar o primeiro passo para possuí-lo? As profissões são a única maneira pela qual podemos ganhar dinheiro. O dinheiro é o único meio pelo qual podemos adquirir objetos que são imensamente desejáveis. No entanto, aqui está a senhora, pareço ouvir seu protesto, regateando e barganhando condições. Mas considere esta carta de um homem profissional nos pedindo para ajudá-lo a evitar a guerra. Além disso, veja essas fotografias de cadáveres e casas destroçadas que o governo espanhol envia quase toda semana. É por isso que é necessário negociar e discutir condições.

"Pois a evidência da carta e das fotografias, quando combinada com os fatos que a história e a biografia nos fornecem sobre as profissões, parece lançar certa luz, uma luz vermelha, devemos dizer, sobre essas mesmas profissões. Ganha-se dinheiro nelas; é verdade; mas em que medida o dinheiro, em vista desses fatos, é, por si mesmo, uma posse desejável? Uma grande autoridade em assuntos da vida humana, a senhora se recordará, afirmava, dois mil anos atrás, que grandes posses eram indesejáveis. Ao que a senhora responde, e com algum ardor, como se suspeitasse outra desculpa para manter o cordão da bolsa amarrado, que as palavras de Cristo sobre os ricos e o Reino de Deus não servem mais para quem deve enfrentar fatos diferentes num mundo diferente. A senhora argumenta que, do jeito como as coisas estão hoje na Inglaterra, a extrema pobreza é menos desejável que a extrema riqueza. A pobreza do cristão que deveria doar todas as suas posses produz, como temos prova cotidiana e abundante, o aleijado de corpo, o fraco de espírito. Os desempregados, para tomar o exemplo óbvio, não são uma fonte de riqueza espiritual ou intelectual para o seu país. Trata-se de argumentos de peso; mas considere, por um instante, a vida de Pierpont Morgan. Não pensa a senhora que, com a evidência que temos à nossa frente, essa extrema riqueza é igualmente indesejável, e pelas mesmas razões? Se a riqueza extrema é indesejável e é indesejável a extrema pobreza, pode-se argumentar que há algum ponto intermediário entre as duas que seja desejável. Qual é, então, esse ponto intermediário – quanto dinheiro é preciso para se viver na Inglaterra hoje em dia? E como deve esse dinheiro ser gasto? Que tipo de vida, que tipo de ser humano a senhora propõe ter como meta, se conseguir esse guinéu? Essas, senhora, são as perguntas que estou lhe pedindo para considerar, e a senhora não pode negar que são questões de extrema importância. Mas, infelizmente, são perguntas que nos levariam muito além do mundo sólido do fato concreto ao qual estamos aqui confinadas. Assim, fechemos o Novo Testamento; Shakespeare, Shelley, Tolstói e tudo o mais, e encaremos o fato que salta à nossa vista neste momento de transição – o fato da procissão; o fato de que estamos nos arrastando em algum ponto da retaguarda e devemos considerar esse fato antes que possamos fixar nossos olhos na visão que se vislumbra no horizonte.

"Aí está, pois, diante de nossos olhos, a procissão dos filhos dos homens instruídos, galgando aqueles púlpitos, subindo aqueles degraus, entrando e saindo por aquelas portas, pregando, ensinando, dispensando a justiça, praticando a medicina, fazendo dinheiro. E é óbvio que se vocês vão receber os mesmos rendimentos, das mesmas profissões que esses homens recebem, terão que aceitar as mesmas condições que eles aceitam. Mesmo da janela de um andar superior ou pelos livros, sabemos ou podemos adivinhar quais são essas condições. Vocês terão que sair de casa às nove horas e voltar às seis. Isso deixa muito pouco tempo para os pais conhecerem os filhos. Terão que fazer isso diariamente, da idade de vinte e um anos, mais ou menos, até, aproximadamente, a idade de sessenta e cinco anos. Isso deixa muito pouco tempo para amizades, viagens ou para a arte. Terão que cumprir certos deveres que são muito árduos, outros que são muito bárbaros. Terão que vestir certos uniformes e professar certas lealdades. Se forem bem-sucedidas em sua profissão, as palavras "Por Deus e pelo Império" serão provavelmente escritas, como o endereço na coleira de um cão, à volta de seu pescoço.[20] E se as palavras têm sentido, como as palavras talvez devam ter, vocês terão que aceitar esse sentido e fazer o que puderem para que ele seja aplicado. Em suma, terão que levar a mesma vida e professar as mesmas lealdades que os homens profissionais têm professado por muitos séculos. Não há nenhuma dúvida sobre isso.

"A senhora pode retrucar: que mal há nisso? Por que devemos hesitar em fazer o que nossos pais e nossos avôs fizeram antes de nós? Entremos então em maiores detalhes e examinemos os fatos que hoje estão abertos à inspeção de todos os que podem ler uma biografia em sua língua materna. Ali estão elas, aquelas inumeráveis e inestimáveis obras, nas prateleiras de nossa própria biblioteca. Passemos em revista, mais uma vez, e brevemente, as vidas dos homens profissionais que foram bem-sucedidos em sua profissão. Eis aqui uma passagem da vida de um grande advogado. 'Ele ia para o escritório por volta das nove e meia... Levava processos para casa... de maneira que devia se considerar feliz se conseguisse ir para a cama por volta de uma ou duas horas da madrugada.'[21] Isso explica por que quase não vale a pena sentar-se perto da maioria dos advogados de sucesso à mesa de jantar – eles ficam bocejando o tempo todo. Em seguida, eis aqui uma citação do discurso de um político famoso: '...desde 1914 não vejo o espetáculo da floração da primeira ameixeira à última macieira – nunca, desde 1914, vi uma única vez isso em Worcestershire, e se isso não é um sacrifício, não sei o que seria'.[22] Um sacrifício, de fato, e um sacrifício que explica a perene indiferença do governo para com as artes – ora, esses deploráveis cavalheiros devem ser tão cegos quanto morcegos. Considere, em seguida, a profissão religiosa. Eis aqui uma citação da vida de um grande bispo: 'Esta é uma vida horrível, que destrói a mente e a alma. Realmente não sei como vivê-la. As tarefas importantes, em atraso, se acumulam e entram em colisão'.[23] Isso corrobora o que tantas pessoas estão agora dizendo sobre a Igreja e a nação. Nossos bispos e deões parecem não ter nenhuma alma com a qual pregar e nenhuma mente com a qual escrever. Escute um sermão qualquer numa igreja qualquer, leia os artigos do deão Alington ou do deão Inge em qualquer jornal. Considere, em seguida, a profissão de médico. 'Recebi bem mais de 13.000 libras durante o ano, mas isso, possivelmente, não poderá ser mantido e, enquanto durar, será escravidão. O que mais sinto é ficar longe, com tanta frequência, de Eliza e das crianças nos domingos e também no Natal.'[24] Essa é a queixa de um grande médico; e seu paciente pode certamente replicá-la, pois que especialista da Harley Street tem tempo para compreender o corpo, isso para não falar da mente ou de ambos combinados, se ele é um escravo por treze mil por ano? Mas seria a vida de um escritor profissional melhor do que isso? Não deveríamos fazer com que nosso guinéu servisse para assegurar que em dois ou três séculos não apenas os homens instruídos das profissões, mas também as mulheres instruídas das profissões estejam fazendo – oh, a quem? como diz o poeta – exatamente a mesma pergunta – como podemos evitar a guerra? – que estamos fazendo agora? Eis aqui uma amostra, extraída da vida de um jornalista de grande sucesso: 'Um dia desses, a esta hora, ele escreveu um ensaio de 1.600 palavras sobre Nietzsche, um artigo de fundo do mesmo tamanho sobre a greve dos ferroviários para o *Standard*, 600 palavras para o *Tribune* e, no fim da tarde, estava na Shoe Lane'.[25] Isso explica, entre outras coisas, por que o público lê o noticiário político com ceticismo, e os autores leem as resenhas de seus livros com uma régua na mão – é a publicidade que conta; elogio ou desaprovação deixaram de ter qualquer sentido. E com mais uma espiada, desta vez na vida de um político, pois essa profissão, afinal, é praticamente a mais importante, encerramos. 'Lorde Hugh vagava pela antecâmara...

O Projeto de Lei [o Projeto de Lei da Irmã da Viúva] estava, em consequência, liquidado, e as novas chances da causa foram relegadas aos azares e fortunas de um outro ano.'[26] Isso não apenas serve para explicar uma certa e prevalente descrença nos políticos, mas também nos faz lembrar que, uma vez que a senhora tem o Projeto de Lei das Pensões para fazer circular pelas antecâmaras de uma instituição tão justa e humana quanto a Câmara dos Comuns, não devemos nós próprias ficar vagueando por muito tempo por essas deliciosas biografias, mas devemos tentar recapitular a informação que obtivemos a partir de sua leitura.

"O que, então, pergunta a senhora, provam essas citações das vidas de homens profissionais bem-sucedidos? Elas provam, da mesma maneira que o Whitaker, absolutamente nada. Isto é, se o Whitaker diz que um bispo recebe cinco mil por ano, isso é um fato; pode ser conferido e verificado. Mas se o bispo Gore diz que a vida de um bispo é "uma vida horrível, de destruição da mente e da alma", ele está simplesmente dando uma opinião; o bispo ao lado dele no banco de testemunhas pode contradizê-lo categoricamente. Essas citações, portanto, não demonstram nada que possa ser conferido e verificado; elas simplesmente nos fazem ter opiniões. E essas opiniões nos fazem duvidar e criticar e questionar o valor da vida profissional – não seu valor monetário; esse é grande; mas seu valor espiritual, moral, intelectual. Elas nos fazem acreditar que, se as pessoas são extremamente bem-sucedidas em suas profissões, elas perdem seus sentidos. A visão vai embora. Elas não têm tempo para ver pinturas. O som vai embora. Elas não têm tempo para ouvir música. A fala vai embora. Elas não têm tempo para conversar. Elas perdem seu senso de proporção – as relações entre uma coisa e outra. A humanidade vai embora. Ganhar dinheiro torna-se tão importante que elas devem trabalhar tanto de noite quanto de dia. A saúde vai embora. E se tornam tão competitivas que não partilham seu trabalho com outras pessoas, embora tenham mais do que o suficiente para si mesmas. O que resta, pois, de um ser humano que perdeu a visão, o som e o senso de proporção? É apenas um aleijado numa caverna.

"Trata-se, é claro, de uma figura, e uma figura fantasiosa; mas que tenha alguma conexão com figuras que são estatísticas e não fantasiosas – com os trezentos milhões gastos com armamentos – é algo que parece possível. Essa, de qualquer modo, parece ser a opinião de observadores imparciais, cuja posição lhes permite fazer um julgamento abrangente e justo. Examinemos apenas duas dessas opiniões. O marquês de Londonderry disse:

> Parece que ouvimos uma babel de vozes às quais faltam rumo e orientação, e o mundo parece estar marcando passo... No decorrer do último século, forças gigantescas de descoberta científica foram liberadas, mas, ao mesmo tempo, não conseguimos perceber qualquer avanço correspondente na área literária ou na científica... A pergunta que estamos nos fazendo é se o homem é capaz de se beneficiar desses novos frutos do conhecimento e da descoberta científica ou se, pelo mau uso que faz delas, ele causará a derrocada do edifício da civilização e a sua própria.[27]

"O sr. Churchill disse:

> É certo que, embora os homens estejam acumulando conhecimento e poder com velocidade crescente e incomensurável, suas virtudes e sua visão não têm demonstrado qualquer progresso notável com o passar dos séculos. O cérebro de um homem moderno não difere, essencialmente, do cérebro dos seres humanos que lutaram e amaram aqui milhões de anos atrás. A natureza do homem tem permanecido, até aqui, praticamente a mesma. Sob suficiente tensão – inanição, terror, furor bélico ou até mesmo uma impassível exaltação intelectual, o homem moderno que conhecemos tão bem praticará os atos mais terríveis, e sua mulher moderna o secundará.[28]

"Trata-se de duas citações apenas, dentre um grande número do mesmo teor. E a elas acrescentemos uma outra, de uma fonte menos impressionante, o sr. Cyril Chaventre, de North Wembley, mas que vale a pena ler, uma vez que também tem a ver com o nosso problema.

> O senso de valores de uma mulher [escreve ele] é indisputavelmente diferente do de um homem. Obviamente, portanto, uma mulher está em desvantagem e sob suspeição quando compete numa esfera de atividade criada pelo homem. Mais do que nunca, as mulheres têm hoje a oportunidade de construir um mundo novo e melhor, mas nessa servil imitação dos homens elas estão desperdiçando sua chance.[29]

"Esta opinião também é uma opinião representativa, apenas uma dentre tantas do mesmo teor fornecidas pelos jornais diários. E as três citações, consideradas em conjunto, são altamente instrutivas. As duas primeiras parecem provar que a enorme competência profissional do homem instruído não proporcionou um estado de coisas inteiramente desejável no mundo civilizado; e a última, que convoca as mulheres profissionais a usarem 'seu diferente senso de valores' para 'construir um mundo novo e melhor' não apenas sugere que os que erigiram este mundo estão insatisfeitos com os resultados, mas, ao convocar o outro sexo para remediar o mal, impõe uma grande responsabilidade e representa um grande elogio. Pois, se o sr. Chaventre e os cavalheiros que concordam com ele acreditam que 'em desvantagem e sob suspeição' como ela está, com pouca ou nenhuma experiência política ou profissional e com um salário de cerca de 250 libras por ano, uma mulher profissional pode, contudo, 'erigir um mundo novo e melhor', eles devem atribuir-lhe poderes que podem quase ser chamados de divinos. Eles devem concordar com Goethe:

> As coisas que perecem
> São símbolos apenas;
> Aqui todo fracasso
> Torna-se um feito.
> Aqui, o indizível
> Torna-se pleno,
> A mulher na mulher
> Faz avançar, eternamente.[30]

– outro imenso elogio, e de um grande poeta, a senhora haverá de concordar.

"Mas a senhora não quer cumprimentos, a senhora está examinando citações. E como sua expressão é decididamente abatida, a impressão que se tem é que essas citações sobre a natureza da vida profissional fizeram com que chegasse a alguma conclusão melancólica. Qual seria ela? Simplesmente, responde a senhora, que nós, as filhas dos homens instruídos, estamos entre a cruz e a caldeirinha. Às nossas costas estão o sistema patriarcal; a casa privada, com sua insignificância, sua imoralidade, sua hipocrisia, seu servilismo. À nossa frente estão o mundo público, o sistema profissional, com sua possessividade, sua inveja, sua beligerância, sua ganância. Um nos mantém presas como escravas num harém; o outro nos força a rodar, como lagartas enfileiradas, rabo contra cabeça, dando voltas e voltas em torno da amoreira, a árvore sagrada da propriedade. É uma escolha entre dois males igualmente terríveis. Ambos são ruins. Não seria melhor pularmos da ponte para dentro do rio; desistirmos do jogo; declararmos que a vida humana é, toda ela, um equívoco e assim dar-lhe um fim?

"Mas antes de dar esse passo, senhora, um passo decisivo, a menos que a senhora partilhe da opinião dos professores da Igreja da Inglaterra de que a morte é o portão da vida – *Mors Janua Vitae* está escrito numa abóbada da Catedral de St Paul – em cujo caso, há, naturalmente, razões de sobra para recomendá-la, vejamos se uma outra resposta é possível.

"Uma outra resposta, assentada nas prateleiras de sua própria biblioteca, pode estar bem diante de nós: ela está, uma vez mais, nas biografias. Não é possível que, ao considerar os experimentos que os mortos fizeram com sua vida no passado, [talvez] nós possamos encontrar alguma ajuda para responder a mesmíssima e difícil questão que agora se nos impõe? Seja como for, tentemos. A pergunta que fazemos agora à biografia é a seguinte. Por razões dadas anteriormente, concordamos que devemos ganhar dinheiro nas profissões. Por razões dadas anteriormente, essas profissões nos parecem altamente indesejáveis. A pergunta que agora fazemos a vocês, vidas dos mortos, é como podemos ingressar nas profissões e ainda assim continuarmos sendo seres humanos civilizados; isto é, seres humanos que desejam evitar a guerra?

"Desta vez, voltemo-nos para as vidas não de homens, mas de mulheres do século dezenove – para as vidas de mulheres profissionais. Mas parece haver uma lacuna em sua biblioteca, minha senhora. Não existem vidas de mulheres profissionais no século dezenove. Uma certa srta. Tomlinson, esposa de um certo sr. Tomlinson, FRS, FCS, explica a razão disso. Essa dama, que escreveu um livro 'defendendo o emprego das jovens como babás para as crianças', diz: '... parecia não haver nenhuma maneira pela qual uma dama que não fosse casada pudesse ganhar a própria vida a não ser assumindo a posição de preceptora, posto para o qual ela estava, com frequência, inapta, por natureza e instrução, ou falta de instrução'.[31] Isso foi escrito em 1859 – menos de cem anos atrás. Isso explica a lacuna em suas prateleiras. Simplesmente não havia mulheres profissionais, exceto as preceptoras, sobre as quais se pudesse escrever biografias. E as vidas das preceptoras, isto é, as vidas escritas, podiam ser contadas nos dedos de uma mão. O que, pois, podemos aprender sobre as vidas das mulheres profissionais ao estudarmos as vidas das preceptoras? Felizmente os velhos baús começam a revelar seus velhos segredos. Outro dia apareceu um desses documentos, escrito por volta do ano de 1811. Havia, ao que parece, uma obscura srta. Weeton, que costumava escrevinhar seus pensamentos, enquanto seus pupilos dormiam, sobre, entre outras coisas, a vida profissional. Eis aqui um desses pensamentos. 'Ah! Como ardia de desejo de aprender latim, francês, as artes, as ciências, qualquer coisa, em vez do ramerrame de costurar, dar aulas, fazer cópias e lavar pratos todos os dias... Por que não é permitido às mulheres estudar física, teologia, astronomia, etc., etc., e as outras matérias, química, botânica, lógica, matemática, etc.?'[32] Esse comentário sobre a vida de preceptoras, esse questionamento vindo dos lábios de preceptoras, chega até nós vindo das trevas. E também é esclarecedor. Mas continuemos vasculhando; peguemos uma pista aqui, uma pista ali sobre as profissões, tal como elas eram praticadas pelas mulheres no século dezenove. Em seguida, encontramos Anne Clough, a irmã de Arthur Clough, pupilo do dr. Arnold, professor do Oriel, a qual, embora trabalhasse sem receber salário, foi a primeira diretora de Newnham e, assim, pode ser chamada de mulher profissional em estado embrionário – nós a encontramos se preparando para sua profissão ao 'fazer a maior parte do trabalho da casa'... 'ganhar dinheiro para pagar o que havia sido emprestado pelos amigos deles'... 'pedir licença do trabalho para manter uma pequena escola', ler livros que seu irmão lhe emprestava, e exclamar: 'se fosse homem, não trabalharia por riqueza, para adquirir renome ou deixar uma grande herança à família. Não, acho que trabalharia pelo meu país e faria de seu povo os meus herdeiros'.[33] As mulheres do século dezenove não deixavam, ao que parece, de ter suas ambições. Em seguida, encontramos Josephine Butler, que, embora, estritamente falando, não fosse uma mulher profissional, liderou, vitoriosamente, a campanha contra o Projeto de Lei das Doenças Contagiosas e, depois, a campanha contra a venda e a compra de crianças para propósitos infames – encontramos Josephine Butler se recusando a que escrevessem uma biografia sobre ela e dizendo, sobre as mulheres que a ajudavam nessas campanhas: 'A total ausência nelas de qualquer desejo de reconhecimento, de qualquer vestígio de egoísmo, sob qualquer forma, é algo digno de nota. Na pureza de seus motivos elas brilham 'límpidas como cristal'.[34] Essa, pois, era uma das qualidades que a mulher vitoriana louvava e praticava – uma qualidade negativa, é verdade; não ser reconhecida; não ser egoísta; fazer o trabalho pelo trabalho.[35] À sua maneira, uma interessante contribuição à psicologia. E então nos aproximamos de nosso tempo, encontramos Gertrude Bell, que, embora o serviço diplomático estivesse e está vedado às mulheres, ocupou um posto no Oriente que quase lhe deu o direito de ser chamada de pseudodiplomata – descobrimos, com bastante surpresa, que 'Gertrude nunca podia sair, em Londres, sem uma amiga ou, na falta desta, de uma criada...[36] quando parecia inevitável, para Gertrude, ir num cabriolé, com um jovem cavalheiro, de um chá para o outro, ela se sentia na obrigação de escrever para confessar isso à minha mãe'.[37] Assim, eram elas castas, as mulheres pseudodiplomatas da era vitoriana?[38] E não apenas de corpo; de mente também. 'Gertrude não tinha permissão para ler *O discípulo*, de Bourget' por medo de contrair fosse lá qual fosse a doença que o livro pudesse disseminar. Insatisfeita mas ambiciosa, ambiciosa mas austera, casta e contudo aventurosa – essas são algumas das características que temos descoberto. Mas continuemos a examinar – se não as linhas, então as entrelinhas da biografia. E encontramos, nas entrelinhas das biografias de seus maridos, tantas mulheres praticando – mas como devemos chamar a profissão que consiste em trazer nove ou dez crianças ao mundo, a profissão que consiste em administrar uma casa, cuidar de um inválido, visitar os pobres e os enfermos, cuidar aqui de um velho pai, ali de uma velha mãe? – não há nenhum nome e não há nenhum pagamento para essa profissão; mas encontramos tantas mães, irmãs e filhas de homens instruídos exercendo-a no século dezenove que devemos reuni-las, a elas e suas vidas, por detrás das vidas de seus maridos e irmãos, e deixar que transmitam sua mensagem aos que têm tempo para extraí-la e imaginação com a qual decifrá-la. Quanto a nós, que, como a senhora sugere, estamos premidas pelo tempo, sumariemos essas pistas e reflexões aleatórias sobre a vida profissional das mulheres do século dezenove, citando, uma vez mais, as palavras altamente significativas de uma mulher que não era uma profissional no sentido restrito da palavra, mas tinha, não obstante, alguma reputação inusitada como viajante – Mary Kingsley:

Não sei se alguma vez lhe revelei o fato de que poder estudar a língua alemã foi toda a educação paga que jamais tive. Duas mil libras foram gastas na de meu irmão, espero que não inutilmente.

"Essa declaração é tão sugestiva que pode nos poupar o trabalho de vasculhar e percorrer as entrelinhas das vidas dos homens profissionais em busca das vidas de suas irmãs. Se desenvolvermos as sugestões que encontramos nessa declaração e a conectarmos com as outras pistas e fragmentos que descobrimos, podemos chegar a alguma teoria ou ponto de vista que possa nos ajudar a responder a dificílima pergunta que agora nos desafia. Pois quando Mary Kingsley diz '... ser-me permitido estudar alemão foi toda a educação paga que jamais tive', ela sugere que teve uma educação não-paga. As outras vidas que estivemos examinando corroboram essa sugestão. Qual, pois, era a natureza dessa 'educação não-paga', que, para o bem ou para o mal, tem sido a nossa por tantos séculos? Se reunirmos as vidas das mulheres obscuras que estavam por detrás de quatro vidas que não foram obscuras, mas foram tão bem-sucedidas e notáveis que foram efetivamente escritas – as vidas de Florence Nightingale, da srta. Clough, de Mary Kingsley e de Gertrude Bell – parece inegável que foram todas educadas pelas mesmas mestras. E essas mestras, indica a biografia, oblíqua e indireta mas, não obstante, enfática e indisputavelmente, foram a pobreza, a castidade, a irrisão e – mas que palavra abrange 'ausência de direitos e privilégios'? Devemos nós, uma vez mais, arregimentar a velha palavra 'libertação'? A 'libertação das lealdades irreais', pois, foi a quarta de suas mestras, aquela libertação da lealdade às velhas escolas, às velhas faculdades, às velhas igrejas, às velhas cerimônias, aos velhos países, de que todas essas mulheres desfrutaram e de que, em grande medida, nós ainda desfrutamos, segundo a lei e o costume da Inglaterra. Não temos tempo para cunhar novas palavras, ainda que a língua precise muito delas. Que a 'libertação das lealdades irreais' se coloque, pois, como a quarta grande mestra das filhas dos homens instruídos.

A biografia nos fornece, assim, o fato de que as filhas dos homens instruídos recebiam uma educação não-paga das mãos da pobreza, da castidade, da irrisão e da libertação das lealdades irreais. Foi essa educação não-paga, nos informa a biografia, que as preparou, muito eficazmente, para as profissões não-remuneradas. E a biografia também nos informa que essas profissões não-remuneradas tinham suas leis, tradições e labutas, tanto quanto, certamente, as profissões remuneradas. Além disso, o estudioso da biografia não pode ter qualquer dúvida, a partir da evidência fornecida pela biografia, de que essa educação e essas profissões eram, sob muitos aspectos, extremamente ruins, tanto para as que as exerciam quanto para seus descendentes. A intensiva ocupação, durante a era vitoriana, no trabalho de parto da esposa não-remunerada teve, sem dúvida nenhuma, resultados terríveis sobre a mente e o corpo da época atual. Para prová-lo, não precisamos citar uma vez mais a famosa passagem na qual Florence Nightingale denunciou essa educação e suas consequências; nem enfatizar a alegria natural com que ela saudou a guerra da Crimeia; nem ilustrar, a partir de outras fontes – elas são, infelizmente, inumeráveis – a futilidade, a mesquinhez, a maldade, a tirania, a hipocrisia, a imoralidade que essa educação engendrou, como testemunham tão abundantemente as vidas de ambos os sexos. A prova final de sua crueldade sobre um dos sexos, pelo menos, pode ser encontrada nos anais de nossa 'grande guerra', quando os hospitais, a colheita do trigo e as fábricas de munições empregaram, em grande medida, a mão de obra das refugiadas que escapavam de seus horrores e procuravam o relativo alívio desses locais.

"Mas a biografia é multifacetada; a biografia nunca devolve uma única e simples resposta a qualquer pergunta que lhe é feita. Assim, as biografias das que tiveram biografias – digamos, Florence Nightingale, Anne Clough, Emily Brontë, Christina Rossetti, Mary Kingsley – provam, acima de qualquer dúvida, que essa mesma educação, a educação não-paga, deve ter tido grandes virtudes tanto quanto grandes defeitos, pois não podemos negar que essas mulheres eram, ainda que não instruídas, civilizadas. Não podemos, quando pensamos nas vidas de nossas mães e avós não-instruídas, julgar a educação simplesmente por seu poder de 'obter empregos', de angariar honra, de ganhar dinheiro. Devemos, se formos honestas, admitir que algumas entre as que não tinham nenhuma educação paga, nenhum salário e nenhum emprego eram seres humanos civilizados – se podem ou não serem chamadas, justamente, de mulheres 'inglesas' é matéria de discussão; e assim admitir que devemos ser extremamente tolas se descartamos os resultados dessa educação ou se renunciamos ao conhecimento que dela obtivemos em troca de alguma vantagem ou condecoração, quaisquer que sejam elas. Assim, a biografia, quando se lhe faz a pergunta que lhe fizemos – como podemos ingressar nas profissões e, ainda assim, continuarmos sendo seres humanos civilizados, seres humanos que desencorajam a guerra – pareceu responder: Se vocês se recusarem a serem separadas das quatro grandes mestras das filhas dos homens instruídos – a pobreza, a castidade, a irrisão e a libertação das lealdades irreais – mas as combinarem com alguma riqueza, algum conhecimento e alguma dedicação às lealdades reais, então vocês podem ingressar nas profissões e escapar dos riscos que as tornam indesejáveis.

"Sendo essa a resposta do oráculo, essas são as condições vinculadas a esse guinéu. A senhora o terá, recapitulemos, desde que ajude todas as pessoas devidamente qualificadas, de qualquer sexo, classe ou cor, a ingressar na mesma profissão que a sua; e, além disso, desde que, na prática de sua profissão, a senhora se recuse a se separar da pobreza, da castidade, da irrisão e da libertação das lealdades irreais. É a proposição agora mais indubitável, as condições se tornaram mais claras e a senhora concorda com os termos? A senhora hesita. Algumas das condições, a senhora parece sugerir, precisam ser discutidas mais a fundo. Vamos, pois, considerá-las, pela ordem. Por pobreza entenda-se dinheiro suficiente com o qual viver. Isto é, deve-se ganhar o suficiente para ser independente de qualquer outro ser humano e comprar aquele mínimo de saúde, lazer, conhecimento, e assim por diante, que é necessário para o pleno desenvolvimento do corpo e da mente. Mas não mais do que isso. Nem um pêni a mais.

"Por castidade entenda-se que quando se ganhou o suficiente com o qual viver de sua profissão é preciso se recusar a vender o cérebro por dinheiro. Isto é, deve-se deixar de praticar sua profissão; ou praticá-la em benefício da pesquisa e da experimentação; ou, quando se é artista, em benefício da arte; ou dar o conhecimento adquirido profissionalmente aos que dele necessitam, sem nada cobrar. Mas assim que a amoreira começar a fazê-la rodar, desprenda-se. Ataque a árvore às gargalhadas.

"Por irrisão – uma péssima palavra, porém, mais uma vez, a língua está muito necessitada de palavras novas – entenda-se que a senhora deve recusar todos os métodos de proclamar o seu mérito, e sustentar que o ridículo, a obscuridade e a censura são preferíveis, por razões psicológicas, à fama e ao louvor. Assim que insígnias, comendas ou títulos lhe forem oferecidos, atire-os de volta na cara de quem os concedeu.

"Por libertação das lealdades irreais entenda-se que a senhora deve fazer tudo o que puder para se livrar, antes de mais nada, do orgulho da nacionalidade; e também do orgulho religioso, do orgulho de pertencer a uma faculdade, do orgulho de pertencer a uma escola, do orgulho de pertencer a uma família, do orgulho de pertencer a um sexo, e daquelas lealdades irreais que deles nascem. Assim que os sedutores chegarem com suas seduções para persuadi-la ao cativeiro, rasgue os pergaminhos; recuse-se a preencher os formulários.

"E se a senhora ainda objetar que essas definições são tanto demasiadamente arbitrárias quanto demasiadamente gerais, e perguntar como pode alguém dizer quanto dinheiro e quanto conhecimento são necessários para o pleno desenvolvimento do corpo e da mente, e quais são as reais lealdades às quais devemos servir e quais as irreais que devemos desprezar, só posso remetê-la – o tempo urge – a duas autoridades. Uma é bastante familiar. É o psicômetro que a senhora carrega no pulso, o pequeno instrumento do qual a senhora depende em todas as relações pessoais. Se fosse visível seria parecido com um termômetro. Tem um filete de mercúrio que é afetado por qualquer corpo ou alma, casa ou sociedade a cuja presença ele é exposto. Se quiser descobrir o quanto de riqueza é desejável, exponha-o na presença de um homem rico; quanto conhecimento é desejável, exponha-o na presença de um homem estudado. A mesma coisa com o patriotismo, a religião e o resto. A conversa não precisa ser interrompida enquanto a senhora o consulta; nem seu prazer, perturbado. Mas se a senhora objeta que se trata de um método demasiadamente pessoal e falível para ser empregado sem risco de engano, sendo prova disso o fato de que o psicômetro particular tem levado a muitos casamentos infelizes e a muitas amizades rompidas, então há a outra autoridade agora facilmente ao alcance até mesmo da mais pobre das filhas dos homens instruídos. Vá às galerias públicas e olhe as pinturas; ligue o rádio e capte música do ar; entre em qualquer das bibliotecas públicas que são agora acessíveis a todos. Ali a senhora poderá consultar pessoalmente as descobertas do psicômetro público. Tomemos apenas um exemplo, uma vez que temos pouco tempo. A *Antígona* de Sófocles foi vertida em prosa ou verso inglês por um homem cujo nome é irrelevante.[39] Considere o personagem Creonte. Tem-se aí uma análise das mais profundas, feita por um poeta, que é um psicólogo na prática, a respeito do efeito do poder e da riqueza sobre a alma. Considere a pretensão de Creonte ao poder absoluto sobre seus súditos. Essa é uma análise muito mais instrutiva da tirania do que qualquer outra que nossos políticos possam nos oferecer. Quer saber quais são as lealdades irreais que devemos desprezar, quais são as lealdades reais que devemos honrar? Considere a distinção entre as leis e a Lei, feita por Antígona. Essa é uma afirmação muito mais profunda sobre os deveres do indivíduo para com a sociedade do que qualquer outra que nossos sociólogos possam nos oferecer. Por mais tosca que seja a tradução inglesa, as cinco palavras de Antígona valem por todos os sermões de todos os arcebispos.[40] Mas seria impertinente nos estendermos. A opinião privada ainda é livre em privado, e essa liberdade é a essência da liberdade.

"Quanto ao resto, embora as condições possam parecer muitas e o guinéu, infelizmente, seja um só, elas não são, em sua maior parte, dada a atual situação, muito difíceis de serem cumpridas. Com exceção da primeira – de que devemos ganhar dinheiro suficiente para viver – elas nos são amplamente asseguradas pelas leis da Inglaterra. A lei da Inglaterra cuida para que não herdemos grandes propriedades; a lei da Inglaterra nos nega, e esperemos que continue a nos negar por muito tempo, o pleno estigma da nacionalidade. Dificilmente podemos, pois, duvidar de que nossos irmãos nos munirão por muitos dos séculos vindouros, como fizeram por muitos dos séculos passados, com aquilo que é tão essencial para a sanidade, e tão inestimável para prevenir os grandes e modernos pecados da vaidade, do egoísmo, da megalomania – isto é, a ridicularização, a censura e o desprezo.[41] E, assim, pelo tempo que a Igreja da Inglaterra continuar recusando os nossos serviços – que ela possa nos excluir por muito tempo! – e as velhas escolas e faculdades continuarem a nos negar uma parte de seus privilégios e dotações, estaremos imunes, sem qualquer problema de nossa parte, às lealdades e fidelidades particulares que esses privilégios e dotações acarretam. Além disso, minha senhora, as tradições da casa privada, aquela memória ancestral que está por detrás do momento presente, estão ali para ajudá-la. Vimos nas citações reproduzidas acima o grande papel que a castidade, a castidade do corpo, tem exercido na educação não-paga de nosso sexo. Não deve ser difícil transmutar o antigo ideal da castidade do corpo no novo ideal da castidade da mente – sustentar que, se era errado vender o corpo por dinheiro, é muito mais errado vender a mente por dinheiro, uma vez que a mente, dizem, é mais nobre que o corpo. Depois, além disso, não somos nós imensamente fortalecidas ao resistir às seduções do mais poderoso dos sedutores, o dinheiro, por essas mesmas tradições? Por quantos séculos não desfrutamos nós do direito de trabalhar o dia todo e todos os dias por 40 libras por ano, com casa e comida incluídas? E não prova o Whitaker que metade do trabalho das filhas dos homens instruídos é ainda trabalho não-remunerado? Finalmente, honra, fama, influência – não é verdade que é fácil para nós resistir a essa sedução, nós que trabalhamos por séculos sem outra honra que não a que é refletida nas coroas e insígnias na cabeça e no peito de nossos pais ou maridos?

"Assim, com a lei do nosso lado, e a propriedade do nosso lado, e a memória ancestral para nos guiar, não há nenhuma necessidade de mais argumentos; a senhora concordará que as condições pelas quais este guinéu é seu são, com exceção da primeira, comparativamente fáceis de serem satisfeitas. Elas simplesmente exigem que a senhora desenvolva, modifique e administre, de acordo com as descobertas dos dois psicômetros, as tradições e a educação da casa privada que estiveram em vigor nesses 2.000 anos. E, se a senhora concordar com isso, a negociação entre nós pode ser concluída. Então, o guinéu para pagar o aluguel de sua casa é seu – quisera eu que fossem mil! Pois se a senhora concordar com esses termos, então vocês poderão se incorporar às profissões e, ainda assim, continuarem incontaminadas por elas; poderão se livrar de sua possessividade, sua inveja, sua beligerância, sua ganância. Poderão usá-las para ter uma mente e uma vontade próprias. E poderão utilizar essa mente e essa vontade para abolir a desumanidade, a brutalidade, o horror, a insensatez da guerra. Tome, pois, este guinéu e o utilize, não para reduzir a casa a cinzas, mas para fazer suas janelas resplandecerem. E deixe que as filhas das mulheres não instruídas dancem em volta da nova casa, a casa pobre, a casa que fica numa rua estreita na qual passam os ônibus e onde os vendedores ambulantes anunciam suas mercadorias, e deixe que elas cantem 'Estamos fartas da guerra! Estamos fartas da tirania!'. E, de seus túmulos, suas mães darão risadas: 'Foi para isso que sofremos infâmia e desprezo! Iluminem, filhas, as janelas da nova casa! Façam com que resplandeçam!'.

"Essas são, pois, as condições sob as quais lhe dou este guinéu para ajudar as filhas das mulheres não instruídas a ingressar nas profissões. E, ao dar um fim à peroração, esperemos que a senhora possa dar os últimos retoques à sua feira beneficente, arrumar a lebre e a cafeteira, e receber o Excelentíssimo Sir Sampson Legend, OM, KCB, LL D, DCL, PC, etc., com aquele ar de prazenteira deferência que convém à filha de um homem instruído na presença de seu irmão."

Essa, senhor, foi, pois, a carta finalmente enviada à tesoureira honorária da sociedade para ajudar as filhas dos homens instruídos a ingressar nas profissões. Essas são as condições sob as quais ela terá o seu guinéu. Elas foram concebidas, tanto quanto possível, de forma a assegurar que ela fará tudo que um guinéu lhe permita fazer para ajudá-lo a evitar a guerra. Quanto a saber se as condições foram corretamente formuladas, quem poderá dizê-lo? Mas, como o senhor verá, era necessário responder a carta enviada por ela e a carta da tesoureira honorária do fundo de reconstrução da faculdade, e enviar a cada uma delas o seu guinéu antes de responder a sua carta, porque, a menos que elas recebam ajuda, primeiro, para educar as filhas dos homens instruídos e, depois, para ganhar a própria vida nas profissões, essas filhas não poderão desfrutar de uma influência independente e desinteressada que lhes permita ajudá-lo a evitar a guerra. As causas, ao que parece, estão interligadas. Mas tendo demonstrado isso da melhor maneira possível, retornemos à sua carta e ao pedido de contribuição à sua sociedade.

Três

Aqui está, pois, sua carta. Nela, como vimos, após ter pedido uma opinião sobre como evitar a guerra, o senhor vai adiante, sugerindo certas medidas práticas pelas quais podemos ajudá-lo a evitar a guerra. Elas consistem, ao que parece, em que devemos assinar um manifesto prometendo "proteger a cultura e a liberdade intelectual";[1] em aderirmos a uma certa sociedade, devotada a certas medidas cujo objetivo é manter a paz; e, finalmente, que devemos dar uma contribuição a essa sociedade que, como as outras, está precisando de fundos.

Em primeiro lugar, pois, examinemos como, ao proteger a cultura e a liberdade intelectual, podemos ajudá-lo a evitar a guerra, uma vez que o senhor nos assegura que há uma conexão entre essas palavras um tanto abstratas e essas fotografias tão concretas – as fotografias de cadáveres e casas destroçadas.

Mas, se foi surpreendente ser solicitada a dar uma opinião sobre como evitar a guerra, é ainda mais surpreendente ser solicitada a ajudá-lo, nos termos um tanto abstratos de seu manifesto, a proteger a cultura e a liberdade intelectual. Considere, senhor, à luz dos fatos acima fornecidos, o que essa solicitação significa. Significa que no ano de 1938 os filhos dos homens instruídos estão pedindo às filhas para ajudá-los a proteger a cultura e a liberdade intelectual. E, por que, o senhor pode perguntar, isso é tão surpreendente? Suponha que o duque de Devonshire, em sua estrela e jarreteira, descesse à cozinha e dissesse à criada que estava descascando batatas e tinha uma mancha de sujeira no rosto: "Pare de descascar batata, Mary, e me ajude a interpretar essa passagem extremamente difícil de Píndaro", não seria de se esperar que Mary ficasse surpresa e corresse até Louisa, a cozinheira, dizendo: "Valha-me Deus, Louie, o Senhor deve estar louco!"? Esse, ou outro semelhante, é o grito que vem aos nossos lábios quando os filhos dos homens instruídos pedem a nós, suas irmãs, para proteger a liberdade intelectual e a cultura. Mas tentemos traduzir o grito da cozinheira para a linguagem das pessoas instruídas.

Uma vez mais, devemos lhe implorar que examine, de nosso ângulo, de nosso ponto de vista, o Fundo de Educação de Arthur. Tente, uma vez mais, por mais difícil que seja, virar sua cabeça naquela direção, para compreender o que significou para nós manter aquele receptáculo cheio por todos esses séculos para que cerca de 10.000 de nossos irmãos possam ser educados todo ano em Oxford e Cambridge. Significou que já contribuímos mais do que qualquer outra classe da sociedade para a causa da cultura e da liberdade intelectual. Pois não é verdade que as filhas dos homens instruídos depositaram no Fundo de Educação de Arthur, de 1262 a 1870, todo o dinheiro que era necessário para elas próprias serem educadas, excetuando-se aquelas míseras quantias que serviam para pagar as preceptoras, a professora de alemão e a professora de dança? Não pagaram elas, às custas da própria educação, por Eton e Harrow, Oxford e Cambridge, e todas as grandes escolas e universidades do continente – Sorbonne e Heidelberg, Salamanca e Pádua e Roma? Não pagaram elas tão generosa e prodigamente, embora indiretamente, que, quando por fim, no século dezenove, elas adquiriram o direito a alguma educação paga para si mesmas, não havia uma única mulher que tivesse recebido suficiente educação paga com capacidade para lecionar para elas?[2] E agora, do nada, justamente quando tinham esperança de se apoderar não apenas de uma porção da mesma educação universitária, mas também de alguns de seus suplementos – viagens, diversão, liberdade – eis aqui sua carta informando-lhes que toda essa vasta soma, essa fabulosa soma – pois, seja ela calculada diretamente em moeda sonante, seja indiretamente em coisas que não a envolvem, a soma que encheu o Fundo de Educação de Arthur é imensa – tem sido desperdiçada ou indevidamente aplicada. Com que outro propósito foram as universidades de Oxford e Cambridge fundadas senão para proteger a cultura e a liberdade intelectual? Pois com que outro objetivo se privaram suas irmãs de instrução ou viagens ou luxos senão para que com o dinheiro economizado seus irmãos pudessem frequentar escolas e universidades e ali aprendessem a proteger a cultura e a liberdade intelectual? Mas agora, uma vez que o senhor proclama que elas estão em perigo e nos pede para juntar nossa voz à sua, e nossa moeda de seis pênis ao seu guinéu, devemos supor que o dinheiro assim gasto foi desperdiçado e que aquelas sociedades fracassaram. Mas – aqui devemos dar vez à reflexão – se os internatos privados e as universidades, com sua complexa engrenagem para o treinamento da mente e do corpo, fracassaram, que razão haveria para pensar que sua sociedade, embora patrocinada, como é, por nomes ilustres, será bem-sucedida, ou que seu manifesto assinado, como é, por nomes ainda mais ilustres, irá converter alguém? Não deveria o senhor, antes de alugar um escritório, contratar alguém para ocupar sua secretaria, eleger um conselho e angariar fundos, se perguntar por que essas escolas e universidades fracassaram?

Essa, entretanto, é uma pergunta que cabe ao senhor responder. A questão que nos preocupa agora é a de saber que possível ajuda podemos dar-lhe na tarefa de proteger a cultura e a liberdade intelectual – nós, que fomos barradas das universidades tantas e tantas vezes, e apenas agora somos admitidas tão restritamente; nós que não recebemos qualquer tipo de educação paga ou tão pouca que só podemos ler e escrever na língua materna, nós que somos, na verdade, membros não da intelligentsia, mas da ignorantsia? Para corroborar nossa modesta estimativa de nossa própria cultura e para provar que o senhor, na verdade, compartilha dela, há o Whitaker com seus fatos. Não há uma única filha de homem instruído, diz o Whitaker, que seja julgada capaz de ensinar a literatura de sua própria língua em qualquer das duas universidades. Tampouco de nada adianta perguntar sua opinião, nos informa o Whitaker, quando se trata de comprar um quadro para a Galeria Nacional, um retrato para a Galeria dos Retratos, ou uma múmia para o Museu Britânico. De que lhe adianta, pois, nos pedir para proteger a cultura e a liberdade intelectual se, como prova o Whitaker com seus fatos nus e crus, o senhor não tem nenhuma convicção de que adianta alguma coisa ter nossa opinião quando se trata de gastar o dinheiro, para o qual temos contribuído, para comprar cultura e liberdade intelectual para o Estado? O senhor estranha que o louvor inesperado nos tome de surpresa? Ainda assim, há a sua carta. Também há fatos nessa carta. Nela o senhor diz que a guerra é iminente; e vai adiante, para dizer, em mais de uma língua – eis aqui a versão francesa[3]: *Seule la culture désintéressée peut garder le monde de sa ruine* – vai adiante, para dizer que, pela proteção da liberdade intelectual e de nossa herança cultural, nós podemos ajudar a evitar a guerra. E uma vez que a primeira afirmação, ao menos, é indisputável, e que qualquer cozinheira, mesmo que seu francês seja precário, pode ler e compreender o significado de "Precauções durante um ataque aéreo" quando está escrito em letras grandes num muro vazio, não podemos ignorar seu pedido alegando ignorância e permanecer em silêncio alegando recato. Tal como qualquer cozinheira tentaria interpretar uma passagem em Píndaro se lhe dissessem que sua vida dependia disso, assim também as filhas dos homens instruídos, por menos que sua formação as qualifique, devem ter em conta o que elas podem fazer para proteger a cultura e a liberdade intelectual se ao fazê-lo elas podem ajudar a evitar a guerra. Assim, examinemos, por todos os meios ao nosso alcance, mais esse método de ajudá-lo, e vejamos, antes de considerar seu pedido para aderirmos à sua sociedade, se podemos assinar esse manifesto em favor da cultura e da liberdade intelectual com alguma intenção de manter nossa palavra.

Qual é, então, o significado dessas palavras um tanto abstratas? Se vamos ajudá-lo a protegê-las seria conveniente, em primeiro lugar, defini-las. Mas, tal como todos os tesoureiros honorários, o senhor está premido pelo tempo, e perambular pelas páginas da literatura inglesa em busca de uma definição, embora seja, à sua maneira, um passatempo agradável, pode nos levar longe demais. Concordemos, pois, por enquanto, que sabemos o que elas são e nos concentremos na questão prática de como podemos ajudá-lo a protegê-las. Pois bem, o jornal diário, com seu arsenal de fatos, está sobre a mesa; e uma citação, uma só, pode nos poupar tempo e delimitar nossa pesquisa. "Foi decidido ontem, numa conferência de diretores de escola, que as mulheres não estão aptas a ensinar rapazes com mais de quatorze anos." Esse fato nos é de utilidade imediata, pois ele prova que certos tipos de ajuda estão fora de nosso alcance. Para nós, tentar reformar a educação de nossos irmãos nas escolas privadas e nas universidades significaria provocar uma chuva de gatos mortos, ovos podres e portas quebradas, dos quais apenas catadores de lixo e serralheiros tirariam proveito, enquanto os cavalheiros em posições de autoridade, a história nos assegura, inspecionariam o tumulto das janelas de seus gabinetes de trabalho sem tirar o charuto da boca ou deixar de bebericar, devagarinho, como exige o seu buquê, seu admirável clarete.[4] A lição da história, pois, reforçada pela lição do jornal diário, nos impele a uma posição mais restritiva. Só podemos ajudá-lo a defender a cultura e a liberdade intelectual se defendermos nossa própria cultura e nossa própria liberdade intelectual. Quer dizer, podemos sugerir, se a tesoureira de uma das faculdades femininas nos solicitar uma contribuição, que alguma mudança possa ser feita naquela instituição satélite quando deixar de ser satélite; ou, outra vez, se a tesoureira de alguma sociedade em favor da obtenção de emprego profissional para as mulheres nos pedir uma contribuição, podemos sugerir que seria desejável alguma mudança na prática das profissões, em prol da cultura e da liberdade intelectual. Mas, como a educação paga é ainda rudimentar e incipiente, e como o número daquelas às quais é permitido tirar proveito dela em Oxford e Cambridge é ainda estritamente limitado, a cultura para a grande maioria das filhas dos homens instruídos deve ainda ser aquela que é adquirida fora dos portões sagrados, nas bibliotecas públicas ou nas bibliotecas particulares, cujas portas, por algum inexplicável descuido, têm permanecido destrancadas. Ela deve ainda, no ano de 1938, consistir, predominantemente, em ler e escrever em nossa língua materna. A questão se torna, pois, mais controlável. Despojada de sua glória, é mais fácil tratar dela. O que temos, pois, de fazer agora, senhor, é apresentar seu pedido às filhas dos homens instruídos e pedir-lhes para ajudar a evitar a guerra, não dando conselhos a seus irmãos sobre como eles devem proteger a cultura e a liberdade intelectual, mas simplesmente lendo e escrevendo em sua língua materna de forma a proteger, elas próprias, essas deusas um tanto abstratas.

Isso pode parecer, à primeira vista, uma questão simples, que dispensa argumentação e retórica. Mas nos deparamos, de início, com uma nova dificuldade. Já mencionamos o fato de que a profissão da literatura, para dar-lhe um nome simples, é a única profissão que não travou uma série de batalhas no século dezenove. Não houve nenhuma batalha da Grub Street. Essa profissão nunca esteve vedada às filhas dos homens instruídas. Isso se deve, naturalmente, ao baixíssimo custo de seus requisitos profissionais. Livros, canetas e papel são tão baratos, a leitura e a escrita têm sido, pelo menos desde o século dezoito, tão universalmente ensinados em nossa classe social, que se tornou impossível, para qualquer corporação masculina, açambarcar o conhecimento necessário ou impedir o ingresso, limitando-o a suas próprias condições, àquelas que desejassem ler livros ou escrevê-los. Mas conclui-se, uma vez que a profissão da literatura está disponível às filhas dos homens instruídos, que não há nenhuma tesoureira honorária da profissão tão necessitada de um guinéu com o qual travar sua batalha que se disponha a ouvir as nossas condições e a prometer a fazer o que puder para cumpri-las. Isso nos coloca, o senhor há de concordar, numa situação embaraçosa. Pois como, então, podemos exercer pressão sobre elas – que podemos fazer para persuadi-las a nos ajudar? A profissão da literatura difere, ao que parece, de todas as outras profissões. Não há um presidente da profissão; um Lorde Chanceler, como no seu próprio caso: um órgão oficial com o poder de estabelecer regras e impô-las.[5] Não podemos impedir as mulheres de usar as bibliotecas;[6] ou proibi-las de comprar tinta e papel; ou decretar que as metáforas só podem ser usadas por um dos sexos, tal como apenas ao sexo masculino, nas escolas de arte, era permitido fazer estudos de nus; ou decretar que a rima deve ser usada apenas por um dos sexos, tal como apenas ao sexo masculino, nas academias de música, era permitido tocar em orquestras. A inconcebível liberdade da profissão de letras é tal que qualquer filha de um homem instruído pode usar um nome masculino – digamos, George Eliot ou George Sand – sem que o editor ou o dono de uma editora, diferentemente das autoridades de Whitehall, consiga detectar qualquer diferença no aroma ou no perfume de um manuscrito e sequer saber, com certeza, se a escritora é casada ou não.

Assim, uma vez que temos muito pouco poder sobre aquelas que ganham a vida lendo e escrevendo, devemos ir até elas humildemente, sem subornos nem ameaças. Devemos ir até elas com o chapéu na mão, como mendigos, e pedir-lhes, por gentileza, que nos cedam um momento para ouvir o nosso pedido para que elas pratiquem a profissão da leitura e da escrita em benefício da cultura e da liberdade intelectual.

E agora, claramente, alguma outra definição de "cultura e liberdade intelectual" seria útil. Felizmente, ela não precisa ser, para nossos propósitos, exaustiva ou complexa. Não precisamos consultar Milton, Goethe ou Matthew Arnold; pois a definição deles se aplicaria à cultura paga – a cultura que, na definição da srta. Weeton, inclui física, teologia, astronomia, química, botânica, lógica e matemática, bem como latim, grego e francês. Estamos apelando, sobretudo, àquelas cuja cultura é a cultura não-paga, aquela que consiste em ser capaz de ler e escrever na sua língua materna. Felizmente, o seu manifesto está à mão para nos ajudar a definir melhor os termos; "desinteressada" é a palavra que o senhor utiliza. Definamos a cultura, portanto, para nossos propósitos, como a prática desinteressada da leitura e da escrita da língua inglesa. E a liberdade intelectual pode ser definida, para nossos propósitos, como o direito de dizer ou escrever o que se pensa em suas próprias palavras e à sua maneira. São definições muito rudimentares, mas devem bastar. Nosso apelo, pois, pode começar assim: "Oh, filhas dos homens instruídos, este cavalheiro, que todas respeitamos, diz que a guerra é iminente; ele diz que, ao proteger a cultura e a liberdade intelectual, podemos ajudá-lo a evitar a guerra. Rogamos, portanto, a vocês, que ganham a vida lendo e escrevendo...". Mas aqui as palavras titubeiam em nossos lábios e a súplica esvai-se em três pontinhos por causa, novamente, dos fatos – por causa dos fatos nos livros, dos fatos nas biografias, dos fatos que tornam difícil, senão impossível, prosseguir.

Quais são, pois, esses fatos? Uma vez mais, devemos interromper nosso apelo para examiná-los. E não é difícil encontrá-los. Eis aqui, por exemplo, à nossa frente, um documento esclarecedor, uma obra-prima das mais genuínas e realmente comovedora, a autobiografia da sra. Oliphant, que está carregada de fatos. Ela era filha de um homem instruído que ganhava a vida lendo e escrevendo. Escreveu livros de todos os tipos. Romances, biografias, livros de história, guias de Florença e Roma, resenhas, artigos para jornais saíam, inumeráveis, de sua pena. Com o que vendia ela ganhava a vida e educava os filhos. Mas em que medida ela protegia a cultura e a liberdade intelectual? Isso o senhor mesmo pode julgar lendo, primeiro, alguns de seus romances: *The Duke's Daughter, Diana Trelawny, Harry Joscelyn*, digamos; continue com as vidas de Sheridan e de Cervantes; prossiga com *Makers of Florence and Rome*; conclua, mergulhando nos inumeráveis e esmaecidos artigos, resenhas, esboços de um tipo ou outro que ela escreveu para revistas literárias. Quando tiver terminado, examine o estado de sua própria mente e se pergunte se essa leitura o levou a respeitar a cultura desinteressada e a liberdade intelectual. Não teria ela, pelo contrário, obscurecido sua mente e abatido sua imaginação e feito com que deplorasse o fato de a sra. Oliphant ter vendido seu cérebro, seu admirabilíssimo cérebro, prostituído sua cultura e escravizado sua liberdade intelectual para poder ganhar a vida e educar os filhos?[7] Inevitavelmente, considerando o dano que a pobreza inflige à mente e ao corpo, a necessidade, que se impõe aos que têm filhos, de providenciar para que eles sejam alimentados e vestidos, cuidados e educados, temos que aplaudir sua escolha e admirar sua coragem. Mas se aplaudirmos a escolha e admirarmos a coragem das que fazem o que ela fez, podemos nos poupar o esforço de dirigir-lhes nosso apelo, pois elas não serão mais capazes do que ela de proteger a cultura desinteressada e a liberdade intelectual. Pedir-lhes para assinar o seu manifesto seria o mesmo que pedir a um taberneiro para assinar um manifesto em favor da temperança. Ele próprio pode ser totalmente abstêmio; mas, uma vez que a esposa e os filhos dependem da venda de cerveja, ele deve continuar a vender cerveja, e assinar o manifesto de nada serviria à causa da temperança porque tão logo o assinasse ele deveria estar a postos no balcão induzindo seus clientes a tomar mais cerveja. Assim, pedir às filhas dos homens instruídos que precisam ganhar a vida lendo e escrevendo para assinarem o seu manifesto de nada serviria à causa da cultura desinteressada e da liberdade intelectual, porque, tão logo o assinassem, elas deveriam estar a postos na escrivaninha redigindo aqueles livros, discursos e artigos pelos quais a cultura é prostituída e a liberdade intelectual é escravizada. Como expressão de um ponto de vista pode ter algum valor; mas se o senhor precisa não simplesmente de um ponto de vista, mas de ajuda efetiva, deve formular seu pedido de forma bastante diferente. Então, o senhor terá que pedir que elas se comprometam a não escrever nada que avilte a cultura nem assinar nenhum contrato que infrinja a liberdade intelectual. E a isso a resposta que nos dá a biografia seria curta mas suficiente: Não tenho eu que ganhar a vida?

Torna-se, assim, claro, senhor, que devemos fazer nosso apelo apenas àquelas filhas de homens instruídos que têm o suficiente com que viver. A elas podemos nos dirigir deste modo: "Filhas dos homens instruídos que têm o suficiente para viver...". Mas, de novo, a voz hesita: de novo, a súplica esvai-se em três pontinhos. Pois quantas delas há? Ousaremos supor, em vista do Whitaker, das leis da propriedade, dos testamentos em jornais, dos fatos, em suma, que 1.000, 500 ou até mesmo 250 responderão quando abordadas? Seja como for, que prevaleça o plural e continuemos: "Filhas dos homens instruídos que têm o suficiente para viver, e leem e escrevem na língua materna para seu próprio prazer, podemos nós, muito humildemente, rogar-lhes que assinem o manifesto desse cavalheiro, com alguma intenção de pôr sua promessa em prática?".

Aqui, se de fato consentirem em nos ouvir, elas podem, muito razoavelmente, nos pedir para sermos mais explícitos – não, na verdade, para definir cultura e liberdade intelectual, pois elas têm livros e tempo livre e podem, elas mesmas, definir esses termos. Mas, elas podem muito bem perguntar, o que quer dizer esse cavalheiro com cultura "desinteressada", e como iremos nós, na prática, proteger essa cultura e a liberdade intelectual? Pois bem, como são filhas, e não filhos, podemos começar lembrando-as de um elogio que uma vez lhes fez um grande historiador. "A conduta de Mary", diz Macaulay, "era realmente um exemplo evidente daquele perfeito desinteresse e abnegação de que os homens parecem ser incapazes, mas que é, às vezes, encontrado nas mulheres."[8] Elogios, quando se está pedindo um favor, nunca são demais. Em seguida, vamos remetê-las à tradição que tem sido honrada na casa privada por tanto tempo – a tradição da castidade. "Assim, minha senhora, como por muitos séculos", podemos argumentar, "julgou-se ser abominável, para uma mulher, vender o corpo sem amor, mas correto entregá-lo ao marido a quem ama, também é errado, o senhor há de concordar, vender a mente sem amor, mas correto entregá-la à arte que se ama." "Mas o que significa", pode ela perguntar, "'vender a mente sem amor'?" "Para dizê-lo brevemente", podemos responder, "escrever por dinheiro, sob as ordens de outra pessoa, o que a senhora não quer escrever. Mas vender um cérebro é pior do que vender um corpo, pois quando aquela que vende o corpo vende seu prazer passageiro, ela se assegura de que o assunto acabe ali. Mas quando aquela que vende o cérebro vende seu cérebro, sua anêmica, impura e mórbida prole fica solta no mundo para infectar e corromper e plantar as sementes da doença em outras. Assim, estamos pedindo, senhora, que prometa não cometer o adultério do cérebro, porque se trata de uma ofensa muito mais séria do que a outra." "O adultério do cérebro", pode ela replicar, "significa escrever por dinheiro o que não quero escrever. Portanto, vocês me pedem que diga não a todos os diretores de jornal, donos de editora, organizadores de palestras, e assim por diante, que tentam me persuadir a escrever ou a falar por dinheiro o que não quero escrever ou falar?" "É isso mesmo; e lhe pedimos também que, caso venha a receber propostas desse tipo, a senhora se mostre ofendida e as denuncie tal como se mostraria ofendida e denunciaria, tanto para o seu próprio bem como para o bem de outras, propostas semelhantes para vender seu corpo. Mas gostaríamos que observasse que o verbo 'adulterar' significa, segundo o dicionário, 'falsificar, pelo acréscimo de ingredientes inferiores'. O dinheiro não é o único ingrediente inferior. O anúncio e a publicidade também provocam adulteração. Assim, a cultura mesclada à sedução pessoal ou a cultura mesclada ao anúncio e a publicidade também são formas adulteradas de cultura. Devemos pedir-lhe que as repudie; que não se apresente em tribunas públicas; que não dê conferências; que não permita que sua figura privada, assim como detalhes de sua vida privada, apareça em publicações; que não se valha, em suma, de quaisquer das formas de prostituição do cérebro que são tão insidiosamente sugeridas pelos cafetões e alcoviteiros do ramo do comércio de cérebros; ou que aceite qualquer um daqueles badulaques e papeluchos pelos quais o mérito cerebral é anunciado e certificado – medalhas, honras, diplomas – devemos pedir-lhe que os recuse terminantemente, uma vez que são todos indícios de que a cultura se prostituiu e a liberdade se rendeu ao comércio da escravidão."

Ao ouvir essa definição, fraca e imperfeita como é, do que não significa simplesmente assinar seu manifesto em favor da cultura e da liberdade intelectual, mas colocar essa opinião em prática, até mesmo as filhas dos homens instruídos que têm o suficiente para viver podem objetar que os termos são demasiadamente duros para serem cumpridos. Pois eles significariam perda de dinheiro, que é algo desejável, perda de fama, que é algo tido como universalmente agradável, e censura e ridículo, que não são, de forma alguma, desprezíveis. Cada um seria alvo de crítica de todas aquelas que têm um interesse a defender ou dinheiro a ganhar com o comércio de cérebros. E em troca de qual recompensa? Apenas, nos termos bastante abstratos de seu manifesto, que assim elas "protegeriam a cultura e a liberdade intelectual", não por sua opinião, mas por sua prática.

Uma vez que os termos são tão duros, e não há nenhum organismo cuja determinação elas devem respeitar ou obedecer, consideremos que outro método de persuasão nos restou. Apenas, ao que parece, o de destacar as fotografias – as fotografias dos cadáveres e das casas destroçadas. Podemos nós trazer à luz a conexão entre essas fotos, de um lado, e a cultura prostituída e a escravidão intelectual, de outro, e fazer com que fique de tal modo claro que uma coisa implica a outra que as filhas dos homens instruídos irão preferir renunciar ao dinheiro e à fama e serem objetos de escárnio e ridículo do que sofrer elas mesmas ou permitir que outras sofram as consequências ali explicitadas? É difícil, no pouco tempo de que dispomos, e com as frágeis armas que possuímos, tornar a conexão clara, mas se o que o senhor diz é verdade, e há uma conexão, e uma conexão muito real, entre elas, devemos tentar prová-la.

Comecemos, pois, por convocar, ainda que apenas do mundo da imaginação, alguma filha de um homem instruído que tenha o suficiente para viver e possa ler e escrever para o próprio prazer e, tomando-a por representante daquilo que, na verdade, pode ser simplesmente nenhuma classe, vamos pedir-lhe que examine os produtos dessa leitura e dessa escrita que estão em cima de sua própria mesa. "Examine", podemos começar, "os jornais em cima de sua mesa. Por que, podemos perguntar, a senhora recebe três diários e três semanários?" "Porque", responde ela, "estou interessada na política e quero conhecer os fatos." "Um desejo admirável, senhora. Mas por que três? Diferem eles quanto aos fatos, e, em caso afirmativo, por quê?" Ao que ela responde com alguma ironia: "A senhora se diz filha de um homem instruído, mas alega desconhecer os fatos – em linhas gerais – de que todo jornal é financiado por uma empresa; de que toda empresa tem uma linha; de que toda empresa emprega escritores para apresentar essa linha, e, se os escritores não concordam com essa linha, os escritores, como a senhora pode se recordar após uma rápida reflexão, acabarão na rua, desempregados. Portanto, se a senhora quer conhecer qualquer fato sobre política deve ler ao menos três diferentes jornais, comparar ao menos três diferentes versões do mesmo fato e chegar, ao fim, à sua própria conclusão. Daí os três jornais diários em cima da minha mesa". Agora que discutimos, muito brevemente, o que pode ser chamado de literatura de fato, voltemo-nos para o que pode ser chamado de literatura de ficção. "Há coisas", podemos lembrá-la, "como pinturas, peças, músicas e livros. A senhora segue aí a mesma e extravagante diretiva – examina três diários e três semanários se quiser conhecer os fatos sobre pinturas, peças, músicas e livros, porque os que escrevem sobre arte estão ao serviço de um editor, que está a serviço de uma empresa, que tem uma linha a seguir, de forma que cada jornal tem uma opinião diferente, de forma que é apenas pela comparação de três opiniões diferentes que a senhora pode chegar à sua própria conclusão – que pinturas ver, o que tocar ou a que concerto assistir, que livro tomar de empréstimo da biblioteca?" Ao que ela responde: "Uma vez que sou filha de um homem instruído, com laivos de cultura assimilados na leitura, não devo ter mais a ilusão, dadas as condições do jornalismo na atualidade, de formar minha opinião sobre pinturas, peças, músicas ou livros a partir dos jornais, tanto quanto não formo minha opinião sobre política a partir dos jornais. Compare as perspectivas, leve em consideração as distorções e julgue por si mesma. Essa é a única saída. Daí os muitos jornais sobre a minha mesa".[9]

Assim, pois, a literatura do fato e a literatura da opinião, para fazer uma distinção grosseira, não são puro fato ou pura opinião, mas fato adulterado e opinião adulterada, isto é, fato e opinião "adulterados pelo acréscimo de ingredientes inferiores", como registra o dicionário. Em outras palavras, teria a senhora que dissociar cada palavra da motivação do dinheiro, da motivação do poder, da motivação da publicidade, da motivação da vaidade, para não falar de todas as outras motivações que, como filha de um homem instruído, lhe são familiares, antes de formar sua opinião sobre qual fato da política acreditar, ou até mesmo sobre arte? "É isso mesmo", concorda ela. Mas se alguém que não tivesse nenhuma dessas motivações para esconder a verdade lhe dissesse que o fato era, na opinião dele ou dela, este ou aquele, a senhora acreditaria nele ou nela, sempre, naturalmente, descontando a falibilidade do julgamento humano que, ao julgar obras de arte, deve ser considerável? "Sem dúvida", concorda ela. Se alguém assim dissesse que a guerra é má, a senhora acreditaria nele? Ou se alguém assim dissesse que alguma pintura, sinfonia, peça ou poema é de boa qualidade, a senhora acreditaria nele? "Descontando a falibilidade humana, sim." Agora suponha, minha senhora, que existissem 250 ou 50, ou 25 pessoas como essa, pessoas comprometidas a não cometer adultério do cérebro, de forma que fosse desnecessário dissociar o que elas dissessem da motivação do dinheiro, da motivação do poder, da motivação da publicidade, da motivação da notoriedade, da motivação da vaidade e assim por diante, para expor o fundo de verdade, não é possível que disso resultassem duas consequências muito notáveis? Não é possível que, se soubéssemos a verdade sobre a guerra, a glória da guerra seria golpeada e esmagada onde ela jaz, enroscada nas folhas de couve podres de nossos prostituídos provedores de fatos? E se soubéssemos a verdade sobre a arte, em vez de percorrermos, trôpegos e rastejantes, as borradas e deprimentes páginas dos que vivem de prostituir a cultura, a fruição e a prática da arte não se tornariam tão desejáveis que, em comparação, a profissão da guerra seria um jogo tedioso para diletantes idosos em busca de uma diversão moderadamente saudável – o lançamento de bombas, em vez de bolas, sobre as fronteiras, em vez de sobre as redes? Em suma, se os jornais fossem escritos por pessoas cujo único objetivo, ao escrever, fosse o de dizer a verdade sobre a política e a verdade sobre a arte, deveríamos não acreditar na guerra e deveríamos acreditar na arte.

Consequentemente, há uma conexão muito clara entre a cultura e a liberdade intelectual, de um lado, e aquelas fotografias de cadáveres e casas destroçadas, do outro. E pedir às filhas dos homens instruídos que têm o suficiente para viver que não cometam adultério do cérebro significa pedir-lhes para ajudar da forma mais efetiva atualmente disponível para elas – uma vez que a profissão da literatura é ainda a que está mais disponível para elas – a evitar a guerra.

Assim, senhor, podemos nos dirigir a essa dama, cruamente, brevemente, é verdade; mas o tempo é escasso e não podemos dar mais explicações. E a esse apelo ela pode perfeitamente responder, se é que ela, de fato, existe: "O que vocês dizem é óbvio; tão óbvio que toda filha de homem instruído já sabe por si mesma, ou, se não sabe, ela só tem que ler os jornais para assegurar-se disso. Mas supondo que ela seja abastada o suficiente não apenas para assinar esse manifesto em favor da cultura desinteressada e da liberdade intelectual, mas também para pôr sua opinião em prática – como poderia ela efetivá-la? "E não sonhem", pode ela razoavelmente acrescentar, "sonhos sobre mundos ideais por detrás das estrelas; considerem fatos reais no mundo real." De fato, é muito mais difícil tratar do mundo real do que do mundo dos sonhos. Ainda assim, minha senhora, a prensa tipográfica caseira é hoje uma realidade e não está fora do alcance de um orçamento modesto. Máquinas de escrever e mimeógrafos são hoje uma realidade e são ainda mais baratos. Ao fazer uso desses instrumentos baratos e, por enquanto, lícitos, a senhora pode se livrar de uma vez por todas da pressão de comissões e diretrizes editoriais e de editores. Esses instrumentos expressarão a sua própria mente, em suas próprias palavras, ao seu próprio ritmo, à sua própria medida, ao seu próprio comando. E essa, estamos de acordo, é nossa definição de "liberdade intelectual". "Mas", poderá ela dizer, "e o 'público'? Como pode ele ser atingido sem que eu precise enfiar meu cérebro na máquina de moer e transformá-lo em linguiça?" "O 'público', minha senhora", podemos assegurar-lhe, "é muito parecido conosco; mora em quartos; anda pelas ruas e, sabe-se, além disso, que está farto de linguiças. Enfie panfletos pelas janelinhas dos porões; exponha-os em barracas; circule com eles pelas ruas em carrinhos de mão para vendê-los por um pêni ou simplesmente distribuí-los de graça. Encontre novas formas de se aproximar do 'público'; individualize-o em pessoas separadas em vez de juntá-lo num monstro único, de corpo volumoso e mente débil. E, então, reflita – uma vez que a senhora tem o suficiente com que viver; tem um quarto, não necessariamente 'aconchegante' ou 'lindo', mas ainda assim silencioso, privado; um quarto no qual, a salvo da publicidade e seu veneno, a senhora pode, até mesmo cobrando uma quantia razoável pelo serviço, falar a verdade a artistas sobre pinturas, músicas, livros, sem receio de afetar suas vendas, que são exíguas, ou ferir sua vaidade, que é prodigiosa.[10] Essa, pelo menos, foi a crítica que Ben Jonson fez a Shakespeare na taberna *The Mermaid*, e não há nenhuma razão para supor, tendo *Hamlet* como evidência, que a literatura tenha sofrido por isso. Não é verdade que os melhores críticos são as pessoas, privadamente, e a crítica oral a única que vale a pena se ter? Essas são algumas das formas ativas pelas quais a senhora, como escritora de sua língua materna, pode colocar sua opinião em prática. Mas se a senhora for passiva – uma leitora, não uma escritora – então deve adotar não métodos ativos mas passivos de proteger a cultura e a liberdade intelectual." "E quais seriam eles?", perguntará ela. "Abster-se, obviamente. Não assinar jornais que encorajem a escravidão intelectual; não assistir a palestras que prostituam a cultura; pois concordamos que escrever sob as ordens de outrem o que não se quer escrever é ser escravizada, e mesclar a cultura à sedução pessoal ou publicidade é prostituir a cultura. Por meio dessas medidas ativas e passivas a senhora faria tudo que está ao seu alcance para romper o circuito, o círculo vicioso, a interminável dança em torno da amoreira – a árvore venenosa da prostituição intelectual. Uma vez rompido o circuito, as prisioneiras seriam libertadas. Pois quem pode duvidar que, se as escritoras tivessem a chance de escrever o que gostam de escrever, elas achariam isso tão mais agradável que se recusariam a escrever sob quaisquer outras condições; ou que, se as leitoras tivessem a chance de ler o que as escritoras gostam de escrever, achariam isso tão mais revigorante do que aquilo que é escrito por dinheiro que se recusariam a continuar se satisfazendo com o insosso sucedâneo? Assim, as escravas que agora são mantidas trabalhando duro, empilhando palavras em livros, empilhando palavras em artigos, como as antigas escravas empilhavam pedras nas pirâmides, se livrariam das algemas nos pulsos e abandonariam sua abominável labuta. E a 'cultura', essa massa amorfa, toda envolta, como está agora, em falsidade, emitindo de seus tímidos lábios meias verdades, edulcorando e diluindo sua mensagem com qualquer açúcar ou água que sirva para estufar a fama do escritor ou o bolso de seu amo, recuperaria sua forma e se tornaria, como nos asseguram Milton, Keats e outros grandes escritores, aquilo que ela é na realidade, forte, ousada, livre. Ao passo que neste momento, senhora, à simples menção de cultura a cabeça dói, os olhos se cerram, as portas se fecham, o ar se adensa; estamos numa sala de conferências, empestada pelas emanações de impressos rançosos, ouvindo um cavalheiro que é obrigado a palestrar ou a escrever toda quarta-feira, todo domingo, sobre Milton ou sobre Keats, enquanto o lilás balança, livre, seus ramos no jardim, e as gaivotas, esvoaçando e se arremessando, sugerem, com selvagem gargalhada, que fariam melhor se lhes atirassem esse peixe rançoso. Esse, senhora, é o apelo que lhe fazemos; essas são nossas razões para reiterá-lo. Não se limite a simplesmente assinar este manifesto em favor da cultura e da liberdade intelectual; tente, ao menos, pôr sua promessa em prática."

Se as filhas dos homens instruídos que têm o suficiente para viver e ler e escrever em sua língua, para seu próprio prazer, ouvirão esse pedido ou não, é algo, meu senhor, que não podemos dizer. Mas, se a cultura e a liberdade intelectual devem ser protegidas, não através de opiniões apenas, mas através da prática, esse parece ser o caminho. Não é um caminho fácil, é verdade. Entretanto, nas atuais circunstâncias, há razões para pensar que o caminho é mais fácil para elas do que para seus irmãos. Elas estão imunes, embora não por mérito próprio, a certas compulsões. Proteger a cultura e a liberdade intelectual acarretaria, na prática, irrisão e castidade, perda de publicidade e pobreza. Mas essas são, como vimos, suas conhecidas professoras. Além disso, o Whitaker, com seus fatos, está à mão para ajudá-las; pois, uma vez que ele prova que todos os frutos da cultura profissional – tais como as diretorias das galerias de arte e dos museus, as ocupações no magistério universitário e no circuito de conferências e nas editorias – ainda estão fora de seu alcance, elas devem ser capazes de assumir uma visão mais puramente desinteressada da cultura do que seus irmãos, sem, por um momento, pretender, como afirma Macaulay, que elas sejam, por natureza, mais desinteressadas. Assim, amparadas como estamos pela tradição e pelos fatos, temos não apenas algum direito a pedir-lhes que nos ajudem a romper o círculo, o círculo vicioso da cultura prostituída, mas também alguma esperança de que, se tais pessoas existem, elas nos ajudarão. Para voltar ao seu manifesto: nós o assinaremos se pudermos manter essas condições; se não pudermos mantê-las, nós não o assinaremos.

Agora que tentamos ver como podemos ajudá-lo a evitar a guerra, ao tentar definir o que se quer dizer com proteger a cultura e a liberdade intelectual, consideremos o seu próximo e inevitável pedido: que deveríamos contribuir para os fundos de sua sociedade. Pois o senhor também é um tesoureiro honorário e, como as outras tesoureiras honorárias, precisa de dinheiro. Uma vez que o senhor também está pedindo dinheiro, podemos também pedir-lhe para definir seus objetivos e, tal como fizemos com as outras tesoureiras honorárias, barganhar e impor condições. Quais são, pois, os objetivos de sua sociedade? Evitar a guerra, naturalmente. E por quais meios? Em termos gerais, protegendo os direitos do indivíduo; opondo-se à ditadura; assegurando os ideais democráticos de oportunidades iguais para todos. Esses são os principais meios pelos quais, como o senhor diz, "a paz duradoura do mundo pode ser assegurada". Então, senhor, não há nenhuma necessidade de barganhar ou regatear. Se esses são seus objetivos, e se, não há como duvidar, o senhor pretende fazer tudo que estiver ao seu alcance para atingi-los, o guinéu é seu – quisera que fosse um milhão deles! O guinéu é seu; e o guinéu é uma doação livre, concedida livremente.

Mas a palavra "livre" é usada tão frequentemente, e passou a significar, como ocorre com palavras gastas, tão pouco, que seria bom explicar exatamente, até mesmo pedantemente, o que a palavra "livre" significa nesse contexto. Significa, aqui, que não se pede nenhum direito ou privilégio em troca. A doadora não está lhe pedindo para admiti-la ao sacerdócio da Igreja da Inglaterra; ou à Bolsa de Valores; ou ao Serviço Diplomático. A doadora não tem nenhum desejo de ser "inglesa" nas mesmas condições em que o senhor é "inglês". A doadora não reivindica, em troca da doação, o acesso a qualquer profissão; qualquer honra, título ou medalha; qualquer cátedra ou cargo docente; qualquer posição em qualquer sociedade, comissão ou conselho. A doação é livre de qualquer condição desse tipo porque o direito de suprema importância para todos os seres humanos já foi conquistado. O senhor não pode tirar dela o direito de ganhar a vida. Agora, então, pela primeira vez na história da Inglaterra, a filha do homem instruído pode dar ao irmão, a seu pedido, um guinéu que ela ganhou sozinha, para o propósito acima especificado, sem pedir nada em troca. É uma doação livre, dada sem medo, sem adulação e sem condições. Essa, senhor, é uma ocasião tão significativa na história da civilização que exige alguma celebração. Mas vamos deixar de lado as velhas cerimônias – como a do Lord Mayor, com as tartarugas, e os assistentes de prontidão, batendo nove vezes com seu cetro numa pedra, enquanto o arcebispo de Canterbury, todo paramentado, invoca uma benção. Inventemos uma nova cerimônia para essa nova ocasião. O que pode ser mais apropriado do que destruir uma palavra velha, uma palavra viciada e corrompida, que causou tanto dano em sua época e está agora obsoleta? A palavra "feminista" é a palavra aludida. Essa palavra, de acordo com o dicionário, significa "alguém que defende os direitos das mulheres". Uma vez que o único direito, o direito de ganhar a vida, foi conquistado, a palavra não tem mais sentido. E uma palavra sem sentido é uma palavra morta, uma palavra corrompida. Celebremos, pois, esta ocasião, incinerando o cadáver. Escrevamos essa palavra em grandes letras pretas numa folha de papel almaço; depois, solenemente, acheguemos um fósforo ao papel. Veja como arde! Que luz baila sobre o mundo! Agora, com uma caneta de pena de ganso, pulverizemos as cinzas num almofariz e declaremos em uníssono, cantando juntos, que todo aquele que, no futuro, utilizar essa palavra é um-homem-que-toca-a-campainha-e-foge-correndo,[11] um criador de caso, um vasculhador de ossos velhos, que traz escrita no rosto, numa mancha de água suja, a prova de sua profanação. A fumaça esvaiu-se; a palavra está destruída. Observe, senhor, o que aconteceu como resultado de nossa celebração. A palavra "feminista" foi destruída; a atmosfera ficou límpida; e nessa atmosfera mais límpida o que vemos? Homens e mulheres trabalhando juntos pela mesma causa. A nuvem se dissipou do passado também. Em favor de quê trabalhavam elas no século dezenove – essas estranhas mulheres mortas, em seus chapéus de pala larga e suas mantilhas? Da mesmíssima causa em favor da qual estamos trabalhando agora. "Nossa reivindicação não era uma reivindicação apenas dos direitos das mulheres"; é Josephine Butler quem diz – "era mais ampla e mais profunda; era uma reivindicação em favor dos direitos de todos – de todos os homens e de todas as mulheres – ao respeito, como indivíduos, dos grandes princípios da Justiça e da Igualdade e da Liberdade." As palavras são as mesmas que as suas; a reivindicação é a mesma que a sua. As filhas dos homens instruídos que eram chamadas, para sua indignação, de "feministas", eram, na verdade, a vanguarda do movimento ao qual o senhor pertence. Elas combatiam o mesmo inimigo que o senhor está combatendo e pelas mesmas razões. Elas combatiam a tirania do Estado patriarcal tal como o senhor está combatendo a tirania do Estado fascista. Assim, estamos simplesmente dando continuidade à mesma luta de nossas mães e avós; as palavras delas provam isso; as suas palavras provam isso. Mas agora, com sua carta à nossa frente, temos sua garantia de que está lutando ao nosso lado, não contra nós. Esse fato é tão inspirador que exige outra celebração. O que poderia ser mais apropriado do que escrever mais palavras mortas, mais palavras corrompidas em mais folhas de papel e queimá-las – as palavras "tirano", "ditador", por exemplo? Mas, lamentavelmente, essas palavras ainda não estão obsoletas. Ainda podemos sacudir larvas de nossos jornais; sentir ainda um odor peculiar e inconfundível na região de Whitehall e Westminster. E no exterior o monstro veio mais abertamente à tona. Ali não há como confundi-lo. Ele aumentou seu âmbito de ação. Agora ele está interferindo na liberdade de vocês; está ditando como devem viver; está fazendo distinções não apenas entre os sexos, mas também entre as raças. Vocês sentem na carne o que nossas mães sentiram quando foram excluídas, quando foram caladas, porque eram mulheres. Agora vocês estão sendo excluídos, estão sendo calados, porque são judeus, porque são democratas, por causa da raça, por causa da religião. Não é mais uma fotografia que estão olhando; ali vão vocês, acompanhando pessoalmente a procissão. E isso faz diferença. A absoluta iniquidade da ditadura, seja em Oxford ou Cambridge, seja em Whitehall ou Downing Street, contra os judeus ou contra as mulheres, na Inglaterra ou na Alemanha, na Itália ou na Espanha, é agora visível para vocês. Mas agora estamos lutando juntos. As filhas e os filhos dos homens instruídos estão lutando lado a lado. Esse fato é tão inspirador, mesmo que nenhuma celebração seja ainda possível, que, se este guinéu pudesse ser multiplicado um milhão de vezes, todos esses guinéus deveriam estar à sua disposição sem quaisquer outras condições a não ser as que o senhor impôs a si mesmo. Tome, pois, este guinéu e utilize-o para assegurar "os direitos de todos – de todos os homens e de todas as mulheres – ao respeito individual dos grandes princípios da Justiça e da Igualdade e da Liberdade". Ponha essa vela de um pêni na janela de sua nova sociedade, e que possamos viver para ver o dia em que, na fogueira de nossa liberdade comum, as palavras "tirano" e "ditador" terão sido reduzidas a cinzas, porque as palavras "tirano" e "ditador" terão se tornado obsoletas.

Com a solicitação de um guinéu atendida, pois, e com o cheque assinado, resta apenas mais uma solicitação sua a ser considerada – a de que devemos preencher um formulário e fazer parte de sua sociedade. Trata-se, aparentemente, de uma solicitação simples, que pode ser facilmente atendida. Pois o que pode haver de mais simples do que se juntar à sociedade à qual este guinéu acabou de ser concedido? À primeira vista, quão fácil, quão simples; mas, no fundo, quão difícil, quão complicado... Que dúvidas possíveis, que hesitações possíveis escondem esses pontinhos? Que razão ou que emoção pode nos fazer hesitar em nos tornarmos membros de uma sociedade cujos objetivos aprovamos, para cujos fundos contribuímos? Pode não ser nem razão nem emoção, mas algo mais profundo e fundamental que essas alternativas. Pode ser a diferença. Diferentes nós somos, como os fatos têm provado, tanto quanto ao sexo como quanto à educação. E é dessa diferença, como já dissemos, que nossa ajuda pode vir, se é que podemos ajudar, para proteger a liberdade, para evitar a guerra. Mas, se assinarmos este formulário que implica uma promessa de nos tornarmos membros ativos de sua sociedade, pode parecer que devemos perder essa diferença e, portanto, sacrificar nossa ajuda. Não é fácil explicar por que é assim, embora a doação de um guinéu tenha tornado possível (assim alardeamos) falarmos livremente, sem medo ou lisonja. Mantenhamos, pois, o formulário sem a assinatura à nossa frente, sobre a mesa, enquanto discutimos, tanto quanto formos capazes, as razões e as emoções que nos fazem hesitar em assiná-lo. Pois essas razões e emoções têm origem profunda na escuridão de nossa memória ancestral; elas cresceram juntas e um tanto embaraçadas; é muito difícil desenredá-las sob a luz.

Para começar com uma distinção elementar; uma sociedade é um conglomerado de pessoas que se juntam tendo em vista certos objetivos; enquanto o senhor, que escreve em pessoa, com sua própria mão, é um só. O senhor, o indivíduo, é um homem que temos razão para respeitar; um homem da irmandade à qual, como prova a biografia, muitos irmãos têm pertencido. Assim, Anne Clough, descrevendo seu irmão, diz: "Arthur é meu melhor amigo e conselheiro... Arthur é o consolo e a alegria de minha vida; é por sua causa e por sua iniciativa que sou estimulada a buscar tudo que é bonito e de boa reputação". Ao que William Wordsworth, falando de sua irmã, mas respondendo à outra, como se um rouxinol chamasse o outro na floresta do passado, responde:

> A Benção de meus últimos anos
> Estava comigo quando Menino:
> Ela me deu olhos, me deu ouvidos;
> E simples cuidados, e delicados receios;
> Um coração, a fonte de doces lágrimas;
> E amor, e juízo, e alegria.[12]

Essa era, então, essa ainda é, talvez, a relação entre muitos irmãos e irmãs na esfera privada, como indivíduos. Eles se respeitam e se ajudam e têm objetivos em comum. Por que, então, se essa pode ser a relação privada, como provam a biografia e a poesia, deveria sua relação pública, como provam a lei e a história, ser tão diferente assim? E aqui, uma vez que o senhor é advogado, com uma memória de advogado, é necessário lembrá-lo de certas determinações da lei inglesa, de seus primeiros registros até o ano de 1919, como prova de que a relação pública, a relação no âmbito da sociedade entre irmão e irmã, tem sido muito diferente da relação privada. A própria palavra "sociedade" faz soar na memória os tristes dobres de uma irritante melodia: não deves, não deves, não deves. Não deves

· 114 ·

aprender; não deves ganhar dinheiro; não deves ter propriedades; não deves − essa foi, por muitos séculos, a relação, no âmbito da sociedade, entre irmão e irmã. E embora seja possível e, para quem é otimista, verossímil que, no devido tempo, uma nova sociedade possa fazer soar um carrilhão de esplêndida harmonia, e sua carta anuncia isso, esse dia está muito distante. Inevitavelmente nos perguntamos: não há algo na reunião das pessoas em sociedades que libera o que há de mais egoístico e violento, menos racional e humano nos próprios indivíduos? Inevitavelmente vemos a sociedade, tão generosa com vocês, tão severa conosco, como uma forma inadequada, que distorce a verdade; deforma a mente; agrilhoa a vontade. Inevitavelmente vemos as sociedades como conspirações que fazem murchar o irmão privado que muitas de nós temos motivos para respeitar, e inflam, em seu lugar, um macho monstruoso, de voz forte e punhos cerrados, infantilmente decidido a traçar com giz, no chão do mundo, demarcações, dentro de cujos limites místicos os seres humanos são confinados, rigidamente, separadamente, artificialmente; dentro das quais, borrado de rubro e dourado, adornado, como um selvagem, com penas, ele passa por ritos místicos e desfruta dos duvidosos prazeres do poder e do domínio, enquanto nós, as mulheres "dele", ficamos trancadas na casa privada, sem participação nas muitas sociedades das quais a sociedade dele é composta. Por essas razões, compostas, como são de muitas lembranças e emoções − pois quem irá analisar a complexidade de uma mente que abriga, em seu interior, um reservatório tão profundo do tempo passado? − nos parece tanto errado, racionalmente, quanto impossível, emocionalmente, preencher seu formulário e nos juntar à sua sociedade. Pois, ao fazê-lo, estaríamos incorporando nossa identidade à de vocês; seguindo e retomando e marcando ainda mais profundamente os velhos e batidos sulcos nos quais a sociedade, como um gramofone cuja agulha emperrou, despeja com intolerável unanimidade: "Trezentos milhões gastos em armas". Não devemos reforçar uma visão que nossa experiência da "sociedade" deveria ter nos ajudado a prefigurar. Assim, senhor, ao mesmo tempo que o respeitamos como pessoa privada, o que demonstramos ao lhe dar um guinéu para gastar como quiser, acreditamos que podemos ajudá-lo mais eficazmente ao nos recusarmos a aderir à sua sociedade; ao trabalhar em prol de nossos fins comuns − justiça e igualdade e liberdade para todos os homens e mulheres – fora, e não dentro, de sua sociedade.

Mas isso, dirá o senhor, se significa alguma coisa, só pode significar que vocês, as filhas dos homens instruídos, que nos prometeram sua ajuda efetiva, se negam a aderir à nossa sociedade para que possam criar outra, só de vocês. E que tipo de sociedade vocês propõem fundar, fora da nossa, mas em cooperação com ela, de forma que possam, as duas, trabalhar em conjunto em prol de nossos fins comuns? Essa é uma pergunta que o senhor tem todo o direito de fazer, e que devemos tentar responder a fim de justificar nossa recusa em assinar o formulário que nos enviou. Esbocemos, pois, rapidamente, em linhas gerais, o tipo de sociedade que as filhas dos homens instruídos podem fundar e à qual podem se juntar, separada da sua, mas em cooperação com seus fins. Em primeiro lugar, essa nova sociedade, o senhor ficará aliviado em saber, não terá nenhuma tesoureira honorária, pois não precisaria de nenhum fundo. Não teria nenhum escritório, nenhum conselho, nenhuma secretária; não convocaria nenhuma reunião; não realizaria nenhuma conferência. Se é para ter um nome, poderia ser chamada de Sociedade das Outsiders. Não é um nome ressonante, mas tem a vantagem de se enquadrar com os fatos – os fatos da história, da lei, da biografia; até mesmo, possivelmente, com fatos ainda ocultos de nossa ainda desconhecida psicologia. Ela se comporia de filhas de homens instruídos, trabalhando em sua própria classe – como, na verdade, poderiam elas trabalhar em qualquer outra?[13] – e segundo seus próprios métodos, em prol da liberdade, da igualdade e da paz. Seu primeiro dever, com o qual não se comprometeriam através de nenhum juramento, pois juramentos e cerimônias não têm nenhum papel numa sociedade que deve ser anônima e flexível acima de qualquer outra coisa, seria o de não pegar em armas. É fácil para elas cumpri-lo, pois, na verdade, como nos informam os jornais, "o Estado Maior do Exército não tem nenhuma intenção de iniciar o recrutamento para qualquer unidade militar feminina".[14] O país nos garante. Depois, elas se recusariam, no caso de guerra, a fabricar munições ou a cuidar dos feridos. Uma vez que na última guerra ambas as atividades foram exercidas principalmente pelas filhas de homens operários, a pressão sobre elas seria, também nesse caso, pequena, embora provavelmente incômoda. Por outro lado, o próximo dever com o qual se comprometeriam é de dificuldade considerável e requer não apenas coragem e iniciativa, mas também o conhecimento específico que tem a filha do homem instruído. Trata-se, em suma, não de incitar seus irmãos a ir à guerra, ou de tentar dissuadi-los disso, mas de manter uma atitude de total indiferença. Mas a atitude expressa pela palavra "indiferença" é tão complexa e de tal importância que precisa, mesmo aqui, ser mais bem definida. Em primeiro lugar, a indiferença deve estar firmemente assentada nos fatos. Como é fato que ela não consegue compreender que instinto o impele, que glória, que interesse, que satisfação masculina a luta lhe proporciona – "sem a guerra não haveria nenhuma válvula de escape para as características viris que a luta desenvolve" – como lutar é, assim, uma característica sexual de que ela não pode compartilhar, a contraparte, sustentam alguns, do instinto materno, de que ele não pode compartilhar, trata-se, portanto, de um instinto que ela não pode julgar. A outsider, portanto, deve deixá-lo livre para tratar sozinho desse instinto, porque a liberdade de opinião deve ser respeitada, especialmente quando se baseia num instinto que séculos de tradição e educação tornaram tão alheio a ela.[15] Trata-se de uma distinção fundamental e instintiva e sobre a qual a indiferença pode estar baseada. Mas a outsider assumirá como um dever basear sua indiferença não simplesmente no instinto, mas na razão. Quando ele disser, como a história demonstra que ele disse e pode dizer novamente: "Estou lutando para proteger o nosso país" e tentar, assim, provocar seu sentimento patriótico, ela se perguntará: "O que 'nosso país' significa para mim, uma outsider?". Para dar uma solução a isso, ela analisará o significado de patriotismo no seu próprio caso. Ela se informará sobre a posição de seu sexo e de sua classe no passado. Ela se informará sobre a quantidade de terras, riqueza e propriedade em posse de seu próprio sexo e de sua própria classe no presente – o quanto da "Inglaterra" de fato lhe pertence. Ela se informará, nas mesmas fontes, sobre a proteção legal que a lei lhe deu no passado e que lhe dá agora. E se ele acrescentar que está lutando para proteger seu corpo, ela refletirá sobre o grau de proteção física de que ela goza agora quando as palavras "Precauções em Caso de Ataque Aéreo" estão escritas em muros vazios. E se ele disser que está lutando para proteger a Inglaterra do domínio estrangeiro, ela refletirá que para ela não há nenhum "estrangeiro", uma vez que, por lei, ela se tornará uma estrangeira ao se casar com um estrangeiro. E ela fará o possível para tornar isso um fato, não por fraternidade forçada, mas por empatia humana. Todos esses fatos convencerão sua razão (para dizê-lo em poucas palavras) de que o sexo e a classe dela tiveram muito pouco a agradecer à Inglaterra no passado; pouco a agradecer à Inglaterra no presente; enquanto a segurança de sua pessoa no futuro é altamente duvidosa. Mas provavelmente ela terá assimilado, até mesmo da preceptora, alguma noção romântica de que os ingleses, esses pais e avôs que ela vê marchando na tela da história, são "superiores" aos homens de outros países. Será seu dever pensar em verificar isso, comparando historiadores franceses com ingleses; alemães com franceses; o testemunho dos dominados – os indianos ou os irlandeses, por exemplo – com as alegações de seus dominadores. Contudo, algum sentimento "patriótico", alguma crença arraigada na superioridade de seu próprio país pode persistir. Ela comparará, então, a pintura inglesa com a pintura francesa; a música inglesa com a música alemã; a literatura inglesa com a literatura grega, pois sobram traduções. Quando todas essas comparações tiverem sido fielmente efetuadas pelo uso da razão, a outsider se descobrirá na posse de razões muito boas para sua indiferença. Ela descobrirá que não tem nenhuma boa razão para pedir ao seu irmão que lute, em seu nome, para proteger "nosso" país. "'Nosso' país", dirá ela, "tem me tratado, pela maior parte de sua história, como uma escrava; tem me negado a educação e qualquer quota de seus bens. 'Nosso' país, além disso, deixará de ser meu se eu me casar com um estrangeiro. 'Nosso' país me nega os meios para me proteger, me força a pagar a outros uma soma muito grande, anualmente, para me proteger, e é tão incapaz, ainda assim, de me proteger que precauções no caso de ataque aéreo são escritas nos muros. Portanto, se vocês insistem em lutar para me proteger ou proteger o 'nosso' país, que fique entendido entre nós, discreta e racionalmente, que vocês estão lutando para gratificar um instinto próprio de seu sexo, de que eu não partilho; para obter benefícios de que não tenho partilhado e provavelmente não partilharei; mas não para gratificar meus instintos ou para me proteger ou proteger o meu país. Pois", dirá a outsider, "na verdade, como mulher, não tenho nenhum país. Como mulher, não quero nenhum país. Como mulher, meu país é o mundo inteiro." E se, tendo a razão pronunciado seu veredito, ainda restar algum obstinado sentimento, algum amor pela Inglaterra instilado nos ouvidos de uma criança pelo grasnido da gralha num olmo, pelo estalar das ondas numa praia ou por vozes inglesas murmurando canções infantis, ela fará com que essa gota de puro, ainda que irracional, sentimento lhe sirva para dar, em primeiro lugar, à Inglaterra o que ela deseja de paz e liberdade para o mundo inteiro.

Essa será, pois, a natureza de sua "indiferença", e dessa indiferença devem resultar certas ações. Ela se comprometerá a não participar de nenhuma demonstração patriótica; a não consentir com qualquer forma que seja de autoglorificação nacional; a não fazer parte de qualquer claque ou plateia que estimule a guerra; a se ausentar de exibições militares, torneios, desfiles, premiações e quaisquer cerimônias desse tipo que estimulem o desejo de impor "nossa" civilização ou "nosso" domínio sobre outros povos. A psicologia da vida privada, além disso, autoriza a crença de que esse uso da indiferença por parte das filhas dos homens instruídos ajudaria materialmente a evitar a guerra. Pois a psicologia parece mostrar que é muito mais difícil, para os seres humanos, tomar alguma iniciativa quando outras pessoas se mostram indiferentes e lhes permitem completa liberdade de ação do que quando suas ações se tornam o centro de um sentimento exaltado. O mininho se exibe e alardeia lá fora: implore-lhe que pare; ele continua: não diga nada; ele para. Que as filhas dos homens instruídos não deem, pois, aos seus irmãos nem a pena branca da covardia nem a pena rubra da coragem, mas simplesmente nenhuma; que elas fechem os olhos brilhantes que jorram influência ou desviem esses olhos quando a guerra for discutida – esse é o dever no qual as outsiders devem se exercitar em tempos de paz antes que a ameaça de morte torne, inevitavelmente, a razão ineficaz.

Esses são, pois, alguns dos métodos pelos quais a sociedade, a anônima e secreta Sociedade das Outsiders o ajudaria, senhor, a evitar a guerra e assegurar a liberdade. Seja qual for o valor que possa atribuir-lhes, o senhor concordará que se trata de deveres que o seu próprio sexo julgaria mais difícil de levar a cabo que o nosso; e deveres, além disso, que são especialmente apropriados para as filhas dos homens instruídos. Pois esses deveres exigiriam alguma familiaridade com a psicologia dos homens instruídos, e a mente dos homens instruídos é mais bem treinada e suas palavras mais ardilosas que as dos operários.[16] Há outros deveres, naturalmente – muitos deles já delineados nas cartas às outras tesoureiras honorárias. Mas, correndo o risco de alguma repetição, vamos repassá-los resumida e rapidamente, de modo que eles possam constituir uma base para a tomada de posição de uma sociedade das outsiders. Em primeiro lugar, elas se comprometeriam a ganhar a própria vida. A importância disso como método para acabar com a guerra é óbvia; já foi dada ênfase suficiente ao maior poder de convicção de uma opinião baseada na independência econômica em comparação com uma opinião baseada em renda nenhuma ou no direito espiritual a uma renda para tornar qualquer outra demonstração desnecessária. Assim, uma outsider deve ter como tarefa exigir um salário digno em todas as profissões agora disponíveis para o seu sexo; além disso, ela deve criar novas profissões nas quais ela possa adquirir o direito a uma opinião independente. Ela deve, portanto, se comprometer a exigir um salário em espécie para as trabalhadoras não-remuneradas de sua própria classe – as filhas e irmãs dos homens instruídos que, como as biografias têm demonstrado, são atualmente pagas pelo sistema do escambo, com casa e comida e a ninharia de 40 libras por ano. Mas ela deve exigir, sobretudo, que o Estado pague, por lei, um salário às mães dos homens instruídos. A importância disso para nossa luta comum é incomensurável; pois é o meio mais eficaz pelo qual podemos assegurar que a imensa e honradíssima classe das mulheres casadas tenha mente e vontade próprias, com as quais, se a mente e a vontade dele forem boas aos olhos dela, apoiar o marido ou, se más, opor-lhe resistência e, em qualquer caso, deixar de ser "a mulher dele" e ser ela mesma. O senhor concordará, sem qualquer demérito à dama que carrega seu sobrenome, que depender dela para sua renda causará uma mudança extremamente sutil e incômoda em sua própria psicologia. Além disso, essa medida é, diretamente, de tal importância para vocês mesmos, em sua própria luta pela liberdade e pela igualdade e pela paz, que, se qualquer condição fosse imposta a este guinéu, seria esta: que vocês deveriam estipular um salário a ser pago pelo Estado àquelas cuja profissão é o casamento e a maternidade. Considere, ainda que correndo o risco de uma digressão, que efeito isso teria sobre a taxa de natalidade na própria classe em que a taxa de natalidade está caindo, na própria classe em que os nascimentos são desejáveis – a classe instruída. Da mesma forma que o aumento da remuneração paga aos soldados resultou, como dizem os jornais, em mais recrutas para as forças armadas, o mesmo estímulo serviria para o recrutamento das forças gestantes, que, é impossível negá-lo, são igualmente necessárias e igualmente honradas, mas que, devido à pobreza e suas privações, estão atualmente deixando de atrair recrutas. Esse método pode funcionar onde o que está atualmente em uso – o maltrato e o escárnio – fracassou. Mas o ponto sobre o qual, ao risco de mais digressão, as outsiders insistirão, é um ponto que diz respeito, vitalmente, a suas próprias vidas como homens instruídos e à honra e vitalidade de suas profissões. Pois se sua esposa recebesse por seu trabalho, o trabalho de dar à luz e criar os filhos, um salário real, um salário em dinheiro, de forma que ele se tornasse uma profissão atrativa em vez de ser, como é agora, uma profissão não-remunerada, uma profissão sem aposentadoria e, portanto, uma profissão precária e desonrosa, sua própria escravidão seria aliviada.[17] Vocês não precisariam ir mais para o escritório às nove e meia e ficar lá até às seis. O trabalho seria igualmente distribuído. Os pacientes poderiam ser mandados para os que não têm nenhum paciente. As causas jurídicas para os que não têm nenhuma causa. Os artigos poderiam deixar de ser escritos. A cultura seria, assim, estimulada. Vocês poderiam ver as árvores frutíferas florescerem na primavera. Poderiam desfrutar da flor da vida com seus filhos. E, quando a flor da vida tivesse finado, vocês não precisariam mais ser descartados da engrenagem e jogados no monturo da sucata, sem nenhum fiapo de vida ou interesse a cultivar, para ir desfilar pelos arredores de Bath ou Cheltenham, sob os cuidados de alguma infeliz escrava. Não seriam mais aquele que faz visitas médicas aos sábados, o albatroz no pescoço da sociedade, o viciado em compaixão, o depauperado escravo do trabalho implorando para ser reabastecido; ou, como diz Herr Hitler, o herói precisando de recreação, ou, como diz o Signor Mussolini, o guerreiro ferido precisando de dependentes do sexo feminino para enfaixar suas feridas.[18] Se o Estado pagasse à sua esposa um salário mínimo por seu trabalho, que, por mais sagrado que seja, dificilmente pode ser chamado de mais sagrado que o de clérigo, embora, tal como o trabalho dele é pago sem menoscabo, o dela também poderia sê-lo – se esse passo, que é até mesmo mais essencial à sua liberdade que à dela, fosse dado, o velho moinho no qual o homem profissional refaz agora, interminavelmente, a mesma volta, quase sempre muito cansado, com tão pouco prazer para si mesmo ou com proveito para sua profissão, se quebraria; a chance de liberdade estaria em suas mãos; a mais degradante de todas as servidões, a servidão intelectual, terminaria; o homem pela metade se tornaria um homem inteiro.

Mas uma vez que cerca de trezentos milhões têm que ser gastos com soldados, essa despesa é, obviamente, para usar uma palavra conveniente fornecida pelos políticos, "impraticável", e é hora de voltar para projetos mais exequíveis.

As outsiders se comprometeriam, pois, não apenas a ganhar a própria vida, mas também a ganhá-la tão habilmente que sua recusa a ganhá-la seria matéria de preocupação para o chefe. Elas se comprometeriam a adquirir pleno conhecimento das práticas profissionais e a denunciar qualquer caso de tirania ou maltrato em sua profissão. E se comprometeriam a não continuar a ganhar dinheiro em qualquer das profissões, mas a renunciar a qualquer tipo de competição e a praticar sua profissão experimentalmente, no interesse da pesquisa e por amor ao trabalho em si, quando tiverem ganhado o suficiente para viver. Também se comprometeriam a não ingressar em qualquer profissão hostil à liberdade, tal como a de fabricação ou aperfeiçoamento de armamento bélico. E se comprometeriam a não assumir cargos ou aceitar títulos honoríficos de qualquer organização que, embora professando respeito à liberdade, a restrinja, como as universidades de Oxford e Cambridge. E considerarão como seu dever investigar as alegações de todas as organizações públicas, como a Igreja e as universidades, para as quais são forçadas, como pagadoras de impostos, a contribuir, tão atenta e destemidamente como investigariam as alegações de organizações privadas para as quais contribuem voluntariamente. Considerarão como sua incumbência inspecionar as dotações das escolas e universidades e os objetivos a que esse dinheiro é destinado. O que vale para a profissão educacional vale para a profissão religiosa. Pela leitura do Novo Testamento, em primeiro lugar, e depois daqueles teólogos e historiadores cujas obras são todas facilmente acessíveis às filhas dos homens instruídos, elas se empenharão em adquirir algum conhecimento da religião cristã e sua história. Além disso, elas se informarão da prática daquela religião pela frequência aos serviços da Igreja, pela análise do valor espiritual e intelectual dos sermões; pela crítica das opiniões dos homens cuja profissão é a religião tão livremente quanto criticariam as opiniões de qualquer grupo de homens. Elas seriam, assim, criativas em suas atividades, não meramente críticas. Ao criticar a educação, elas ajudariam a criar uma sociedade civilizada que protege a cultura e a liberdade intelectual. Ao criticar a religião, elas tentariam libertar o espírito religioso de sua atual servidão e ajudariam, se preciso fosse, a criar uma nova religião baseada, muito possivelmente, no Novo Testamento, mas, muito possivelmente, bastante diferente da religião agora erigida sobre essa base. E em tudo isso, e em muito mais, que não temos tempo de detalhar, elas seriam favorecidas, o senhor há de concordar, por sua posição de outsiders, por aquela libertação das lealdades irreais, por aquela libertação dos motivos interessados, que lhes são atualmente assegurada pelo Estado.

Seria fácil definir, com mais detalhes e mais exatamente, os deveres das que pertencem à Sociedade das Outsiders, mas não seria proveitoso. A flexibilidade é essencial; e certo grau de sigilo, como será demonstrado mais tarde, é atualmente ainda mais essencial. Mas a descrição assim dada, imprecisa e imperfeitamente, é suficiente para lhe mostrar, senhor, que a Sociedade das Outsiders tem os mesmos fins que a sua sociedade – liberdade, igualdade, paz; mas que ela busca realizá-los pelos meios que um sexo diferente, uma tradição diferente, uma educação diferente e os valores diferentes que resultam dessas diferenças colocaram ao nosso alcance. Em termos gerais, a principal distinção entre nós, que estamos fora da sociedade, e vocês, que estão dentro da sociedade, é que, enquanto vocês farão uso dos meios proporcionados por sua posição – ligas, conferências, campanhas públicas, nomes ilustres e todos os recursos públicos desse tipo que sua riqueza e influência política colocam ao seu alcance – nós, ficando de fora, faremos experimentos não publicamente, com meios públicos, mas privadamente, com meios privados. Esses experimentos não serão apenas críticos, mas criativos. Para considerar dois exemplos óbvios – as outsiders prescindirão de pompas, não por qualquer ojeriza puritana à beleza. Pelo contrário, um de seus objetivos será o de incrementar a beleza privada; a beleza da primavera, do verão, do outono; a beleza das flores, das sedas, das roupas; a beleza que transborda não apenas de cada campo e cada bosque, mas também de cada carrinho de mão das floristas da Oxford Street; a beleza dispersa que só precisa ser reunida pelos artistas para se tornar visível para todo mundo. Mas elas dispensam as pompas impostas, arregimentadas, oficiais, nas quais apenas um dos sexos assume uma parte ativa – essas cerimônias, por exemplo, que dependem da morte de reis ou de sua coroação para inspirá-los. Mais uma vez, elas dispensam as distinções pessoais – medalhas, faixas, distintivos,

· 123 ·

capelos, togas – não por qualquer aversão ao adorno pessoal, mas por causa do óbvio efeito que têm essas distinções, de constringir, estereotipar e destruir. Aqui, tal como em muitos outros casos, o exemplo dos Estados fascistas está à mão para nos ensinar – pois se não temos nenhum exemplo do que queremos ser, temos, coisa que é, talvez, igualmente valiosa, um exemplo diário e esclarecedor daquilo que não queremos ser. Tendo em vista, pois, o exemplo que eles nos dão, do poder das medalhas, dos símbolos, das comendas e até mesmo, ao que parece, dos tinteiros decorados[19] para hipnotizar a mente humana, deve ser nosso objetivo não nos submeter a esse hipnotismo. Devemos extinguir o aparato vulgar do anúncio e da publicidade, não simplesmente porque as luzes da ribalta tendem a ser regidas por mãos incompetentes, mas por causa do efeito psicológico dessa iluminação sobre os que a recebem. Observe, da próxima vez que estiver dirigindo seu carro ao longo de uma estrada do interior, a atitude de um coelho surpreendido pelo clarão de um farol – os olhos vítreos, as patas rígidas. Não haveria boas razões para pensar, sem precisar sair de nosso país, que as "atitudes", as posições falsas e irreais assumidas pela forma humana na Inglaterra, assim como na Alemanha, são devidas às luzes da ribalta que paralisam a ação livre das faculdades humanas e inibem o poder humano de mudar e criar novas totalidades, mais ou menos como um farol forte paralisa as pequenas criaturas que saltam da escuridão em direção aos seus raios? Trata-se de uma conjectura; conjecturar é perigoso; temos, contudo, razões para nos levar à conjectura de que a paz e a liberdade, a capacidade de mudar e a capacidade de crescer só podem ser preservadas na obscuridade; e que, se quisermos ajudar a mente humana a criar e impedi-la de cavar, repetidamente, o mesmo sulco, devemos fazer o que pudermos para envolvê-la na obscuridade.

Mas basta de conjecturas. Para retornar aos fatos – que chance há, o senhor pode perguntar, de que essa Sociedade das Outsiders, sem escritório, reuniões, líderes ou qualquer hierarquia, sem ao menos um formulário para ser preenchido ou uma secretária a quem pagar as contribuições, possa ser criada, isso para não falar da possibilidade de que venha a funcionar com algum objetivo em vista? Na verdade, seria uma perda de tempo escrever até mesmo uma definição tão rudimentar como a que escrevemos se ela fosse simplesmente um palavreado oco, uma forma disfarçada de glorificação do sexo ou da classe, servindo, como fazem tantas expressões semelhantes, para aliviar a emoção de quem escreve, pôr a culpa em alguma outra coisa e depois dar em nada. Felizmente, há um modelo em existência, um modelo do qual o esboço acima foi tirado, furtivamente, é verdade, pois o modelo, longe de ficar sentado imóvel para ser retratado, esquiva-se e desaparece. Esse modelo, pois, a evidência de que um tal corpo, seja ele nominado ou inominado, existe e funciona é fornecida não pela história ou pela biografia ainda, pois as outsiders existem efetivamente há apenas vinte anos – isto é, desde que as profissões se tornaram disponíveis para as filhas dos homens instruídos. Mas a evidência de sua existência é fornecida pela história e pela biografia em bruto – isto é, pelos jornais, às vezes abertamente, nas linhas, às vezes veladamente, entre elas. Ali, qualquer um que queira verificar a existência de tal corpo pode encontrar inumeráveis provas. Muitas, é óbvio, são de valor duvidoso. Por exemplo, o fato de que uma imensa quantidade de trabalho é feito sem nenhuma ou pouca remuneração, pelas filhas dos homens instruídos, não precisa ser tomado como prova de que elas estão fazendo, de livre vontade, experiências com o valor psicológico da pobreza. Tampouco o fato de que muitas filhas dos homens instruídos não "comem adequadamente"[20] serve como prova de que elas estão fazendo experiências com o valor físico da subnutrição. Tampouco o fato de que uma proporção muito pequena das mulheres, em comparação com os homens, aceita honrarias precisa ser levantado para provar que elas estão fazendo experimentações com as virtudes da obscuridade. Muitas dessas experimentações são experimentações forçadas sem nenhum valor efetivo. Mas outras, de um tipo muito mais efetivo, estão diariamente vindo à tona na imprensa. Examinemos apenas três delas, para que possamos provar nossa afirmação de que a Sociedade das Outsiders está em funcionamento. A primeira é bastante direta.

> Falando numa feira beneficente, na última semana, na Igreja Batista Comum de Plumstead, a mulher do prefeito (de Woolwich) disse: "... Eu mesma não cerziria sequer uma meia para ajudar no esforço de guerra". Comentários desse tipo são considerados ofensivos pela maioria do público de Woolwich, que pensa que a mulher do prefeito foi, para dizer o mínimo, um tanto sem tato. Cerca de 12.000 eleitores de Woolwich estão empregados no Arsenal de Woolwich, fabricando armamentos.[21]

Não há nenhuma necessidade de comentar sobre a falta de tato de um comentário desses ser feito em público, nessas circunstâncias; mas a coragem dificilmente pode deixar de merecer nossa admiração, e o valor da experimentação, do ponto de vista prático, caso outras mulheres de prefeito em outras cidades e em outros países em que os eleitores estejam empregados na fabricação de armamentos seguissem o exemplo, pode, muito bem, ser incalculável. De qualquer modo, devemos concordar que a mulher do prefeito de Woolwich, a srta. Kathleen Rance, ao se negar a cerzir meias, fez uma corajosa e eficaz experimentação no esforço para evitar a guerra. Para uma segunda prova de que as outsiders estão em ação, escolhemos outro exemplo do jornal diário, um exemplo menos óbvio, mas, mesmo assim, o senhor há de concordar, uma experimentação de uma outsider, uma experimentação muito original, e que pode ser de grande valor para a causa da guerra.

> Falando sobre o trabalho das grandes associações voluntárias para a prática de certos jogos, a srta. Clarke [srta. E. R. Clarke, do Conselho de Educação] referiu-se às organizações de mulheres em prol do hockey, do lacrosse, do netball e do críquete, e destacou que, de acordo com suas regras, não era permitido conceder taça ou prêmio de qualquer tipo ao time vencedor. As balizas de suas partidas podem ser um pouco menores que as utilizadas nas partidas masculinas, mas as atletas jogavam por prazer, e pareciam provar que taças e prêmios não são necessários para estimular o interesse, pois o número de jogadoras continuou a crescer regularmente a cada ano.[22]

Trata-se, o senhor há de concordar, de uma experimentação extraordinariamente interessante, uma experimentação que pode muito bem provocar uma mudança psicológica de grande valor na natureza humana, e uma mudança que pode ser uma verdadeira ajuda na tarefa de evitar a guerra. É de interesse, além disso, porque se trata de uma experimentação que as outsiders, por estarem menos sujeitas a certas crenças e inibições, podem pôr em prática muito mais facilmente que as pessoas que estão necessariamente expostas a tais influências. Essa afirmação é corroborada, de uma maneira muito interessante, pela seguinte citação:

> Os círculos oficiais do futebol daqui [Wellingborough, Northants] veem com ansiedade a crescente popularidade do futebol de moças. Uma reunião secreta do conselho da Associação

de Futebol de Northants foi feita aqui na última noite para discutir a realização de uma partida de futebol feminino no campo de Peterborough... Um membro, entretanto, disse hoje: "A Associação de Futebol de Northants vai proibir o futebol feminino. Essa popularidade do futebol feminino surge no momento em que muitos clubes masculinos do país estão em estado deplorável por falta de apoio. Outro aspecto sério é a possibilidade de graves danos físicos às jogadoras".[23]

Temos aí uma prova indiscutível daquelas crenças e inibições que fazem com que seja mais difícil para o seu sexo experimentar livremente mudanças nos valores correntes do que para o nosso; e, sem gastar tempo com sutilezas da análise psicológica, até mesmo um passar de olhos pelas razões dadas por essa Associação para ter assim decidido lançará uma proveitosa luz sobre as razões que levam outras e até mais importantes associações a tomarem suas decisões. Mas para retornar às experimentações das outsiders. Como terceiro exemplo, vamos escolher o que podemos chamar de experimento da passividade.

Uma mudança notável na atitude das mulheres jovens para com a igreja foi discutida pelo cônego F. A. Barry, vigário de St Mary the Virgin (University Church), em Oxford, na noite passada... A tarefa que a Igreja tinha diante de si, disse ele, era nada menos do que a de moralizar a civilização, e tratava-se de uma grande tarefa cooperativa que exigia tudo aquilo com que os cristãos pudessem contribuir. Ela simplesmente não podia ser levada a efeito apenas pelos homens. Por um século, ou por um par de séculos, as mulheres predominaram nas congregações, na proporção, mais ou menos, de 75% para 25%. A situação toda estava agora mudando, e o que o arguto observador perceberia em quase todas as igrejas da Inglaterra era a escassez de mulheres jovens... Entre a população estudantil, as mulheres jovens estavam, de modo geral, muito mais distanciadas da Igreja da Inglaterra e da fé cristã do que os homens jovens.[24]

Trata-se, também, de um experimento de imenso interesse. Trata-se, como dissemos, de um experimento passivo. Pois enquanto o primeiro exemplo era uma recusa direta a cerzir meias, que tinha como objetivo desencorajar a guerra, e o segundo, uma tentativa de examinar se taças e prêmios são necessários para estimular o interesse nos jogos, o terceiro é uma tentativa de descobrir o que acontece quando as filhas dos homens instruídos deixam de frequentar a igreja. Sem ser, em si, mais valioso do que os outros, é de interesse mais prático porque se trata, obviamente, do tipo de experimento que grande número de outsiders pode pôr em prática sem muita dificuldade ou risco. Ausentar-se – isso é mais fácil do que discursar numa feira beneficente ou redigir regras para uma maneira original de praticar esportes. Vale, pois, a pena observar cuidadosamente para ver que efeito o experimento de se ausentar de algo tem – se é que tem algum.

Os resultados são palpáveis e estimulantes. Não há nenhuma dúvida de que a Igreja está ficando preocupada com a atitude das filhas dos homens instruídos para com a Igreja nas universidades. O relatório da Comissão Arquiepiscopal sobre o Ministério das Mulheres está aí para prová-lo. Esse documento, que custa um xelim e deveria estar nas mãos de todas as filhas de homens instruídos, enfatiza que "a única diferença notável entre as faculdades masculinas e as faculdades femininas é a ausência, nas últimas, de um capelão". Pondera-se, no documento, que "é natural que nesse período de suas vidas elas [as estudantes] exerçam plenamente suas faculdades críticas". Deplora-se o fato de que "pouquíssimas das mulheres que chegam à universidade podem agora se permitir oferecer ajuda voluntária constante seja no trabalho social, seja no trabalho diretamente religioso". E conclui-se que "há muitas esferas especiais nas quais essa ajuda é particularmente necessária, e está claro que chegou a hora em que se faz necessário definir melhor as funções e a posição das mulheres na Igreja".[25] Quer essa preocupação seja devida às igrejas vazias em Oxford, quer as vozes das "estudantes mais velhas" em Isleworth, ao expressarem "uma insatisfação muito grande com a maneira como a religião organizada é conduzida",[26] tenham, de alguma forma, penetrado naquelas augustas esferas em que se supõe que seu sexo não deve se pronunciar, quer nosso idealista e incorrigível sexo esteja começando, por fim, a levar a sério a advertência do bispo Gore de que "os homens não valorizam os serviços sacerdotais prestados de forma gratuita",[27] quer ainda para expressar a opinião de que um salário de 150 libras por ano – o mais alto que a Igreja permite às suas filhas que exercem o cargo de diaconisa – não é suficiente – qualquer que seja a razão, um considerável desconforto diante da atitude das filhas dos homens instruídos é evidente; e esse experimento de passividade, qualquer que seja nossa crença no valor da Igreja da Inglaterra como agente espiritual, é altamente estimulante para nós como outsiders. Pois ele parece mostrar que ser passiva é ser ativa; que quem permanece de fora também presta serviço. Ao fazer com que sua ausência seja sentida, sua presença se torna desejável. Saber que luz isso lança sobre o poder que têm as outsiders de abolir ou modificar outras instituições que elas desaprovam, saber se comemorações públicas, pronunciamentos oficiais, banquetes patrocinados por prefeitos, ou outras cerimônias obsoletas, são permeáveis à indiferença e cederiam à sua pressão, são questões, questões frívolas, que podem muito bem funcionar como diversão e estimular nossa curiosidade. Mas esse não é o objetivo que nos preocupa agora. Tentamos provar-lhe, senhor, ao lhe dar três exemplos diferentes de três tipos diferentes de experimentação que a Sociedade das Outsiders existe e está ativa. Se refletir que esses exemplos vieram todos à tona nos jornais, o senhor haverá de concordar que eles representam um número muito maior de experimentações pessoais e reservadas das quais não há nenhuma demonstração pública. O senhor também haverá de concordar que elas dão forma concreta ao modelo de sociedade esboçado acima, e provam que não se trata de nenhum plano visionário traçado ao acaso, mas que se baseia numa organização real, trabalhando por diferentes meios para os mesmos fins que o senhor nos apresentou, para sua própria sociedade. Observadores argutos, como o cônego Barry, poderiam, se quisessem, descobrir muito mais evidências de que não é apenas nas igrejas vazias de Oxford que experimentações estão sendo feitas. O sr. Wells pode, inclusive, ser levado a crer, se puser o ouvido no chão, que há um movimento, não de todo imperceptível, entre as filhas dos homens instruídos contra os nazistas e os fascistas. Mas é crucial que o movimento passe despercebido até mesmo a observadores argutos e romancistas famosos.

A discrição é crucial. Ainda precisamos esconder o que estamos fazendo e pensando, embora o que estamos fazendo e pensando seja por nossa causa comum. Não é difícil perceber a necessidade disso, sob certas circunstâncias. Quando os salários estão baixos, como demonstra o Whitaker, e está difícil conseguir emprego e mantê-lo, como todo mundo sabe, é, "para dizer o mínimo, um tanto sem tato", como diz o jornal, criticar o empregador. Contudo, nos distritos do interior, como o senhor mesmo deve saber, os trabalhadores rurais não

votarão no Partido Trabalhista. Economicamente, a filha do homem instruído está quase na mesma situação do trabalhador rural. Mas é por certo desnecessário perdermos tempo em procurar saber qual é o motivo que inspira tanto a discrição dele quanto a dela. O medo é um poderoso motivo; os que são economicamente dependentes têm fortes motivos para ter medo. Não precisamos investigar mais. Mas aqui o senhor pode nos lembrar de um certo guinéu e chamar nossa atenção para a orgulhosa jactância de que nossa doação, por menor que fosse, tornou possível não simplesmente reduzir a cinzas uma certa palavra corrompida, mas falar livremente sem medo ou adulação. A jactância, ao que parece, tinha um elemento de vanglória. Algum medo, alguma memória ancestral profetizando a guerra, ao que parece, ainda sobrevive. Ainda há temas que pessoas instruídas, quando são de sexos diferentes, embora financeiramente independentes, evitam ou abordam com meias palavras e então mudam de assunto. O senhor pode ter observado isso na vida real; pode tê-lo detectado na biografia. Mesmo quando se encontram privadamente e falam, como temos nos gloriado, sobre "política e povo, guerra e paz, barbarismo e civilização", ainda assim, elas se esquivam e disfarçam. Mas é tão importante nos acostumarmos ao dever de nos expressar livremente, pois sem liberdade privada não pode haver liberdade pública, que devemos tentar expor esse medo e enfrentá-lo. Qual pode, pois, ser a natureza do medo que ainda torna necessária a dissimulação entre pessoas instruídas e reduz nossa alardeada liberdade a uma farsa?... De novo, temos três pontinhos; de novo, eles representam um abismo – de silêncio, desta vez, de silêncio inspirado pelo medo. E uma vez que nos falta tanto a coragem quanto a capacidade para explicá-lo, vamos baixar o véu de São Paulo entre nós, em outras palavras, vamos nos abrigar por detrás de um intérprete. Felizmente temos à mão um deles, cujas credenciais estão acima de qualquer suspeita. Trata-se, nada mais, nada menos, do panfleto do qual já extraímos uma citação, o relatório da Comissão dos Arcebispos sobre o Ministério das Mulheres – um documento, por muitas razões, de suprema importância. Pois ele não apenas lança luz, de natureza investigativa e científica, sobre esse medo, mas também nos dá uma oportunidade para considerar aquela profissão que, por ser a mais elevada de todas, pode ser tomada como o modelo de todas, a profissão da religião, sobre a qual, propositadamente, muito pouco foi dito até agora.

· 131 ·

E, uma vez que é o modelo de todas, ela pode lançar alguma luz sobre as outras profissões a respeito das quais alguma coisa tenha sido dita. O senhor nos perdoará, portanto, se fizermos uma pausa aqui para examinar esse relatório mais detalhadamente.

A Comissão foi designada pelos arcebispos de Canterbury e de York "para examinar qualquer princípio teológico ou qualquer outro princípio relevante que tenha orientado ou deva orientar a Igreja no desenvolvimento do Ministério das Mulheres".[28] Ora bem, a profissão da religião, para nossos propósitos a Igreja da Inglaterra, embora pareça, à primeira vista, se assemelhar, sob certos aspectos, às outras – desfruta, nos informa o Whitaker, de uma imensa receita, é dona de muitíssimas propriedades e tem uma hierarquia de dignitários ganhando proventos e cada um mais importante que o outro – paira, entretanto, sobre todas as profissões. O arcebispo de Canterbury é mais importante que o Lorde Chanceler; o arcebispo de York é mais importante que o primeiro-ministro. E é a mais elevada de todas as profissões porque é a profissão da religião. Mas, podemos perguntar, o que é a "religião"? A religião cristã foi estabelecida de forma definitiva por seu fundador com palavras que podem ser lidas por todos numa tradução de singular beleza; e quer aceitemos ou não a interpretação que lhes tem sido dada, não podemos negar que são palavras que carregam o mais profundo significado. Pode, pois, ser dito com segurança que, enquanto poucas pessoas sabem o que é a medicina ou o que é o direito, todo mundo que tem um exemplar do Novo Testamento sabe o que a religião significava na mente de seu fundador. Portanto, quando, no ano de 1935, as filhas dos homens instruídos disseram que desejavam ter acesso à profissão religiosa, os padres, que correspondem de certa forma aos médicos e advogados das outras profissões, foram obrigados não simplesmente a consultar algum estatuto ou constituição que reserva o direito a praticar profissionalmente aquela profissão ao sexo masculino; eles foram obrigados a consultar o Novo Testamento. Foi o que eles fizeram; e o resultado, como destacam os membros da Comissão, foi que eles descobriram que "os Evangelhos nos mostram que nosso Senhor via homens e mulheres, igualmente, como membros do mesmo reino espiritual, como filhos e filhas da família de Deus, e como possuindo as mesmas capacidades espirituais...". Como prova disso, eles citam: "...não pode haver nem homem nem mulher; porque todos vós sois um em Cristo Jesus" (Gálatas, 3:28). Aparentemente, pois, o fundador do Cristianismo acreditava que nem o treinamento nem o sexo eram requisitos para essa profissão. Ele escolheu seus discípulos dentre a classe operária de onde ele próprio veio. A qualificação primordial era algum raro dom que, naqueles primeiros dias, era conferido, indiscriminadamente, a carpinteiros e pescadores e também a mulheres. Como destaca a Comissão, não há nenhuma dúvida de que, naqueles primeiros dias, havia profetisas – mulheres sobre as quais o dom divino havia baixado. Elas também tinham permissão para pregar. São Paulo, por exemplo, estabelece que as mulheres, quando pregarem em público, devem usar véu. "A implicação é que quando está coberta por véu uma mulher pode vir a profetizar [isto é, pregar] e conduzir a prece." Como podem elas, então, serem excluídas do sacerdócio, uma vez que são consideradas aptas, pelo fundador da religião e por um de seus apóstolos, a pregar? Essa era a questão, e a Comissão resolveu-a apelando não apenas à mente do fundador, mas também à mente da Igreja. Isso, naturalmente, envolvia uma distinção. Pois a mente da Igreja tinha que ser interpretada por outra mente, e aquela mente era a mente de São Paulo; e São Paulo, ao interpretar aquela mente, mudou sua própria mente. Pois após convocar, das profundezas do passado, certas veneráveis, ainda que obscuras, figuras – Lídia e Cloé, Evódia e Síntique, Trifena e Trifosa e Pérside – discutindo o status delas e decidindo qual era a diferença entre uma profetisa e uma presbítera, qual era a posição de uma diaconisa na igreja pré-nicena e na igreja pós-nicena, os membros da Comissão recorreram, uma vez mais, a São Paulo, para afirmar: "Em todo caso, está claro que o autor das Epístolas Pastorais, seja ele São Paulo ou algum outro, via as mulheres como estando excluídas, em razão de seu sexo, do 'magistério' oficial da Igreja ou de qualquer cargo que envolva o exercício de poder oficial sobre um homem" (1 Timóteo, 2:12) Isso, deve-se dizê-lo francamente, não é tão satisfatório quanto deveria; pois não podemos, de forma alguma, conciliar a doutrina de São Paulo ou de algum outro com a doutrina do próprio Cristo, que "via homens e mulheres, igualmente, como membros do mesmo reino espiritual... e como possuindo as mesmas capacidades espirituais". Mas é inútil ficar discutindo minúcias sobre o significado das palavras, quando estamos tão imediatamente diante dos fatos. Seja lá o que Cristo, ou São Paulo, tenha querido dizer, o fato é que ali pelo

· 133 ·

quarto ou quinto século, a profissão da religião tinha se tornado tão altamente organizada que "o diácono (diferentemente da diaconisa) podia, 'após servir satisfatoriamente o ministério a seu cargo', aspirar a ser designado, no devido tempo, para cargos mais altos na Igreja; enquanto para a diaconisa, a Igreja roga apenas que Deus 'lhe infunda o Espírito Santo... que ela possa com dignidade cumprir a tarefa que lhe foi designada'". Em três ou quatro séculos, ao que parece, a função do profeta ou da profetisa, cuja mensagem era voluntária e não dependia de ensinamento, tornou-se extinta; e suas funções foram tomadas pelas três ordens, dos bispos, dos padres e dos diáconos, que são, invariavelmente, homens e, invariavelmente, como destaca o Whitaker, homens remunerados, pois quando a Igreja tornou-se uma profissão, seus praticantes passaram a ser remunerados. Assim, a profissão da religião parece ter sido, originalmente, muito semelhante àquilo que a profissão da literatura é agora.[29] Era originalmente aberta a qualquer pessoa que tivesse recebido o dom da profecia. Não exigia nenhuma formação; as exigências profissionais eram extremamente simples – uma voz e um mercado na praça, uma caneta e um papel. Emily Brontë, por exemplo, que escreveu

> Alma covarde não é a minha,
> Não teme diante da tempestuosa esfera do mundo;
> Vejo as glórias do Paraíso brilhando,
> E a fé também brilhando, guardando-me do medo.

> Ó, Deus, em meu próprio seio,
> Toda poderosa, sempre presente Divindade!
> Vida – que em mim repousa,
> Enquanto eu – Vida eterna – tiver a Vossa força.

e, embora tenha sido considerada indigna de exercer o sacerdócio na Igreja da Inglaterra, é a descendente espiritual de algumas profetisas antigas, que profetizavam numa época em que a profecia era uma ocupação voluntária e não-remunerada. Mas, quando a Igreja tornou-se uma profissão, passou a exigir conhecimento especializado de seus profetas e a remunerá-los por transmiti-lo, um sexo continuou praticando-a; o outro foi excluído. "Os diáconos cresceram em dignidade – em parte, sem dúvida, por causa de sua estreita associação com os bispos – e se tornaram ministros auxiliares do culto e dos sacramentos; mas as diaconisas participaram apenas dos estágios iniciais dessa evolução." O quão elementar tem sido essa evolução é demonstrado pelo fato de que, na Inglaterra, em 1938, o salário de um arcebispo é 15.000 libras, o salário de um bispo é 10.000 libras e o salário de um deão é 3.000 libras. Mas o salário de uma diaconisa é 150 libras; e quanto à "ajudante paroquial", que "é solicitada a ajudar em quase todas as áreas da vida paroquial", cujo "trabalho é árduo e, com frequência, solitário...", ela recebe de 120 a 150 libras por ano; tampouco há qualquer surpresa na afirmação de que "a prece deve ser o centro de suas atividades". Podemos, assim, inclusive ir mais longe do que os membros da Comissão e dizer que a evolução da diaconisa não é simplesmente "elementar", ela é efetivamente atrofiada; pois, embora seja ordenada, e "a ordenação... carrega um caráter indelével e implica a obrigação de um serviço para toda a vida", ela deve ser excluída dos serviços da Igreja; e se situa abaixo do mais humilde dos coadjutores. Essa é a decisão da Igreja. Pois a Comissão, tendo consultado a mente e a tradição da Igreja, finalmente anunciou: "Embora a Comissão como um todo não desse um parecer favorável à ideia de que a mulher é inerentemente incapaz de receber a graça da Ordem e, consequentemente, de ser admitida a qualquer das três Ordens, acreditamos que a opinião geral da Igreja ainda está de acordo com a ininterrupta tradição de um sacerdócio masculino".

Ao mostrar, assim, que a mais elevada de todas as profissões tem muitos pontos em comum com as outras profissões, nosso intérprete, o senhor há de admitir, lançou mais luz sobre a alma ou a essência dessas profissões. Devemos agora pedir-lhe que nos ajude, se lhe apraz, a analisar a natureza daquele medo que ainda, como admitimos, torna impossível para nós falar livremente, como cabe às pessoas livres. Aqui, mais uma vez, ele tem a sua utilidade. Embora idênticas sob muitos aspectos, uma diferença muito profunda entre a profissão religiosa e as outras profissões foi ressaltada acima: a Igreja, como profissão espiritual, tem que dar razões espirituais e não meramente históricas para suas ações; tem que consultar a mente, não o direito.[29] Portanto, quando as filhas dos homens instruídos quiseram ser admitidas à profissão da Igreja, pareceu aconselhável aos membros da Comissão dar razões psicológicas e não meramente históricas para sua recusa a admiti-las. Convocaram, assim, o professor Grensted, DD, ocupante da cátedra Nolloth de Filosofia da Religião Cristã da Universidade de Oxford, e lhe pediram "que resumisse o material psicológico e fisiológico relevante", e que indicasse "as bases das opiniões e recomendações apresentadas pela Comissão". Ora bem, psicologia não é teologia; e a psicologia dos sexos, como insistiu o professor, e "sua relação com a conduta humana, ainda é assunto para especialistas... e... sua interpretação continua controvertida e, sob muitos aspectos, obscura". Mas, não obstante esses reparos, ele apresentou sua conclusão, e se trata de uma conclusão que lança tanta luz sobre a origem do medo, o qual admitimos e deploramos, que o melhor é seguir suas palavras à risca.

> Foi exposto como argumento perante a Comissão que o homem tem primazia natural sobre a mulher. Essa visão, no sentido desejado, não pode ser confirmada psicologicamente. Os psicólogos reconhecem plenamente o fato da dominação masculina, mas isso não deve ser confundido com superioridade masculina e menos ainda com qualquer tipo de primazia que pudesse ter algum peso em questões tal como a admissibilidade de um sexo e não do outro às Ordens Sagradas.

O psicólogo, portanto, só pode lançar luz sobre certos fatos. E esse foi o primeiro fato que ele investigou.

> É claramente um fato de grande importância prática que um sentimento exacerbado seja provocado por qualquer sugestão de que as mulheres deveriam ser admitidas ao nível e às funções da tríplice Ordem do Ministério. As provas apresentadas à Comissão demonstraram que esse sentimento exacerbado é predominantemente hostil a tais propostas... Esse sentimento exacerbado, em combinação com uma ampla variedade de explicações racionais, é uma demonstração clara da presença de um motivo subconsciente poderoso e generalizado. Na ausência de um material analítico detalhado, do qual parece não haver nenhum registro nessa direção específica, fica claro, entretanto, que a fixação infantil exerce um papel predominante em determinar o sentimento exacerbado com que todo esse tema é geralmente abordado.

> A natureza exata dessa fixação deve necessariamente variar de indivíduo para indivíduo, e as sugestões que podem ser feitas quanto à sua origem podem ser apenas de caráter geral. Mas, qualquer que seja o valor exato e a interpretação do material no qual as teorias do "complexo de Édipo" e do "complexo de castração" se basearam, fica claro que a aceitação geral da

dominação masculina e, ainda mais, da inferioridade feminina, assentada em ideias subconscientes da mulher como "homem manqué", tem sua origem em concepções infantis desse tipo. Comumente, e até mesmo costumeiramente, essas concepções sobrevivem no adulto, a despeito de sua irracionalidade, e traem sua presença, por sob o nível do pensamento consciente, pela força dos sentimentos aos quais elas dão origem. É certamente com base nessa perspectiva que a admissão das mulheres às Ordens Sagradas, e especialmente ao ministério do santuário, é tão comumente vista como algo vergonhoso. Essa sensação de vergonha não pode ser vista sob nenhuma outra luz que não seja a de um tabu sexual irracional.

Aqui podemos confiar na palavra do professor de que ele buscou, e encontrou, "ampla evidência dessas forças inconscientes", tanto nas religiões pagãs quanto no Velho Testamento, e acompanhá-lo, assim, em sua conclusão:

> Ao mesmo tempo, não se deve esquecer que a concepção cristã do sacerdócio se assenta não nesses fatores emocionais subconscientes, mas na sua instituição, efetuada por Cristo. Assim, ela não completa mas substitui os sacerdócios do paganismo e do Velho Testamento. No que diz respeito à psicologia, não há nenhuma razão teórica pela qual esse sacerdócio cristão não deva ser exercido tanto pelas mulheres quanto pelos homens e exatamente no mesmo sentido. As dificuldades que os psicólogos anteveem são apenas de ordem emocional e prática.[30]

Com essa conclusão, podemos dispensá-lo.

Os membros da Comissão, o senhor há de concordar, cumpriram a delicada e difícil tarefa que lhes pedimos para executar. Eles atuaram como intérpretes entre nós. Eles nos deram um admirável exemplo de uma profissão em seu estado mais puro; e nos mostraram como uma profissão se baseia na mente e na tradição. Eles ainda nos explicaram por qual razão pessoas instruídas, quando pertencem a sexos diferentes, não falam abertamente sobre certos assuntos. Eles mostraram por que as outsiders, mesmo quando a dependência financeira não está em jogo, podem, ainda assim, ter medo de falar livremente ou de fazer suas experimentações abertamente. E, finalmente, com palavras cientificamente precisas, nos revelaram a natureza desse medo. Pois, enquanto o professor Grensted apresentava suas evidências, nós, as filhas dos homens instruídos, parecíamos estar vendo um cirurgião em plena atividade – um executante imparcial e científico, que, ao dissecar a mente humana por meios humanos, pôs a nu, para que todos vissem, que causa, que raiz está na base de nosso medo. Trata-se de um óvulo. Seu nome científico é "fixação infantil". Nós, pouco científicas, lhe chamamos pelo nome errado. Um óvulo, dissemos nós; um germe. Sentimos seu cheiro no ar; detectamos sua presença em Whitehall, nas universidades, na Igreja. Agora, indubitavelmente, o professor o definiu e deu-lhe um nome e o descreveu tão acuradamente que nenhuma filha de homem instruído, por mais que seja pouco instruída, pode chamá-lo pelo nome errado ou interpretá-lo mal no futuro. Ouça a descrição. "Um sentimento exacerbado é provocado por qualquer sugestão de que as mulheres sejam admitidas" – não importa a qual sacerdócio; o sacerdócio da medicina ou o sacerdócio da ciência ou o sacerdócio da Igreja. Um forte sentimento, ela pode corroborar o professor, é, sem dúvida, demonstrado, caso ela solicite ser admitida. "Esse sentimento exacerbado é uma clara demonstração da presença de um motivo subconsciente e poderoso." Quanto a isso, ela pode confiar na palavra do professor, e até mesmo fornecer-lhe alguns motivos que lhe escaparam. Chamemos a atenção para apenas dois deles. Há, para dizê-lo francamente, o motivo financeiro para excluí-la. Não são motivos, atualmente, os salários, não importando de quais teriam sido eles no tempo de Cristo? O arcebispo ganha 15.000 libras, a diaconisa, 150 libras; e a Igreja, assim dizem os membros da Comissão, é pobre. Pagar mais às mulheres significaria pagar menos aos homens. Em segundo lugar, não há um motivo, um motivo psicológico, para excluí-la, escondido sob aquilo que os membros da Comissão chamam de "consideração prática"? "Atualmente, um padre casado", nos dizem eles, "é capaz de cumprir as exigências do serviço sacerdotal, 'de esquecer e pôr de lado todas as preocupações e tarefas mundanas', sobretudo porque sua esposa pode assumir a manutenção da casa e da família..."[31] Ser capaz de deixar de lado todas as preocupações e tarefas mundanas e pô-las a cargo de outra pessoa é um motivo, para algumas pessoas, extremamente atrativo; pois algumas pessoas desejam retirar-se e estudar, como demonstram a teologia com seus refinamentos e a pesquisa acadêmica com suas sutilezas; para outras, é verdade, o motivo é um mau motivo, um motivo odioso, a causa daquela separação entre a Igreja e o povo; entre a literatura e o povo; entre o marido e a esposa, que tem contribuído para tirar dos eixos a totalidade de nossa Comunidade Britânica. Mas quaisquer que possam ser os poderosos e subconscientes motivos que estão por detrás da exclusão das mulheres do sacerdócio, e evidentemente não somos capazes de contá-los, e muito menos chegar aqui às suas raízes, a filha do homem instruído pode testemunhar, a partir de sua própria experiência, que "comumente, e até mesmo costumeiramente, essas concepções sobrevivem no adulto e traem sua presença, por sob o nível do pensamento consciente, pela força das emoções às quais elas dão origem". E o senhor há de concordar que se opor a uma emoção exige coragem; e que, quando a coragem falha, o silêncio e a evasiva se manifestam.

Mas agora que os intérpretes cumpriram sua tarefa, é hora, para nós, de erguermos o véu de São Paulo e tentar, face a face, uma análise bruta e tosca daquele medo e daquele rancor; pois eles podem ter algum peso na questão que o senhor nos colocou, de como podemos ajudá-lo a evitar a guerra. Suponhamos, pois, que, no curso daquela conversa privada intersexual sobre política e pessoas, guerra e paz, barbárie e civilização, alguma questão tenha aflorado sobre a admissão, digamos, das filhas dos homens instruídos à Igreja ou à Bolsa de Valores ou ao serviço diplomático. A questão é apenas insinuada; mas, nós, do nosso lado da mesa, nos tornamos logo conscientes, pelo soar de um dispositivo de alarme, de alguma "forte emoção" do seu lado, "surgindo por debaixo do nível do pensamento consciente"; um clamor confuso mas ruidoso: Você não deve, você não deve, você não deve... Os sintomas físicos são inconfundíveis. Os nervos se eriçam; os dedos automaticamente se contraem em volta da colher ou do cigarro; uma olhadela no psicômetro privado mostra que a temperatura emocional subiu de cinco a dez graus acima do normal. Intelectualmente, há um forte desejo ou de ficar em silêncio ou de mudar de assunto, trazendo à baila, por exemplo, algum antigo criado da família chamado Crosby, talvez, cujo cão Rover morreu... e assim evitar a questão e baixar a temperatura.

Mas que análise podemos tentar fazer sobre as emoções do outro lado da mesa – o seu lado? Com frequência, para sermos francas, quando estamos falando sobre Crosby, estamos fazendo perguntas – daí uma certa monotonia no diálogo – sobre o senhor. Quais são os poderosos e subconscientes motivos que, do seu lado da mesa, estão pondo os cabelos em pé? Está o selvagem ancestral que matou um bisão convidando o outro selvagem ancestral a admirar sua façanha? Está o profissional exausto implorando empatia e se queixando da concorrência? Está o patriarca apelando às sereias? Está a dominação ansiando por submissão? E, a mais persistente e difícil de todas as perguntas que nosso silêncio encobre: que possível satisfação pode a dominação dar ao dominador?[32] Ora, uma vez que o professor Grensted disse que a psicologia dos sexos "ainda é assunto para especialistas", embora "sua interpretação continue controvertida e, sob muitos aspectos, obscura", seria político deixar, talvez, que essas perguntas fossem respondidas pelos especialistas. Mas como, por outro lado, homens e mulheres, para serem livres, precisam aprender a falar livremente, não se deve deixar a psicologia dos sexos a cargo dos especialistas. Há duas boas razões pelas quais devemos tentar analisar tanto nosso medo quanto nossa raiva; primeiro, porque esse medo e essa raiva impedem que haja liberdade real na casa privada; segundo, porque esse medo e essa raiva podem impossibilitar a liberdade real na esfera pública: podem ter um papel efetivo em causar a guerra. Vamos, pois, abrindo caminho às apalpadelas, um tanto amadoristicamente, entre essas antigas e obscuras emoções que conhecemos pelo menos desde os tempos de Antígona e Ismênia e Creonte; que o próprio São Paulo parece ter sentido; mas que os professores apenas recentemente trouxeram à tona e chamaram de "fixação infantil", "complexo de Édipo" e tudo o mais. Devemos tentar, ainda que debilmente, analisar essas emoções uma vez que o senhor nos pediu para ajudá-lo, da maneira que pudéssemos, a proteger a liberdade e evitar a guerra.

Examinemos, pois, essa "fixação infantil", pois este, ao que parece, é o nome apropriado, para que possamos relacioná-la com a pergunta que o senhor nos fez. Mais uma vez, como somos generalistas, e não especialistas, devemos nos basear na evidência que podemos extrair da história, da biografia e do jornal diário – a única evidência que está disponível para as filhas dos homens instruídos. É da biografia que extrairemos nosso primeiro exemplo de fixação infantil, e, mais uma vez, recorreremos à biografia vitoriana porque é apenas na era vitoriana que a biografia se torna rica e representativa. Pois bem, há na biografia vitoriana tantos casos de fixação infantil tal como definido pelo professor Grensted que mal sabemos qual escolher. O caso do sr. Barrett da Wimpole Street é, talvez, o mais famoso e documentado.

É, na verdade, tão famoso que quase dispensa que os fatos sejam recapitulados. Todos conhecemos a história do pai que não permitia que nem os filhos nem as filhas se casassem; todos sabemos, com o máximo de detalhe, como sua filha Elizabeth foi obrigada a esconder seu amante do pai; como ela fugiu com o amante da casa na Wimpole Street; e como o pai nunca a perdoou por esse ato de desobediência. Haveremos de concordar que as emoções do sr. Barrett eram extremamente fortes; e sua intensidade torna óbvio que elas tinham origem em algum lugar escuro por debaixo do nível do pensamento consciente. Trata-se de um caso típico, clássico, de fixação infantil que pode ser familiar a todos nós. Mas há outros, menos famosos, que uma rápida pesquisa trará à tona e provará serem da mesma natureza. Há o caso do rev. Patrick Brontë. O rev. Arthur Nicholls estava apaixonado pela filha dele, Charlotte. "Quais foram as palavras dele", escreveu ela, quando o sr. Nicholls a pediu em casamento, "você pode imaginar; de seu gesto você mal pode ter ideia nem eu esquecê-lo… Perguntei-lhe se havia falado com papai. Ele disse que não havia tido coragem." Por que não teve coragem? Ele era forte e jovem e loucamente apaixonado: o pai era velho. A razão torna-se logo evidente. "Ele [o rev. Patrick Brontë] sempre desaprovou os casamentos e falava constantemente contra eles. Mas, desta vez, ele mais que desaprovava; ele não podia suportar a ideia desse afeto do sr. Nicholls por sua filha. Temendo as consequências… ela se apressou em prometer ao pai que, no dia seguinte, o sr. Nicholls ouviria uma recusa categórica."[33] O sr. Nicholls deixou Hartworth; Charlotte continuou com o pai. Sua vida de casada, que seria muito breve, foi ainda mais abreviada pelo desejo do pai.

Como terceiro exemplo de fixação infantil, vamos escolher um caso mais simples, mas, por isso mesmo, mais esclarecedor. Há o caso do sr. Jex-Blake. Temos aqui um pai que se defronta não com o casamento da filha, mas com o desejo dela de ganhar a própria vida. Esse desejo também parece ter provocado no pai uma emoção exacerbada, e uma emoção que também parece ter sua origem nos níveis situados por sob o pensamento consciente. Mais uma vez, com sua permissão, vamos denominá-lo um caso de fixação infantil. À filha, Sophia, foi oferecida uma pequena quantia para ensinar matemática; e ela pediu a permissão do pai para aceitar a oferta. Essa permissão foi instantânea e veementemente negada. "Minha querida, apenas agora fiquei sabendo que você pensa em ser *remunerada* para dar aulas. Seria algo muito abaixo de seu nível, querida, e *não posso consenti-lo.*" [A ênfase é do próprio pai.] "Aceite-o como um cargo honorífico e prestativo, e isso me fará feliz... Mas ser *remunerada* pelo trabalho significaria modificar *completamente* a situação e a rebaixaria, lamentavelmente, aos olhos de quase todo mundo." Trata-se de uma afirmação muito interessante. Sophia, na verdade, foi levada a questioná-la. Por que estava abaixo dela, perguntou, por que iria rebaixá-la? Aceitar dinheiro em troca de trabalho não rebaixa Tom aos olhos de ninguém. Trata-se, explicou o sr. Jex-Blake, de uma questão completamente diferente; Tom era homem; Tom "sente-se, como *homem*, na obrigação... de sustentar a família e a esposa"; Tom tinha, portanto, seguido "o *óbvio caminho* do dever". Ainda assim, Sophia não estava satisfeita. Argumentou não apenas que era pobre e precisava do dinheiro; mas também que sentia fortemente "o honesto e, creio, perfeitamente justificável orgulho de ganhar a própria vida". Assim pressionado, o sr. Jex-Blake finalmente revelou, sob um disfarce semitransparente, o verdadeiro motivo pelo qual ele objetava que ela recebesse dinheiro por seu trabalho. Ele se ofereceu para dar-lhe, ele próprio, o dinheiro se ela se recusasse a recebê-lo da faculdade. Estava claro, portanto, que ele não tinha objeções a que ela recebesse dinheiro; o que ele objetava é que ela recebesse dinheiro de outro homem. A natureza curiosa dessa proposta não escapou ao escrutínio de Sophia. "Nesse caso", disse ela, "devo dizer ao reitor não que 'estou disposta a trabalhar sem remuneração', mas que 'meu pai prefere que eu seja paga por ele, não pela faculdade', e acho que o reitor iria pensar que nós dois somos ridículos ou, ao menos, insensatos." Qualquer que seja a interpretação que o reitor possa ter feito do comportamento do sr. Jex-Blake, não podemos ter qualquer dúvida sobre a emoção que o motivou. Ele queria manter a filha sob sua tutela. Se recebesse dinheiro dele, ela continuaria sob sua tutela; se ela o recebesse de outro homem, ela não só estaria se tornando independente do sr. Jex-Blake – ela estaria se tornando dependente de outro homem. Que ele queria que ela dependesse dele e sentia, obscuramente, que essa desejável dependência podia ser assegurada apenas pela dependência financeira é demonstrado, indiretamente, por outra de suas veladas afirmações. "Se você se casasse amanhã de acordo com a minha preferência – e não creio que você jamais se casaria diferentemente – eu lhe daria uma grande fortuna."[34] Se ela se tornasse uma assalariada, ela poderia prescindir da fortuna e se casar com quem ela quisesse. O caso do sr. Jex-Blake é muito facilmente diagnosticado, mas se trata de um caso muito importante, porque é um caso normal, típico. O sr. Jex-Blake não era nenhum monstro da Wimpole Street; ele era um pai comum, fazendo o que milhares de outros pais vitorianos, cujos casos nunca foram divulgados, faziam diariamente. Trata-se de um caso, portanto, que explica muito daquilo que está na raiz da psicologia vitoriana – aquela psicologia dos sexos que ainda é, nos diz o professor Grensted, tão obscura. O caso do sr. Jex-Blake mostra que à filha não deve, de maneira alguma, ser permitido ganhar dinheiro porque, se ela ganhar dinheiro, ela será independente do pai e livre para se casar com qualquer homem que escolher. Portanto, o desejo da filha de ganhar a própria vida provoca duas formas diferentes de desconfiança. Cada uma delas é forte por si mesma; juntas, elas são fortíssimas. É ainda mais significativo que para justificar essa fortíssima emoção, que tem sua origem nos níveis situados por sob o pensamento consciente, o sr. Jex-Blake recorra a um dos subterfúgios mais comuns; o argumento que não é um argumento, mas um apelo às emoções. Ele apelou à sua condição de mulher. Ele apelou à emoção muito profunda, antiga e complexa que podemos, como amadores, chamar de emoção ligada à condição de mulher. Receber dinheiro não era digno dela, disse ele; se ela recebesse dinheiro se rebaixaria aos olhos de quase todo mundo. Como Tom era homem, não se rebaixaria; era o sexo dela que fazia a diferença. Ele apelou à sua condição de mulher.

Sempre que um homem faz esse apelo a uma mulher, ele provoca nela, é seguro afirmar, um conflito de emoções de um tipo muito profundo e primitivo que é extremamente difícil para ela analisar ou conciliar. Pode servir para transmitir o sentimento, se o comparamos com o confuso conflito de masculinidade que é provocado em vocês caso uma mulher lhes entregue uma pena branca.[35] É interessante ver como, no ano de 1859, Sophia tentou lidar com essa emoção. Seu primeiro instinto foi atacar a forma mais óbvia de feminilidade, a que se situa no ponto mais elevado de sua consciência e parecia ser responsável pela atitude do pai – sua condição de lady. Como outras filhas de homens instruídos, Sophia Jex-Blake era o que se chama "uma lady". Era a lady que não podia ganhar dinheiro; portanto, a lady devia ser morta. "O senhor honestamente pensa, pai", perguntou ela, "que qualquer lady é rebaixada pelo simples ato de ganhar dinheiro? O senhor tem menos consideração pela sra. Teed por ter-lhe pago?". Então, como se cônscia de que a sra. Teed, por ser uma preceptora, não estava à altura dela, que vinha de uma família de classe alta, "cuja linhagem se encontrará no *Burke's Landed Gentry*", ela rapidamente convocou, para ajudá-la a matar a lady, "Mary Jane Evans... uma das famílias mais honradas de nossas relações", e, depois, a srta. Wodehouse, "cuja família é melhor e mais antiga que a minha" — ambas pensavam que ela estava certa em querer ganhar dinheiro. E a srta. Wodehouse não pensava apenas que ela estava certa em querer ganhar dinheiro; a srta. Wodehouse "mostrou que concordava com minhas opiniões através de suas ações. Ela não vê nada de mal no fato de ganhar dinheiro, mas naqueles que pensam ser mal ganhá-lo. Quando aceitou trabalhar na escola de Maurice, ela lhe disse, muito nobremente, na minha opinião: "se acha melhor que eu trabalhe como professora remunerada, aceito qualquer salário que queira; se não, estou disposta a trabalhar voluntariamente e sem ganhar nada". A lady, às vezes, era uma lady nobre; e essa lady era difícil de matar; mas ela devia morrer, como compreendeu Sophia, se Sophia quisesse entrar naquele Paraíso no qual "um monte de moças anda por Londres quando e onde quiser", aquele "Elísio na terra", que é (ou era) o Queen's College, na Harley Street, onde as filhas dos homens instruídos desfrutam da felicidade não das ladies, "mas das rainhas — Trabalho e independência!"[36] Assim, o primeiro instinto de Sophia foi assassinar a lady;[37] mas, embora a lady tivesse sido assassinada, a mulher sobrevivia. Podemos vê-la mais claramente, ocultando e justificando a doença da fixação infantil, nos outros dois casos. Era a mulher, o ser humano cujo sexo assumia como sendo seu dever sagrado sacrificar-se ao pai, que Charlotte Brontë e Elizabeth Barrett tinham que matar. Se era difícil matar a lady, era ainda mais difícil matar a mulher. Charlotte se deu conta, no começo, de que era quase impossível. Ela disse não ao namorado. "... Assim, sensatamente, do ponto de vista do pai, e desprendidamente, de seu próprio ponto de vista, ela descartou todas as respostas possíveis, exceto a que o pai desejava." Ela amava Arthur Nicholls; mas ela lhe disse não. "... Ela se manteve simplesmente passiva, no que diz respeito a palavras e ações, enquanto sofria uma dor aguda como resultado das expressões fortes que o pai usava ao falar do sr. Nicholls." Ela esperou; ela sofreu; até que "o grande conquistador, o Tempo", na expressão da sra. Gaskell, "obteve sua vitória sobre o forte preconceito e a determinação humana". O pai deu seu consentimento. O grande conquistador, entretanto, encontrou seu par no sr. Barrett; Elizabeth Barrett esperou; Elizabeth sofreu; por fim, Elizabeth fugiu.

A extrema força dessas emoções às quais a fixação infantil dá origem é demonstrada por esses três casos. É notável, podemos concordar. Era uma força que podia subjugar não apenas Charlotte Brontë, mas também Arthur Nichols; não apenas Elizabeth Barrett, mas também Robert Browning. Era, assim, uma força que podia desafiar a mais forte das paixões humanas – o amor entre o homem e a mulher; e podia obrigar os mais brilhantes e os mais audazes dentre as filhas e os filhos vitorianos a recuar diante dela; a enganar o pai, a iludir o pai e, depois, a fugir do pai. Mas a que se devia essa espantosa força? Em parte, como esses casos deixam claro, ao fato de que a fixação infantil era protegida pela sociedade. A natureza, a lei e a propriedade estavam todas prontas a justificá-la e a escondê-la. Era fácil para o sr. Barrett, o sr. Jex-Blake e o rev. Patrick Brontë esconder de si mesmos a real natureza de suas emoções. Se quisessem que sua filha permanecesse em casa, a sociedade diria que eles estavam certos. Se a filha protestasse, a natureza viria em seu auxílio. Uma filha que deixava o pai era uma filha desnaturada; sua feminilidade era suspeita. Caso ela persistisse, a lei vinha, então, em seu socorro. Uma filha que deixasse o pai não tinha nenhum meio com o qual se sustentar. O ingresso nas profissões legais estava fora de seu alcance. Finalmente, se ela ganhasse dinheiro na única profissão que estava disponível para ela, a mais antiga de todas as profissões, ela se dessexualizava. Não há nenhuma dúvida – a fixação infantil é poderosa, até mesmo quando uma mãe é infectada. Mas, quando o pai é infectado, ela tem um tríplice poder; ele tem a natureza para protegê-lo; a lei para protegê-lo; e a propriedade para protegê-lo. Assim protegido, foi perfeitamente possível para o rev. Patrick Brontë causar uma "dor aguda" à filha Charlotte por vários meses e roubar vários meses de sua breve felicidade conjugal sem incorrer em qualquer censura por parte da sociedade na qual ele exercia a profissão de sacerdote da Igreja da Inglaterra; embora, tivesse ele torturado um cão ou roubado um relógio, essa mesma sociedade o teria destituído do cargo e decretado sua expulsão. A sociedade, ao que parece, era um pai, e também afligida pela fixação infantil.

· 145 ·

Uma vez que, no século dezenove, a sociedade protegia e, na verdade, desculpava as vítimas da fixação infantil, não é surpreendente que a doença, embora ainda sem nome, corresse solta. Não importa a biografia que consultemos, vamos encontrar quase sempre os sintomas familiares – o pai se opõe ao casamento da filha; o pai se opõe a que a filha ganhe a própria vida. O desejo dela, de casar ou de ganhar a própria vida, provoca uma forte emoção nele; e ele dá as mesmas desculpas para essa forte emoção; a lady aviltará sua condição de lady; a filha ultrajará sua feminilidade. Mas, de vez quando, muito raramente, encontramos um pai que estava completamente imune à doença. Os resultados são extremamente interessantes. Há o caso do sr. Leigh Smith.[38] Este cavalheiro era contemporâneo do sr. Jex-Blake e vinha da mesma casta social. Ele também tinha propriedades em Sussex; ele também tinha cavalos e carruagens; e ele também tinha filhos. Mas a semelhança termina aí. O sr. Leigh Smith era devotado aos filhos; ele se opunha à escola; ele cuidava dos filhos em casa. Seria interessante discutir os métodos pedagógicos do sr. Leigh Smith; como ele tinha mestres para ensiná-los; como ele os levava com ele em longas viagens, todos os anos, pela Inglaterra, na enorme carruagem em forma de ônibus. Mas, como acontece com muitos experimentalistas, o sr. Leigh Smith continua desconhecido; e devemos nos contentar com a informação de que ele "sustentava a incomum opinião de que as filhas deveriam ter as mesmas coisas que os filhos". Era tão completamente imune à fixação infantil que "não adotava o plano usual de pagar as contas das filhas e dar-lhes um presente ocasional, mas quando, em 1848, Barbara atingiu a maioridade, ele passou a lhe conceder uma quantia de 300 libras por ano". Os resultados dessa imunidade à fixação infantil são notáveis. Por "tratar seu dinheiro como um recurso para fazer o bem, um dos primeiros usos que Barbara lhe deu foi educacional". Ela fundou uma escola; uma escola que estava aberta não apenas aos diferentes sexos e às diferentes classes, mas também aos diferentes credos; os católicos romanos, os judeus e "os pupilos vindos de famílias progressistas de livres pensadores" eram bem-vindos à escola. "Era uma escola muito incomum", uma escola de outsiders. Mas isso não foi tudo que ela tentou fazer com trezentos por ano. Uma coisa levou à outra. Uma amiga, com a sua ajuda, começou a oferecer um curso noturno, em forma de cooperativa, para mulheres, em que aprendiam a "desenhar a partir de modelos nus". Em 1858, existia, em Londres, apenas um curso que utilizava modelos vivos e que estava aberto às mulheres. E, então, uma petição foi feita à Academia Real; suas escolas foram, na verdade, abertas às mulheres em 1861, embora, como acontece com frequência, apenas nominalmente;[39] depois, Barbara se envolveu na questão das leis referentes às mulheres; de modo que, em 1871, as mulheres casadas adquiriram o direito de ter as próprias posses; e, finalmente, ela ajudou a srta. Davies a fundar a faculdade de Girton. Quando refletimos sobre o que um único pai que estava imune à fixação infantil conseguiu fazer ao conceder a uma única filha 300 libras por ano, não precisamos nos surpreender com o fato de que a maioria dos pais se recusava firmemente a conceder a suas filhas mais do que 40 libras por ano, além de cama e comida.

A fixação infantil dos pais, portanto, era, claramente, uma força poderosa, e ainda mais poderosa porque era uma força oculta. Mas os pais foram confrontados, à medida que o século dezenove se aproximava, por uma força que tinha se tornado, por sua vez, tão poderosa que é de se esperar que os psicólogos encontrem um nome para ela. Os nomes antigos, como vimos, são fúteis e falsos. A palavra "feminismo", tivemos que eliminar. "A emancipação das mulheres" é, igualmente, um termo inexpressivo e corrompido. Dizer que as filhas foram prematuramente inspiradas pelos princípios do antifascismo é simplesmente repetir o odioso jargão da moda. Chamá-las de campeãs da liberdade intelectual e da cultura significa nublar o ar com a poeira das salas de conferência e o deprimente desleixo das reuniões públicas. Além disso, nenhum desses rótulos e etiquetas expressa as emoções reais que inspiraram a oposição das filhas à fixação infantil dos pais, porque, como mostra a biografia, essa força tinha atrás de si muitas e diferentes emoções, e muitas que eram contraditórias. Lágrimas, naturalmente, estavam por detrás dela – lágrimas, lágrimas amargas: as lágrimas daquelas cujo desejo por conhecimento era frustrado. Uma certa filha desejava aprender química; os livros que havia em casa ensinavam-lhe apenas alquimia. Ela "lastimava amargamente que não lhe ensinarem certas coisas". O desejo por um amor aberto e racional também estava por detrás dessa força. De novo, havia lágrimas e lágrimas – lágrimas revoltadas. "Ela se jogou na cama, em lágrimas... 'Oh', disse ela, 'Harry está no telhado.' 'Quem é Harry?', disse eu; 'que telhado? Por quê?' 'Oh, não seja tola', disse ela; 'ele teve que ir embora."[40] Mas, de novo, o desejo de não amar, de levar uma existência racional sem amor, estava por detrás dessa força. "Faço a confissão humildemente... Não sei nada sobre o amor",[41] escreveu uma delas. Uma confissão estranha, vinda de alguém de uma classe cuja única profissão, por muitíssimos séculos, tinha sido o casamento; mas significativa. Outras desejavam viajar; explorar a África; escavar na Grécia e na Palestina. Algumas desejavam aprender música, não para dedilhar cançonetas domésticas, mas para compor – óperas, sinfonias, quartetos. Outras desejavam pintar, não casas campestres cobertas de hera, mas corpos nus. Todas desejavam... mas que palavra pode resumir, sozinha, a variedade de coisas que elas desejavam, e tinham desejado, consciente e inconscientemente, por tanto tempo? O lema de Josephine Butler – Justiça, Igualdade, Liberdade – é um bom lema; mas é apenas um lema, e em nossa época de inumeráveis lemas, de lemas multicoloridos, nos tornamos desconfiadas dos lemas; eles matam e sufocam. A velha palavra "liberdade" tampouco serve, pois não era liberdade no sentido de licenciosidade que elas desejavam; como Antígona, elas não desejavam transgredir as leis, mas descobrir a lei.[42] Ignorantes como somos dos motivos humanos e mal equipadas de palavras, admitamos, pois, que nenhuma palavra expressa a força que no século dezenove se opôs à força dos pais. Tudo o que podemos dizer com certeza sobre essa força é que se tratava de uma força de um poder extraordinário. Ela arrombou as portas da casa privada. Abriu a Bond Street e Piccadilly; abriu os campos de críquete e os campos de futebol; tornou obsoletos os babados e os espartilhos; tornou a profissão mais antiga do mundo (mas o Whitaker não fornece números) pouco lucrativa. Em suma, em cinquenta anos, essa força fez com que a vida vivida por Lady Lovelace e Gertrude Bell se tornasse impraticável e quase inacreditável. Os pais, que tinham triunfado sobre os mais fortes dos sentimentos dos homens fortes, tiveram que ceder.

Se esse ponto final fosse o fim da história, a última batida da porta, poderíamos nos voltar imediatamente à sua carta e ao formulário que o senhor nos pediu para preencher. Mas não foi o fim; foi o começo. Na verdade, embora tenhamos usado o tempo verbal do passado, logo nos veremos usando o tempo presente. Privadamente, é verdade, os pais se renderam; mas, publicamente, os pais reunidos nas sociedades, nas profissões, ficaram, inclusive, mais sujeitos à doença fatal do que os pais da vida privada. A doença adquirira um motivo, tinha se ligado a um direito, a uma concepção, que a tornava ainda mais virulenta·fora de casa do que dentro dela. O desejo de sustentar esposa e filhos – que motivo poderia ser mais poderoso ou profundamente enraizado? Pois estava ligado à própria masculinidade – um homem que não conseguia sustentar a família fracassara em sua própria concepção de masculinidade. E não era essa concepção tão profunda nele quanto a concepção de feminilidade na filha? Eram esses motivos, esses direitos e essas concepções que eram agora questionados. Protegê-los, e das mulheres, provocava, e provoca, não há como duvidar disso, um sentimento talvez situado por sob o nível do pensamento consciente, mas certamente da mais extrema violência. A fixação infantil se converte, assim que o direito do sacerdote a praticar sua profissão é desafiado, numa emoção agravada e exacerbada à qual é cientificamente aplicado o nome de tabu sexual. Tomemos dois exemplos; um, privado, o outro, público. Um professor universitário deve "mostrar seu desacordo com a admissão das mulheres à sua universidade negando-se a entrar em sua estimada faculdade ou cidade".[43] Um hospital deve recusar uma oferta para patrocinar uma bolsa de estudos porque é feita por uma mulher em prol de mulheres.[44] Podemos nós duvidar de que ambas as ações são inspiradas por aquele sentimento de vergonha que, como diz o professor Grensted, "não pode ser visto sob nenhuma outra perspectiva que não seja a de um tabu sexual irracional"? Mas, uma vez que a própria emoção aumentara em intensidade, tornou-se necessário invocar a ajuda de aliados mais fortes para justificá-la e escondê-la. A Natureza foi convocada; a Natureza, alegou-se, que não é apenas onisciente mas imutável, tinha feito o cérebro da mulher da forma e do tamanho errados. "Qualquer um", escreve Bertrand Russell, "que deseje se divertir pode ser aconselhado a examinar as tergiversações de eminentes craniologistas, em suas tentativas para provar, a partir de medições do cérebro, que as mulheres são mais estúpidas que os homens."[45] A ciência, ao que parece, não é assexuada; ela é um homem, um pai, e também está infectada. A ciência, assim infectada, fez medições para decretar: o cérebro era demasiado pequeno para ser examinado. Muitos anos foram gastos esperando, diante dos sagrados portões das universidades e dos hospitais, pela permissão para que os cérebros que os professores diziam que a Natureza tinha feito de maneira a serem impossíveis de serem examinados fossem examinados. Quando, por fim, foi dada a permissão, os exames foram feitos. Uma longa e tediosa lista desses estéreis, ainda que necessários, triunfos jaz, supostamente, ao lado de outros recordes que foram quebrados,[46] nos arquivos das faculdades, e diretoras, vítimas de perseguição, ainda os consultam, dizem, quando querem uma prova oficial de uma mediocridade impecável. Não obstante, a Natureza manteve-se firme. O cérebro que podia passar nos exames não era o cérebro criativo; o cérebro que pode assumir responsabilidades e ganhar os salários mais altos. Era um cérebro prático, um cérebro meticuloso, um cérebro adequado para o trabalho rotineiro sob o comando de um superior. E uma vez que as profissões não estavam ao seu alcance, era inegável – as filhas não tinham governado impérios, comandado frotas ou levado exércitos à vitória; apenas uns poucos e triviais livros davam testemunho de sua capacidade profissional, pois a literatura era a única profissão que estivera disponível para elas. E, além disso, fosse lá o que o cérebro delas pudesse fazer quando as profissões se tornassem disponíveis para ele, restava o corpo. A Natureza, diziam os sacerdotes, em sua infinita sabedoria, estabelecera a imutável lei de que o homem é o criador. Ele deleita-se; ela apenas suporta passivamente. A dor era mais benéfica que o prazer para o corpo que suporta. "As opiniões dos médicos sobre gravidez, parto e lactação estavam, até muito recentemente", escreve Bertrand Russell, "impregnadas de sadismo. Era preciso, por exemplo, mais evidências para persuadi-los de que o anestésico podia ser usado no parto do que para persuadi-los do contrário." Assim argumenta a ciência, assim concordavam os professores. E quando, por fim, as filhas contrapuseram: Mas não é verdade que o cérebro e o corpo são afetados pelo treinamento? Não é verdade que o coelho selvagem é diferente do coelho preso na coelheira? E não é verdade que devemos mudar e que mudamos essa inalterável natureza? Ao se acender um fósforo para fazer uma fogueira, a geada é desafiada. E o ovo da refeição matinal, insistiram elas, é obra apenas do galo? Sem gema, sem clara, quão substanciais, oh, padres e professores, seriam suas refeições matinais? Então, os padres e os professores, em solene uníssono, entoaram: Mas o próprio parto, esse fardo, não podem negá-lo, recai apenas sobre a mulher. Tampouco podem negá-lo nem querem renunciar a ele. Ainda assim, declararam eles, consultando as estatísticas nos livros, o tempo dedicado pela mulher aos partos, nas condições modernas – lembrem-se que estamos agora no século vinte – não passa de uma pequena fração.[47] Teria essa fração nos tornado incapazes de trabalhar em Whitehall, nos campos e nas fábricas, quando nosso país esteve em perigo? Ao que os pais responderam: A guerra acabou; agora estamos na Inglaterra.

E se, nos detendo agora na Inglaterra, ligarmos o rádio que dá as notícias diárias, ouviremos, senhor, a resposta que os pais que estão infectados pela fixação infantil estão dando agora a essas perguntas. "O lar é o verdadeiro lugar das mulheres. Que elas voltem para o lar... O governo deve dar emprego para os homens... Um forte protesto será feito pelo ministro do Trabalho... As mulheres não devem mandar nos homens... Há dois mundos, um para as mulheres, outro para os homens... Que aprendam a preparar nosso jantar... As mulheres fracassaram... Elas fracassaram... Elas fracassaram..."

Até mesmo agora, o clamor, o alvoroço que a fixação infantil está causando, mesmo aqui, é tão forte que mal podemos ouvir a nós mesmas falando; esse clamor tira as palavras de nossa boca; nos faz dizer o que não dissemos. Ao ouvir as vozes, parece que ouvimos uma criancinha chorando dentro da noite, a noite negra que agora cobre a Europa, e sem nenhuma outra língua que não a do choro, ai, ai, ai... Mas não é um novo choro, é um choro muito antigo. Desliguemos o rádio e ouçamos o passado. Agora estamos na Grécia; Cristo ainda não nasceu, nem São Paulo. Mas escutem:

"Seja quem for que a cidade indique, esse homem a cidade deve obedecer, nas pequenas e nas grandes coisas, nas coisas justas e nas injustas... a desobediência é o pior dos males... Devemos apoiar a causa da ordem, e de forma alguma deixar que uma mulher nos vença... Devem ser mulheres, e não ficar andando livremente. Servos, levai-as para dentro." É a voz de Creonte, o ditador. A quem Antígona, que poderia vir a ser sua nora, respondeu: "Não são essas as leis estabelecidas entre os homens pela Justiça que mora com os deuses lá embaixo". Mas ela não tinha capital nem força que a apoiassem. E Creonte disse: "Eu a levarei por onde o caminho é o mais deserto, e a esconderei, viva, numa caverna pedregosa". E ele a prendeu não em Holloway ou num campo de concentração, mas numa tumba. E Creonte, lemos, trouxe a ruína à sua casa e semeou a terra com os corpos dos mortos. Temos a impressão, senhor, ao ouvirmos as vozes do passado, de estarmos olhando de novo a fotografia, a imagem dos cadáveres e das casas destroçadas que o governo espanhol nos envia quase semanalmente. Ao que parece, as coisas se repetem. As imagens e as vozes de hoje são as mesmas de 2.000 anos atrás.

Essa, pois, é a conclusão a que nossa investigação sobre a natureza do medo nos levou – o medo que impede que haja liberdade na casa privada. Esse medo, pequeno, insignificante e privado como é, vincula-se ao outro, o medo público, que não é nem pequeno nem insignificante, o medo que o levou a nos pedir para ajudar a evitar a guerra. Do contrário, não estaríamos olhando novamente a imagem. Mas não é a mesma imagem que nos levou, no começo desta carta, a ter as mesmas emoções – o senhor as chamou de "horror e asco"; nós as chamamos de "horror e asco". Pois, à medida que esta carta avançava, juntando um fato ao outro, outra imagem se impunha no primeiro plano. Trata-se da imagem de um homem; alguns afirmam, outros negam, que se trata do Homem em pessoa,[48] a quintessência da virilidade, o tipo perfeito do qual todos os outros são esboços imperfeitos. Trata-se, certamente, de um homem. Os olhos estão vidrados; os olhos fuzilam. O corpo, que se sustenta numa posição pouco natural, está rigidamente envolto num uniforme. No peitilho do uniforme estão pregados diversos símbolos místicos e medalhas. A mão repousa sobre uma espada. É chamado de Führer em alemão e de Duce em italiano; em nossa própria língua, de Tirano ou Ditador. E atrás dele jazem casas destroçadas e cadáveres – homens, mulheres e crianças. Mas não pusemos essa imagem à sua frente para provocar, uma vez mais, a estéril emoção do ódio. Pelo contrário, é para liberar outras emoções como, por exemplo, a que a figura humana, ainda que grosseiramente, numa fotografia colorida, provoca em nós que somos seres humanos. Pois ela sugere uma conexão e, para nós, uma conexão muito importante. Sugere que o mundo público e o mundo privado estão inseparavelmente ligados; que as tiranias e os servilismos de um são as tiranias e os servilismos do outro. Mas a figura humana, mesmo numa fotografia, sugere outras e mais complexas emoções. Sugere que não podemos nos dissociar dessa figura, mas que somos, nós próprios, essa figura. Sugere que não somos espectadores passivos condenados à obediência submissa, mas que, por nossos pensamentos e ações, podemos, nós mesmos, mudar essa figura. Um interesse comum nos une; trata-se de um único mundo, uma única vida. O quanto é essencial que compreendamos essa unidade provam-no os cadáveres, as casas destroçadas. Pois essa será a nossa ruína se vocês, na imensidão de suas abstrações públicas, esquecerem a imagem privada ou se nós, na intensidade de nossas emoções privadas, esquecermos o mundo público. Ambas as casas serão destroçadas, a pública e a privada, a material e a espiritual, pois elas estão inseparavelmente conectadas. Mas com sua carta à nossa frente, temos razões para ter esperanças. Pois ao pedir nossa ajuda o senhor reconhece essa conexão; e ao ler suas palavras nos lembramos de outras conexões que se situam num nível muito mais profundo que os fatos que estão na superfície. Até mesmo aqui, até mesmo agora, sua carta nos induz a fechar os ouvidos a esses pequenos fatos, a esses detalhes triviais, a não ouvir o pop-pop das armas e o berro dos gramofones, mas as vozes dos poetas, respondendo-se mutuamente, nos assegurando de uma unidade que elimina divisões como se fossem apenas marcas de giz; nos induz a discutir com vocês a capacidade do espírito humano para desbordar fronteiras e fazer, da multiplicidade, unidade. Mas isso significaria sonhar – sonhar o recorrente sonho que tem assombrado o espírito humano desde o princípio dos tempos; o sonho da paz, o sonho da liberdade. Mas, com o som das armas em nossos ouvidos, o senhor não nos convidou a sonhar. Não nos perguntou o que é a paz; nos perguntou como evitar a guerra. Deixemos, pois, aos poetas a tarefa de nos dizer o que é o sonho; e fixemos novamente nossos olhos na fotografia: o fato.

Qualquer que possa ser o veredito de outros sobre o homem de uniforme – e as opiniões divergem – há a sua carta para provar que, para o senhor, a imagem é a imagem do mal. E embora olhemos essa imagem de ângulos diferentes, nossa conclusão é a mesma que a sua – trata-se do mal. Estamos, os dois, determinados a fazer o que pudermos para destruir o mal que essa imagem representa, o senhor com os seus métodos, nós, com os nossos. E uma vez que somos diferentes, nossa ajuda deve ser diferente. Qual pode ser a nossa, nós tentamos mostrar – não é preciso dizer quão imperfeitamente, quão superficialmente.[49] Mas como resultado, a resposta à sua pergunta deve ser que o melhor que podemos fazer para ajudá-lo a evitar a guerra não é repetir suas palavras e seguir seus métodos, mas encontrar novas palavras e criar novos métodos.

O melhor que podemos fazer para evitar a guerra não é aderir à sua sociedade, mas ficar de fora de sua sociedade, embora em sintonia com o seu objetivo. Esse objetivo é o mesmo para ambos. Trata-se de afirmar "os direitos de todos – todos os homens e todas as mulheres – ao respeito, em sua pessoa, dos grandes princípios da Justiça e da Igualdade e da Liberdade". É desnecessário entrar em mais detalhes, pois temos toda a certeza de que o senhor interpretará essas palavras tal como nós as interpretamos. E desculpas são desnecessárias, pois acreditamos que o senhor levará em conta aquelas imperfeições que prenunciamos e que esta carta expôs abundantemente.

Para voltar, pois, ao formulário que o senhor nos enviou e pediu que preenchêssemos: pelas razões dadas acima, vamos deixá-lo sem assinatura. Mas para provar tão substancialmente quanto possível que nossos objetivos são iguais aos seus, eis aqui o seu guinéu, uma doação incondicional, dada incondicionalmente, sem nenhuma outra exigência exceto aquela que o senhor mesmo decidir impor. É o terceiro dos três guinéus; mas os três guinéus, o senhor observará, embora dados a três diferentes pessoas encarregadas de suas respectivas tesourarias, são todos dados para a mesma causa, pois as causas são as mesmas e inseparáveis.

Agora, uma vez que o senhor está premido pelo tempo, permita-me concluir; desculpando-me, repetidamente, três vezes, a vocês três, primeiro, pelo tamanho desta carta, segundo, pela insignificância da contribuição e, terceiro, simplesmente por tê-la escrito. A culpa disso, entretanto, é do senhor, pois esta carta nunca teria sido escrita se o senhor não tivesse solicitado uma resposta à sua.

Notas e referências

Um

[1] *The Life of Mary Kingsley*, por Stephen Gwynn, p. 15. É difícil obter os números exatos das somas gastas com a educação das filhas dos homens instruídos. Supostamente, cerca de 20 ou 30 libras cobriram todo o custo da educação de Mary Kingsley (1862-1900). A média, durante o século dezenove e até mesmo mais tarde, pode ser considerada como sendo de, aproximadamente, 100 libras. As mulheres assim educadas sentiam, com muita frequência e muito agudamente, a falta de formação. "Sempre sentia mais penosamente as deficiências de minha educação quando saía de casa", escreveu Anne J. Clough, a primeira diretora de Newnham (*A Memoir of Anne Jemima Clough*, por B. A. Clough, p. 60). Elizabeth Haldane, que vinha, tal como a srta. Clough, de uma família bastante letrada, mas que foi educada quase da mesma forma, diz que, quando se tornou adulta, "minha primeira certeza foi de que não era educada e me perguntei como isso poderia ser corrigido. Teria gostado de entrar numa faculdade, mas a faculdade, naqueles dias, era algo incomum para as moças, e a ideia não era estimulada. Além disso, era cara. Na verdade, estava fora de cogitação, para uma filha única, deixar a mãe viúva, e ninguém fazia o plano parecer viável. Havia, naqueles dias, um novo movimento para estabelecer cursos por correspondência..." (*From One Century to Another*, por Elizabeth Haldane, p. 73). Os esforços dessas mulheres desprovidas de educação para ocultar sua ignorância eram frequentemente corajosos, mas nem sempre bem-sucedidos. "Elas conversavam afavelmente sobre tópicos da atualidade, cautelosamente evitando assuntos controversos. O que me impressionava era sua ignorância e indiferença com respeito a qualquer coisa fora de seu próprio círculo... ninguém menos que a mãe do presidente da Câmara dos Comuns acreditava que a Califórnia nos pertencia, fazia parte de nosso Império!" (*Distant Fields*, por H. A. Vachell, p. 109). Que essa ignorância era, no século dezenove, frequentemente

simulada, devido à crença corrente de que os homens instruídos a apreciavam, é algo demonstrado pela energia com que Thomas Gisborne, em sua instrutiva obra *An Enquiry into the Duties of the Female Sex* (p. 278), reprovava aqueles que recomendavam que as mulheres se abstivessem "deliberadamente de revelar a seu cônjuge toda a gama de suas habilidades e talentos". "Isso não é discrição, mas artifício. É dissimulação, é imposição deliberada... É algo que dificilmente poderia ser mantido por muito tempo sem ser descoberto."

Mas a filha do homem instruído era, no século dezenove, ainda mais ignorante da vida do que dos livros. Uma razão para essa ignorância é sugerida pela seguinte citação: "Presume-se que os homens, em sua maioria, não sejam 'virtuosos', isto é, que quase todos são capazes de abordar e importunar – ou coisa pior – qualquer mulher desacompanhada que encontrem" ("Fifty Years, Society and the Season, The Chaperoned Age", por Mary, condessa de Lovelace, *The Times*, 19 de março de 1932, p. 14). Ela estava, portanto, confinada a um círculo muito estreito; e sua "ignorância e indiferença" quanto a qualquer coisa que estivesse fora dele era desculpável. A conexão entre essa ignorância e a concepção que o século dezenove tinha da masculinidade, e que – prova-o o herói vitoriano – tornava a "virtude" e a virilidade incompatíveis, é óbvia. Numa passagem bastante conhecida, Thackeray queixa-se das limitações que a virtude e a virilidade, combinadas, impunham à sua arte.

[2] Nossa ideologia é ainda tão inveteradamente antropocêntrica que se tornou necessário criar esse termo canhestro – a filha do homem instruído – para descrever a classe cujos pais foram educados nos internatos privados e nas universidades. Obviamente, se o termo "burguês" se aplica ao irmão dela, é totalmente incorreto utilizá-lo para se referir a alguém que difere tão profundamente dele no que diz respeito a duas características primordiais da burguesia – capital e ambiente.

[3] O número de animais abatidos por esporte, na Inglaterra, durante o último século, é incalculável. A média de um dia de caça em Chatsworth, em 1909, era de 1.212 animais (*Men, Women and Things*, pelo duque de Portland, p. 251). Faz-se pouca menção, em memórias sobre caça, a armas femininas; e a aparição de mulheres na área de caça era motivo de comentários bastante cáusticos. "Skittles", a famosa amazona do século dezenove, era uma senhora de moral frouxa. É altamente provável que, no século dezenove, se julgasse haver alguma conexão entre esporte e falta de castidade.

[4] *Francis and Riversdale Grenfell*, por John Buchan, p. 189, 205.

[5] *Antony (Viscount Knebworth)*, pelo conde de Lytton, p. 355.

[6] *The Poems of Wilfred Owen*, reunidos por Edmund Blunden, p. 25, 41.

[7] Lorde Hewart, fazendo um brinde à "Inglaterra" no banquete da Sociedade de St George, em Cardiff.

[8] *The Daily Telegraph*, 5 de fevereiro de 1937.

[9] *The Daily Telegraph*, 5 de fevereiro de 1937.

[10] Há, naturalmente, uma arma essencial que a mulher instruída pode fornecer: filhos. E um método pelo qual ela pode ajudar a evitar a guerra é o de se recusar a ter filhos. Assim, a sra. Helena Normanton é da opinião de que "a única coisa que as mulheres em qualquer país podem fazer para evitar a guerra é interromper o fornecimento de 'buchas de canhão'" (Relatório do Conselho Anual para uma Cidadania Igualitária, *Daily Telegraph*, 5 de março de 1937). As cartas aos jornais com frequência apoiam essa opinião. "Posso dizer ao sr. Harry Campbell por que as mulheres se recusam a ter filhos nesses tempos. Quando os homens aprenderem como governar as terras que governam de forma que as guerras atinjam apenas os que se metem em brigas em vez de dizimar os que não o fazem, as mulheres poderão novamente se sentir dispostas a terem grandes famílias. Por que deveriam as mulheres trazer filhos a um mundo como o de hoje?" (Edith Maturin-Porch, no *Daily Telegraph*, 6 de setembro de 1937). O fato de que a taxa de natalidade na classe instruída está em queda parece mostrar que as mulheres instruídas estão seguindo o conselho da sra. Normanton. O mesmo conselho lhes foi dado, em circunstâncias muito similares, há mais de dois mil anos, por Lisístrata.

[11] Há, naturalmente, inúmeros tipos de influência além daquelas especificadas no texto. Elas vão desde o tipo simples descrito na seguinte passagem: "Três anos mais tarde... encontramo-la escrevendo para ele, na função de ministro de Estado, para pedir seu empenho, em nome de um pároco de sua preferência, para a concessão de uma sinecura por parte da Coroa..." (*Henry Chaplin, a Memoir,* pela marquesa de Londonderry, p. 57) até o tipo extremamente sutil exercido por Lady Macbeth sobre o marido. Em algum ponto entre os dois, situa-se a influência descrita por D. H. Lawrence: "É inútil, para mim, tentar fazer qualquer coisa sem ter uma mulher por detrás de mim... Não me atrevo a me situar no mundo sem ter uma mulher me apoiando... Mas uma mulher que amo me mantém, de certa forma, em comunicação direta com o desconhecido, no qual, do contrário, me sinto um pouco perdido" (*Letters of D. H. Lawrence,* p. 93-94), com a qual podemos comparar, embora a colocação seja estranha, a definição famosa e muito similar dada pelo ex-rei Edward VIII quando de sua abdicação. As condições políticas atuais no exterior parecem favorecer um retorno ao uso da influência interessada. Por exemplo: "Uma história serve para ilustrar o atual grau de influência em Viena. Durante o outono passado, foi planejada uma medida para diminuir ainda mais as oportunidades profissionais das

mulheres. Protestos, apelos, cartas, nada disso adiantou. Finalmente, em desespero, um grupo de damas bem conhecidas da cidade... se reuniu e arquitetou um plano. Pelas duas semanas seguintes, por um certo número de horas por dia, várias dessas damas telefonaram para os ministros que conheciam para, supostamente, convidá-los a jantar em sua casa. Com todo o charme de que as vienenses são capazes, elas mantiveram os ministros falando, perguntando uma coisa e outra, e finalmente, mencionaram o assunto que as incomodava tanto. Depois de os ministros terem recebido chamadas de várias damas, nenhuma das quais eles pretendiam ofender, e terem sido impedidos de atender a urgentes assuntos de estado por essa manobra, eles se decidiram por uma solução conciliatória – e assim a medida foi adiada" (*Women Must Choose,* por Hilary Newitt, p. 129). Um uso similar da influência foi, com frequência, deliberadamente feito durante a luta pelo direito ao voto. Mas, ao que se diz, a influência das mulheres foi prejudicada pela posse desse direito. Assim, Marschall von Bieberstein era da opinião de que "As mulheres sempre comandaram os homens... mas ele não queria que elas votassem" (*From One Century to Another,* por Elizabeth Haldane, p. 258).

[12] As mulheres inglesas foram muito criticadas por terem feito uso da força na luta pelo direito ao voto. Quando, em 1910, o sr. Birrell teve o chapéu "reduzido a trapo" e as canelas chutadas pelas sufragetes, Sir Almeric Fitzroy comentou: "um ataque dessa natureza contra um velho indefeso por um bando organizado de 'janízaras' convencerá muitas pessoas, espera-se, do espírito insano e anarquista que comanda o movimento" (*Memoirs of Sir Almeric Fitzroy,* v. II, p. 425). Essas observações não se aplicam, aparentemente, à força envolvida na Guerra Europeia. O voto, na verdade, foi concedido às mulheres inglesas, em grande parte, por causa da ajuda que elas deram aos homens ingleses no uso da força naquela guerra. "Em 14 de agosto [de 1916], o próprio sr. Asquith desistiu de sua oposição [ao direito ao voto]. "É verdade", disse ele, "[que as mulheres] não podem lutar no sentido de sair por aí com rifles e tudo o mais, mas... elas têm contribuído de forma muito eficaz na continuidade da guerra" (*The Cause,* por Ray Strachey, p. 354). Isso levanta a difícil questão de saber se aquelas que não contribuíram para a continuidade da guerra, mas sim fizeram o que podiam para impedir a continuidade da guerra, deviam usar o voto ao qual têm agora direito em virtude, sobretudo, de outras terem "contribuído para a continuidade da guerra". Que elas são enteadas e não verdadeiras filhas da Inglaterra é algo demonstrado pelo fato de que elas mudam de nacionalidade quando se casam. Uma mulher, tenha ela ajudado ou não a derrotar os alemães, torna-se alemã caso se case com um alemão. Suas opiniões políticas devem, então, ser inteiramente invertidas, e sua devoção filial, transferida.

[13] *Sir Ernest Wild, K.C.,* por Robert J. Blackham, p. 174-175.

[14] Que o direito ao voto mostrou-se não ser desprezível é demonstrado pelos fatos publicados, de tempos em tempos, pela National Union of Societies for Equal Citizenship.

[15] Não há números disponíveis que permitam verificar fatos que devem ter uma importante relação com a biologia e a psicologia dos sexos. É possível dar um passo inicial em direção a essa condição prévia porém estranhamente deixada de lado, assinalando-se, num mapa em grande escala da Inglaterra, em vermelho, as propriedades em poder dos homens e, em azul, as que estão em poder das mulheres. Depois, deve-se comparar a quantidade de carne ovina e bovina consumida por cada sexo; as pipas de vinho e cerveja; os barris de fumo; após o quê, devemos examinar cuidadosamente seus exercícios físicos; empregos domésticos; oportunidades para o relacionamento sexual, etc. Os historiadores estão, naturalmente, preocupados sobretudo com a guerra e a política; mas às vezes lançam alguma luz sobre a natureza humana. Assim, Macaulay, ao se referir aos aristocratas rurais do século dezessete, diz: "Os gostos e aptidões de sua esposa e filha estavam abaixo dos de uma governanta ou mesmo de uma camareira dos dias de hoje. Elas costuravam e fiavam, preparavam vinho de groselha, curavam calêndulas e faziam a massa para a torta de carne de veado".

E ainda, "as damas da casa, cuja tarefa consistira, em geral, em cozinhar o repasto, retiravam-se assim que os pratos tivessem sido devorados e deixavam os cavalheiros a sós, com sua cerveja e seu tabaco" (Macaulay, *History of England,* v. 1, capítulo três, p. 336, 335) Mas, muito mais tarde, os cavalheiros continuavam bebendo e as damas continuavam se recolhendo. "Nos tempos de juventude de minha mãe, antes do casamento, os velhos hábitos de bebedeira da Regência e do século dezoito ainda persistiam. Na Woburn Abbey, era costume que o velho e confiável mordomo da família fizesse seu relatório noturno à minha avó na sala de visitas. 'Os cavalheiros passaram da conta esta noite; seria conveniente que as jovens damas se retirassem' ou 'Os cavalheiros não exageraram esta noite' era anunciado, de acordo com as circunstâncias, pelo fiel criado da família. Caso as moças fossem mandadas para o andar de cima, elas gostavam de ficar no corredor situado no final da escadaria para observar o gritalhão e ruidoso grupo saindo da sala de jantar" (*The Days Before Yesterday,* por Lorde F. Hamilton, p. 322). Devemos deixar ao cientista do futuro a tarefa de nos dizer que efeito a bebida e a propriedade têm tido sobre os cromossomas.

[16] O fato de que ambos os sexos têm um gosto acentuado, ainda que distinto, pelas roupas, parece ter passado despercebido ao sexo dominante, devido, em grande parte, supõe-se, ao poder hipnótico da dominação. Assim o

falecido juiz McCardie, ao resumir o caso da sra. Frankau, observou: "Não se pode esperar que as mulheres renunciem a uma característica essencial da feminilidade ou que abandonem um dos lenitivos da natureza para uma desvantagem física constante e insuperável... A roupa, afinal, é um dos principais métodos de autoexpressão da mulher... Em matéria de roupa, as mulheres, com frequência, continuam crianças até o fim. Não se deve perder de vista a psicologia da matéria. Mas, embora tenha em mente as questões acima, a lei tem corretamente sustentado que a regra da prudência e da proporção deve ser observada". O juiz que assim se pronunciou estava vestindo uma toga escarlate, uma capa de arminho e uma enorme peruca de cachos artificiais. É duvidoso que estivesse tirando proveito de "um dos lenitivos da natureza para uma desvantagem física constante e insuperável" ou, ainda, que ele próprio estivesse observando "a regra da prudência e da proporção". Mas "não se deve perder de vista a psicologia da matéria"; e o fato de que a singularidade de sua própria aparência, juntamente com a aparência de almirantes, generais, arautos, guardas reais, pares do reino, guardas da Torre de Londres, etc., era inteiramente invisível para ele, de modo que ele era capaz de repreender a dama sem qualquer consciência de que partilhava de sua fraqueza, levanta duas questões: com que frequência um ato tem de ser executado até se tornar tradicional e, portanto, venerável; e qual grau de prestígio social causa cegueira relativamente à natureza extraordinária das próprias roupas? A singularidade das vestes, quando não está associada ao cargo, raramente escapa ao ridículo.

[17] Na Lista de Honras do Ano Novo de 1937, 147 homens, em contraste com 7 mulheres, aceitaram a homenagem concedida. Por razões óbvias, isso não pode ser tomado como uma medida do desejo respectivo de cada sexo por esse tipo de exposição pública. Mas é indiscutível que deve ser mais fácil, psicologicamente, para uma mulher, rejeitar honrarias, do que para um homem. Pois o fato de que o intelecto (falando em termos gerais) é o recurso profissional mais importante do homem, e de que estrelas e faixas são seus mais importantes meios para anunciar o intelecto, sugere que estrelas e faixas são o correspondente de pó e cosméticos, o método mais importante de uma mulher anunciar seu recurso profissional mais importante: a beleza. Seria, portanto, tão insensato pedir a ele que recusasse o título de Cavaleiro quanto pedir a ela que recusasse um vestido. A soma paga por um título de Cavaleiro, em 1901, permitia comprar um vestido bastante razoável: "21 de abril (domingo) – Vi Meynell, que, como sempre, estava cheio de fofocas. Parece que as dívidas do rei foram pagas, privadamente, por seus amigos, um dos quais, diz-se, lhe teria emprestado 100.000 libras e se satisfaria em receber, como pagamento da dívida, a soma de 25.000 libras mais o título de Cavaleiro" (*My Diaries*, Wilfrid Scawen Blunt, parte II, p. 8).

18 É difícil para uma outsider saber quais são as cifras exatas. Mas que os rendimentos são substanciais é algo que pode ser deduzido de uma deliciosa resenha de um livro sobre a história do Clare College, de Cambridge, feita há alguns anos pelo sr. J. M. Keynes, no jornal *The Nation*. O livro "custou seis mil libras para ser produzido, segundo rumores". Também segundo rumores, um grupo de estudantes, voltando, de madrugada, de alguma festa, viu, perto daquela hora, uma nuvem no céu; que, enquanto olhavam, assumia a forma de uma mulher; que, sendo solicitada a dar um sinal, deixou cair, num chuvisco de radiante granizo, apenas a palavra "Ratazanas". Isso foi interpretado como significando aquilo que, a julgar por outra página de *The Nation*, parecia ser a verdade; que as estudantes de uma das faculdades femininas sofriam muito por causa dos "quartos de chão frio e escuro, infestados de ratazanas". A aparição, supunha-se, utilizou esse meio para sugerir que se os cavalheiros de Clare desejassem homenageá-la, um cheque de 6.000 libras, pagável à diretora de ..., a celebraria melhor que um livro, ainda que ele estivesse "vestido na mais fina das roupagens, feita de papel e entretela preta...". Não há nada mítico, entretanto, no fato, registrado no mesmo número de *The Nation*, de que "Somerville recebeu com comovida gratidão as 7.000 libras que lhe foram destinadas no ano passado, resultantes do presente do Jubileu e de um legado pessoal".

19 Um grande historiador assim descreveu a origem e o caráter das universidades, numa das quais ele foi educado: "As escolas de Oxford e Cambridge foram fundadas numa era sombria de ciência falsa e bárbara; e elas ainda estão maculadas pelos vícios de sua origem... A constituição jurídica dessas sociedades, efetuada por meio de decretos de papas e reis, concedeu-lhes o monopólio da instrução privada; e o espírito dos monopolistas é acanhado, indolente e opressivo: seu trabalho é mais custoso e menos produtivo que o de artistas independentes; e os novos avanços, tão avidamente absorvidos pela competição da liberdade, são admitidos, nessas orgulhosas corporações, com lenta e obstinada relutância, equilibrando-se entre o temor de um rival e a confissão de um erro. Dificilmente podemos esperar que alguma reforma seja fruto de um ato voluntário; e tão profundamente estão elas enraizadas na lei e no preconceito que até mesmo a onipotência do Parlamento se absteria de um inquérito sobre o estado e os abusos das duas universidades" (*The Memoirs of the Life of Edward Gibbon*, p. 52-53). "A onipotência do Parlamento", entretanto, instalou, sim, um inquérito, em meados do século dezenove, "sobre o estado da Universidade [Oxford], sua disciplina, suas pesquisas e seus rendimentos. Mas houve uma resistência passiva tão grande por parte das faculdades que o último item teve que ser descartado. Foi averiguado, entretanto, que, das 542 cátedras em todas as faculdades de Oxford, somente 22 estavam

realmente abertas à competição, sem condições restritivas de mecenato, classe social ou parentesco... Os membros da comissão... concluíram que a acusação de Gibbon tinha sido justa" (*Herbert Warren of Magdalen*, por Laurie Magnus, p. 47-49). Entretanto, o prestígio de uma educação universitária continuou alto; e cátedras eram consideradas altamente desejáveis. Quando Pusey tornou-se catedrático de Oriel, "Os sinos da igreja paroquial de Pusey expressaram a satisfação de seu pai e de sua família." E, mais uma vez, quando Newman foi eleito catedrático, "todos os sinos das três torres foram postos a repicar – às custas de Newman" (*Oxford Apostles*, por Geoffrey Faber, p. 131, 69). Entretanto, Pusey e Newman eram homens de natureza claramente espiritual.

[20] *The Crystal Cabinet,* por Mary Butts, p. 138. A frase inteira diz: "Pois, exatamente da mesma forma que me foi dito que o desejo de aprender na mulher era contra a vontade de Deus, muitas liberdades e diversões inocentes também foram negadas pela invocação do mesmo Nome" – um comentário que faz com que se deseje que tivéssemos uma biografia escrita pela filha de um homem instruído sobre a Deidade em cujo Nome tais atrocidades têm sido cometidas. A influência da religião, de uma forma ou de outra, sobre a educação da mulher dificilmente pode ser sobrestimada. "Se, por exemplo", diz Thomas Gisborne, "os usos da música são ensinados, não deixe que seu efeito no aumento da devoção seja subestimado. Se o desenho é o tema da lição, faça com que a estudante seja ensinada habitualmente a contemplar, nas obras da criação, o poder, a sabedoria e a bondade de seu Autor" (*The Duties of the Female Sex,* por Thomas Gisborne, p. 85). O fato de que o sr. Gisborne e seus congêneres – um grupo numeroso – baseiem suas teorias educacionais no ensinamento de São Paulo parece sugerir que o sexo feminino deve ser "ensinado, habitualmente, a contemplar, nas obras da criação, o poder, a sabedoria e a bondade" não propriamente da Deidade, mas do sr. Gisborne. E com isso somos levados a concluir que uma biografia da Deidade se reduziria a um Dicionário da Biografia Clerical.

[21] *Mary Astell,* por Florence M. Smith. "Infelizmente, a oposição a uma ideia tão nova (uma faculdade para mulheres) foi maior que o interesse por ela, e partiu não apenas dos satiristas do dia, que, como os espirituosos de todas as épocas, viam na mulher progressista um motivo de riso e faziam de Mary Astell o alvo de piadas surradas em comédias do tipo de *Femmes Savantes* [*Mulheres sábias*], mas também de clérigos, que viam no plano uma tentativa de restaurar o papismo. O oponente mais ferrenho da ideia foi um celebrado bispo, que, como afirma Ballard, impediu uma proeminente dama de contribuir com 10.000 libras para o plano. Elizabeth Elstob deu a Ballard o nome desse celebrado bispo em resposta a uma consulta dele. 'De acordo com Elizabeth Elstob...

foi o bispo Burnet que impediu aquela boa intenção ao dissuadir aquela dama de cultivá-la'" (*op. cit.*, p. 21-22). "Aquela dama" pode ter sido a princesa Anne, ou Lady Elizabeth Hastings; mas há razões para crer que se tratava da princesa. Que a Igreja abocanhou o dinheiro é apenas uma hipótese, mas uma hipótese talvez justificada pela história da Igreja.

[22] *Ode for Music,* executada no Edifício do Senado, em Cambridge, em 1º de julho de 1769.

[23] "Asseguro-lhe que não sou inimigo das mulheres. Sou bastante favorável ao seu emprego como *operárias* ou em alguma outra função *menor.* Tenho, entretanto, dúvidas quanto à possibilidade de serem bem-sucedidas atuando como capitalistas. Estou certo de que as mulheres, em sua maioria, teriam um colapso nervoso diante da ansiedade, e de que elas são inteiramente destituídas da severa discrição necessária em toda espécie de cooperação. Daqui a dois mil anos vocês poderão ter mudado tudo isso, mas as mulheres de agora só sabem flertar com os homens e brigar entre si." Trecho de uma carta de Walter Bagehot a Emily Davies, que pedira sua ajuda na fundação de Girton.

[24] *Recollections and Reflections,* por Sir J. J. Thomson, p. 86-88, 296-297.

[25] "A Universidade de Cambridge ainda se recusa a admitir mulheres como membros de pleno direito; outorga-lhes títulos apenas nominais, e elas não têm, assim, nenhuma participação no controle da Universidade" (*Memorandum on the Position of English Women in Relation to that of English Men,* por Philippa Strachey, p. 26, 1935). Entretanto, o governo concede uma "generosa subvenção", com dinheiro público, à Universidade de Cambridge.

[26] "O número total de estudantes do sexo feminino que estão recebendo instrução nas instituições universitárias reconhecidas ou trabalhando em seus laboratórios ou museus não deve passar de quinhentos" (*The Student's Handbook of the University and Colleges of Cambridge,* 1934-1935, p. 616). O Whitaker nos informa que o número de estudantes do sexo masculino residentes em Cambridge, em outubro de 1935, era 5.328. E, aparentemente, não havia nenhum limite.

[27] A lista de bolsas concedidas aos homens em Cambridge, publicada no *The Times* de 20 de dezembro de 1937, ocupa, aproximadamente, 79 centímetros de espaço; a das mulheres, cerca de 13 centímetros. Há, entretanto, dezessete faculdades para homens, e a lista mencionada inclui apenas onze, o que significa que o espaço deles deve ser maior que os 79 centímetros. Em compensação, há apenas duas faculdades para mulheres; ambas estão incluídas na lista.

[28] Até a morte de Lady Stanley of Alderley, não havia nenhuma capela em Girton. "Quando se propôs construir uma capela, ela foi contra, alegando

· 163 ·

que todos os fundos disponíveis deveriam ser gastos com educação. 'Enquanto eu viver, não haverá nenhuma capela em Girton', eu a ouvi dizer. A atual capela foi construída imediatamente após a sua morte" (*The Amberley Papers,* Patricia and Bertrand Russell, v. I, p. 17). Seria bom que seu espírito tivesse a mesma influência que seu corpo! Mas espíritos, dizem, não portam talões de cheque.

[29] "Tenho também a impressão de que as escolas femininas têm, em geral, se contentado em extrair as linhas gerais de sua educação das instituições há muito estabelecidas para o meu próprio sexo, o sexo mais fraco. Minha própria opinião é de que o problema deve ser atacado por algum gênio original, com base em linhas diferentes..." (*Things Ancient and Modern,* por C. A. Alington, p. 216-217). Não é preciso nenhum gênio ou originalidade para ver que "as linhas", em primeiro lugar, devem ser mais baratas. Mas seria interessante saber que significado devemos atribuir à expressão "mais fraco" nesse contexto. Pois como ex-diretor de Eton, o dr. Alington deve saber que seu sexo tem não apenas adquirido, mas também conservado os imensos benefícios daquela vetusta fundação, o que é uma prova, é de se supor, não da fraqueza, mas da força de um dos sexos. Que Eton não é "fraca", ao menos do ponto de vista material, é demonstrado pela seguinte citação do dr. Alington: "Pondo em prática a sugestão de uma das Comissões sobre Educação do primeiro-ministro, o reitor e os catedráticos da minha época decidiram que todas as bolsas de estudo em Eton deveriam ter um valor fixo, capaz de ser liberalmente aumentado em caso de necessidade. Tão liberal tem sido esse aumento que há diversos rapazes no colégio cujos pais não pagam nada, seja pelas despesas com comida e alojamento, seja pela educação". Um dos benfeitores foi o falecido Lorde Rosebery. "Ele foi um generoso benfeitor da escola", nos informa o dr. Alington, "e patrocinou uma bolsa de estudos em história, em conexão com a qual ocorreu um episódio característico. Ele me perguntou se a quantia era adequada e sugeri que 200 libras a mais cobririam o pagamento do examinador. Ele enviou um cheque no valor de 2.000 libras: foi-lhe chamada a atenção pela discrepância e tenho no meu álbum de recortes a resposta na qual ele disse ter pensado que uma soma redonda seria melhor que uma soma quebrada" (*op. cit.,* p. 163, 186). O total da soma gasta na Faculdade Feminina de Cheltenham, em 1854, com salários e professores visitantes foi de 1.300 libras; e as contas de dezembro mostrava um déficit de 400 libras (*Dorothea Beale of Cheltenham,* por Elizabeth Raikes, p. 91).

[30] As palavras "vão e vicioso" exigem qualificação. Ninguém afirmaria que todas as conferências e todos os conferencistas são "vãos e viciosos"; muitos assuntos só podem ser ensinados com a ajuda de diagramas e da demonstração pessoal. As palavras do texto referem-se apenas aos filhos

· 164 ·

e às filhas dos homens instruídos que dão conferências aos filhos e às filhas dos homens instruídos sobre literatura inglesa; e pelas seguintes razões: por se tratar de uma prática obsoleta que remonta à Idade Média quando os livros eram escassos; porque a publicação na forma de livro é prova suficiente do efeito nocivo, intelectualmente, de uma audiência sobre o conferencista; e porque, psicologicamente, a proeminência dada por um estrado estimula a vaidade e o desejo de demonstrar autoridade. Além disso, a redução da literatura inglesa a matéria de exame deve ser vista com suspeita por todos que têm conhecimento direto da dificuldade da arte e, portanto, do valor extremamente superficial da aprovação ou desaprovação dada por um examinador; e com profundo pesar por parte de todos que desejam manter ao menos uma das artes fora do alcance de intermediários, e livre, por tanto tempo quanto possível, de qualquer vínculo com a competição e com o objetivo de ganhar dinheiro. Mais uma vez, a violência com que uma escola de literatura se opõe agora à outra, a rapidez com que uma escola de gosto substitui outra, pode, não injustificadamente, ter origem no poder que tem uma mente madura que dá lições a mentes imaturas de contagiá-las com opiniões fortes, ainda que passageiras, e de impregná-las com um viés pessoal. Tampouco se pode afirmar que o nível da escrita crítica ou criativa tenha melhorado. Uma lamentável demonstração da docilidade mental a que os jovens são reduzidos pelas conferências é que a demanda por conferências sobre literatura inglesa aumenta constantemente (como todo escritor pode confirmar) e por parte da própria classe que deveria ter aprendido a ler em casa – a classe instruída. Se, como é, às vezes, instado como justificativa, o que é desejado pelas sociedades literárias das faculdades não é o conhecimento da literatura, mas o contato com escritores, há os coquetéis e há o xerez; ambos são melhores quando não misturados com Proust. Nada disso se aplica, naturalmente, àqueles cujas casas são deficientes em livros. Se os que pertencem à classe operária acham mais fácil assimilar a literatura inglesa oralmente, eles têm todo o direito de pedir à classe instruída que os ajude dessa maneira. Mas que os filhos e filhas daquela classe continuem, após completarem dezoito anos, a sorver a literatura inglesa com a ajuda de um canudo, é um hábito que parece merecer os qualificativos de vão e vicioso; termos que podem, justificadamente, ser aplicados, com mais rigor, aos que se prestam a satisfazê-los.

[31] É difícil obter cifras exatas das quantias concedidas às filhas dos homens instruídos antes do casamento. Sophia Jex-Blake tinha uma quantia de 30 a 40 libras por ano; o pai era da classe média mais alta. Lady M. Lascelles, cujo pai era conde, tinha, ao que parece, uma quantia de, aproximadamente, 100 libras, em 1860; o sr. Barrett, um rico negociante, dava uma quantia à filha Elizabeth "de quarenta a quarenta e cinco libras...

a cada três meses, não sem antes ter descontado o imposto de renda". Mas esta soma parece ser relativa aos juros sobre as 8.000 libras, "ou mais ou menos... é difícil inquirir a respeito disso", que ela tinha "nos fundos", "o dinheiro estando em duas contas com rendimentos diferentes" e, aparentemente, embora pertencente a Elizabeth, sob o controle do sr. Barrett. Mas elas eram mulheres solteiras. As mulheres casadas só puderam ter algum bem depois da lei de 1870, graças à aprovação da "Lei sobre os bens das mulheres casadas". Lady St Helier registra que, uma vez que os acordos de seu casamento tinham sido redigidos em conformidade com a lei antiga, "todo o dinheiro que eu tinha passou a pertencer ao meu marido, e não foi reservada qualquer parte dele para meu uso particular... Eu não tinha nem sequer um talão de cheque e não podia ter nenhum dinheiro, a não ser pedindo ao meu marido. Ele era bom e generoso, mas estava de acordo com a determinação então existente de que os bens de uma mulher pertenciam a seu marido... ele pagava todas as minhas contas, ficava com a caderneta de minha conta bancária e me dava uma pequena quantia para minhas despesas pessoais" (*Memories of Fifty Years*, por Lady St Helier, p. 341). Mas ela não diz qual era a soma exata. As somas dadas como quantia aos filhos dos homens instruídos eram consideravelmente maiores. Uma quantia de 200 libras era considerada apenas o mínimo necessário para um aluno de graduação na faculdade de Balliol, "que ainda conservava tradições de parcimônia", por volta de 1880. Com essa quantia, "eles não podiam participar do esporte da caça nem de jogos de azar... Mas com cuidado e com uma casa para ficar nas férias, eles conseguiam se arranjar" (*Anthony Hope and His Books,* por Sir C. Mallet, p. 38). A soma que é agora necessária é consideravelmente maior. Gino Watkins "nunca gastou mais do que a quantia de 400 libras por ano, com a qual pagava todas as contas da faculdade e das férias" (*Gino Watkins*, por J. M. Scott, p. 59). Isso era em Cambridge, poucos anos atrás.

32 Os leitores de romances sabem o quanto as mulheres foram incessantemente ridicularizadas ao longo de todo o século dezenove por tentar ingressar em sua solitária profissão, pois esses esforços fornecem a metade do material da ficção. Mas a biografia mostra como era natural, para o mais esclarecido dos homens, até mesmo no presente século, pensar em todas as mulheres como solteironas, todas desejando se casar. Por exemplo: "'Oh, meu Deus, o que vai acontecer com elas?', murmurou ele [G. L. Dickinson], certa vez, tristemente, enquanto uma torrente de solteironas com aspirações mas sem inspiração fluía em volta do pátio frontal do King's College; 'eu não sei e elas não sabem'. E, depois, em tons ainda mais baixos como se as estantes de livros pudessem ouvi-lo: 'Oh, meu Deus! O que elas querem é um marido!'" (*Goldsworthy Lowes*

Dickinson, por E. M. Forster, p. 106). "O que elas queriam" poderia ter sido o Tribunal, a Bolsa de Valores ou aposentos nos Gibbs's Buildings, se essa opção estivesse disponível para elas. Mas não estava; e, portanto, a observação do sr. Dickinson era muito natural.

[33] "De vez em quando, ao menos nas casas maiores, havia uma festa solene para a qual as pessoas eram selecionadas e convidadas com muita antecedência e na qual um único ídolo sempre dominava – o faisão. A caçada tinha de ser usada como um chamariz. Nessas ocasiões, o pai da família tendia a se impor. Se era para sua casa ficar abarrotada de gente, seus vinhos serem consumidos em grande quantidade e a melhor caçada possível ser proporcionada aos convidados, então ele teria que dispor dos melhores atiradores possíveis. Que desespero para a mãe das filhas ficar sabendo que um dos convidados, que, dentre todos os outros, ela secretamente desejava convidar, era um péssimo atirador e totalmente inadmissível!" ("Fifty Years, Society and the Season, The Chaperoned Age", por Mary, condessa de Lovelace, *The Times*, 19 de março de 1932, p. 14).

[34] Alguma ideia do que os homens esperavam que suas esposas pudessem dizer e fazer, ao menos no século dezenove, pode ser deduzida dos seguintes indícios de uma carta de John Bowdler, "dirigida a uma jovem dama antes de seu casamento". "Evite, principalmente, tudo que tenha a *mínima tendência* ao despudor ou ao indecoro. São poucas as mulheres que têm *alguma ideia* do quanto desagrada aos homens algo que se aproxime minimamente disso em qualquer mulher e, especialmente, naquela com a qual estão ligados. Por cuidarem das crianças ou dos enfermos, as mulheres estão extremamente sujeitas a adquirir o hábito de conversar sobre esses assuntos numa linguagem com a qual os homens de pudor se chocam" (*Memoir of the Life of John Bowdler, Esq.*, p. 123). Mas, embora o pudor seja fundamental, ele pode, após o casamento, ser dissimulado. "Nos anos setenta do último século, a srta. Jex-Blake e suas companheiras estavam vigorosamente travando a batalha para a admissão das mulheres à profissão médica, e os médicos estavam ainda mais vigorosamente resistindo ao seu ingresso, alegando que era impróprio e desmoralizante para uma mulher ter que estudar e lidar com questões médicas delicadas e íntimas. Naquela época, Ernest Hard, editor do *British Medical Journal*, me disse que a maioria das contribuições que lhe eram enviadas para publicação na revista e que tratavam de questões médicas delicadas e íntimas estavam escritas com a caligrafia das esposas dos médicos, às quais, obviamente, elas tinham sido ditadas. Não havia datilógrafas ou estenógrafas naquele tempo" (*The Doctor's Second Thoughts,* por Sir J. Crichton-Browne, p. 73, 74).

A duplicidade relativa à questão do pudor foi, entretanto, observada muito antes disso. Assim, Mandeville, em *The Fable of the Bees* (1714), diz: "...Eu teria considerado, em primeiro lugar, que a Modéstia das Mulheres é resultado do Costume e da Educação, segundo os quais todos os Desnudamentos deselegantes e todas as Expressões obscenas se tornam revoltantes e abomináveis para elas, e, não obstante isso, a mais Virtuosa das Mulheres Jovens experimentará, com frequência, ainda que contra a sua Vontade, Pensamentos e Ideias confusas das Coisas em sua Imaginação, os quais ela não revelaria a Ninguém por Nada deste Mundo".

Dois

[1] Para citar as palavras exatas de um desses apelos: "Esta carta é para lhe pedir que separe para nós roupas para as quais não tenha mais uso... Meias, não importa quanto estejam gastas, também são muito bem-vindas... O comitê é de opinião que, ao oferecer essas roupas a preços de ocasião... está prestando um serviço realmente útil às mulheres cujas profissões exigem que elas usem trajes apresentáveis, seja para o dia, seja para a noite, que elas possam se permitir comprar" (trecho de uma carta recebida da London and National Society for Women's Service, 1938).

[2] *The Testament of Joad,* por C. E. M. Joad, p. 209-211. Uma vez que a lista de sociedades a favor da causa da paz administradas, direta ou indiretamente, por mulheres inglesas é demasiadamente longa para ser citada (ver *The Story of the Disarmament Declaration,* por Edith Zangwill, p. 14, para uma lista das atividades em favor da paz realizadas por mulheres das profissões liberais, dos negócios e da classe operária), é desnecessário considerar seriamente a crítica do sr. Joad, por mais esclarecedora que ela seja, psicologicamente.

[3] *Experiment in Autobiography,* por H. G. Wells, p. 486. O movimento dos homens "para se opor à supressão virtual de sua liberdade pelos fascistas ou nazistas" pode ter sido mais perceptível. Mas é duvidoso que tenha sido mais bem-sucedido. "Os nazistas agora controlam a Áustria inteira" (de um jornal diário de 12 de março de 1938).

[4] "As mulheres, penso eu, não devem se sentar à mesa juntamente com os homens; sua presença arruína a conversa, tendendo a torná-la trivial e polida ou, na melhor das hipóteses, meramente engenhosa" (*Under the Fifth Rib,* de C. E. M. Joad, p. 58). Trata-se de uma opinião admiravelmente franca, e se todos os que partilham dos sentimentos do sr. Joad se expressassem tão abertamente, o dilema da anfitriã – quem convidar, quem não convidar – seria minorado e seu trabalho, poupado. Se os que preferem a companhia de seu próprio sexo à mesa assinalassem sua preferência, os homens, digamos, por uma roseta vermelha na lapela, as mulheres, por uma roseta branca, e os que preferem os sexos misturados usassem na lapela uma mistura de vermelho e branco, não apenas se evitaria muito

da inconveniência e da incompreensão, mas é possível também que a honestidade da lapela eliminasse uma certa forma de hipocrisia social, agora predominante. Entrementes, a franqueza do sr. Joad merece todo o louvor possível e seus anseios a mais incondicional observância.

5 De acordo com a srta. H. M. Swanwick, a W. S. P. U. tinha "uma renda, resultante de doações, no ano de 1912, de 42.000 libras" (*I Have Been Young*, por H. M. Swanwick, p. 189). O total gasto em 1912 pela Women's Freedom League foi de 26.772 libras, 12 xelins e 9 pênis (*The Cause*, por Ray Strachey, p. 311). Assim, a renda conjunta das duas sociedades era de 68.772 libras, 12 xelins e 9 pênis. Mas as duas sociedades eram, naturalmente, antagônicas.

6 "Mas, exceções à parte, o valor usual do salário das mulheres é baixo, e 250 libras anuais é um grande feito, até mesmo para uma mulher altamente qualificada, com anos de experiência" (*Careers and Openings for Women*, por Ray Strachey, p. 70). Entretanto, "o número de mulheres nas profissões liberais tem aumentado muito rapidamente nos últimos vinte anos, e era por volta de 400.000 em 1931, além daquelas empregadas em trabalhos secretariais e no serviço público" (*op. cit.*, p. 44).

7 A receita do Partido Trabalhista em 1936 era 50.153 libras (*Daily Telegraph*, setembro de 1937).

8 "The Public Service", por William A. Robson, in *The British Civil Servant*, por Robson, p. 16.

O professor Ernest Barker sugere que deveria haver um concurso alternativo para o serviço público "para homens e mulheres mais maduros" que tivessem trabalhado por alguns anos no serviço de assistência social. "As candidatas do sexo feminino, em particular, poderiam ser beneficiadas. Apenas uma proporção muito pequena das estudantes tem sucesso na atual competição aberta: na verdade, são pouquíssimas as que se inscrevem. No sistema alternativo aqui sugerido é possível e, na verdade, provável, que uma proporção muito maior das mulheres se candidatasse. As mulheres têm habilidade e capacidade para o serviço de assistência social. A forma alternativa de competição lhes daria uma chance de mostrar essa habilidade e essa capacidade. Isso poderia lhes dar um novo incentivo para competir no ingresso ao serviço da administração pública, no qual seus dotes e sua presença são necessários" (*The British Civil Servant*. 'The Home Civil Service', pelo professor Ernest Barker, p. 41). Mas, enquanto o serviço doméstico continuar tão árduo quanto é atualmente, é difícil ver como qualquer forma de incentivo pode tornar as mulheres livres para pôr "seus dotes e sua presença" a serviço do Estado, a menos que o Estado se encarregue do cuidado dos pais idosos; ou torne um delito penal a exigência, por parte das pessoas idosas de qualquer dos sexos, do serviço das filhas em casa.

[9] O sr. Baldwin, em discurso na Downing Street, numa reunião em prol do Fundo de Construção do Newnham College, em 31 de março de 1936.

[10] O efeito da presença da mulher no púlpito é assim definido em *Women and the Ministry, Some Considerations on the Report of the Archbishops' Commission on the Ministry of Women* (1936), p. 24: "Mas sustentamos que o serviço sacerdotal ministrado por mulheres... tenderá a produzir um rebaixamento do vigor espiritual do culto cristão, o que não ocorre com o serviço ministrado por homens diante de congregações constituídas, em grande parte ou exclusivamente, de mulheres. É um tributo à qualidade da feminilidade cristã que seja possível fazer essa afirmação; mas pareceria ser uma simples questão de fato que, nos pensamentos e desejos desse sexo, o natural se subordina mais facilmente ao sobrenatural, o carnal ao espiritual, do que no caso dos homens; e que os serviços de um sacerdócio masculino normalmente não despertam aquele lado da natureza humana feminina que deve permanecer quiescente durante os períodos de adoração do Deus Todo-Poderoso. Acreditamos, por outro lado, que seria impossível, para os homens de uma congregação anglicana média, estarem presentes num serviço religioso ministrado por uma mulher, sem se tornarem indevidamente conscientes do sexo dela".

Portanto, na opinião dos membros da Comissão, as mulheres cristãs estão mais voltadas para o espiritual do que os homens cristãos – uma notável, mas, sem dúvida, adequada razão para excluí-las do sacerdócio.

[11] *Daily Telegraph*, 20 de janeiro de 1936.

[12] *Daily Telegraph*, 1936.

[13] *Daily Telegraph*, 22 de janeiro de 1936.

[14] "Não há, tanto quanto sei, nenhuma regra universal sobre esta questão [isto é, relações sexuais entre servidores públicos]; mas espera-se que os servidores públicos e os funcionários municipais de ambos os sexos observem as normas convencionais e evitem condutas que possam chegar aos jornais e serem ali descritas como 'escandalosas'. Até pouco tempo, relações sexuais entre homens e mulheres dos Correios eram punidas com demissão imediata de ambas as partes... O problema de evitar que se tornem notícia é bastante fácil de ser resolvido no que toca aos procedimentos legais: mas as restrições oficiais vão mais longe, ao proibir que servidoras públicas (que, comumente, devem renunciar ao cargo quando se casam) coabitem abertamente com homens caso se inclinem a isso. A questão, portanto, adquire um caráter diferente" (*The British Civil Servant. The Public Service*, por William A. Robson, p. 14, 15).

[15] A maioria dos clubes masculinos confina as mulheres a uma sala especial, ou a um anexo, e as excluem de outros espaços, e a questão de saber se

fazem isso de acordo com o princípio observado no St Sophia, de que elas são impuras, ou de acordo com o princípio observado no Pompeii, de que elas são puras demais, é assunto de discussão.

[16] O poder da imprensa para abafar o debate de qualquer questão indesejável era, e ainda é, formidável. Foi um dos "extraordinários obstáculos" contra os quais Josephine Butler teve que lutar em sua campanha contra o projeto de lei das doenças contagiosas. "No começo de 1870, a imprensa londrina começou a adotar a política do silêncio em relação ao tema, que durou por muitos anos e provocou, por parte da Associação das Mulheres, o famoso 'Protesto contra a Conspiração do Silêncio', assinado por Harriet Martineau e Josephine E. Butler, que concluía com as seguintes palavras: 'Com certeza, embora uma conspiração como essa seja possível e praticada entre jornalistas destacados, nós, ingleses, exageramos demasiadamente nossos privilégios como pessoas livres quando preconizamos estimular uma imprensa livre e ter o direito de ouvir ambos os lados numa questão grave de moralidade e legislação'" (*Personal Reminiscences of a Great Crusade*, por Josephine E. Butler, p. 59). Durante a luta pelo voto, a imprensa utilizou novamente o boicote, com grande eficácia. E muito recentemente, em julho de 1937, a srta. Philippa Strachey, numa carta intitulada "Uma conspiração do silêncio", publicada (para honra do jornal) pelo *Spectator*, praticamente repete as palavras da srta. Butler: "Um sem-número de homens e mulheres tem participado de um esforço para induzir o governo a abandonar a cláusula do novo projeto de lei da contribuição previdenciária referente às pessoas que trabalham em serviços de escritório, que, pela primeira vez, introduz um limite de renda diferente para homens e mulheres ingressantes... No decorrer do último mês, o projeto esteve em discussão na Câmara dos Lordes, onde essa cláusula particular encontrou uma oposição forte e determinada de todos os lados da Câmara... Trata-se de eventos que, era de se supor, seriam de interesse suficiente para serem registrados pela imprensa diária. Mas eles não mereceram nenhum comentário dos jornais, desde o *The Times* até o *Daily Herald*... O tratamento diferencial dado às mulheres por este projeto provocou entre elas um sentimento de indignação de uma intensidade que não tinha sido observada desde a campanha do direito ao voto... Como se explica que isso tenha sido completamente ocultado pela imprensa?".

[17] Feridas superficiais foram, naturalmente, infligidas durante a batalha de Westminster. Na verdade, a luta pelo voto parece ter sido mais severa do que é agora reconhecido. Assim, Flora Drummond diz: "Quer tenhamos conquistado o voto por nossa agitação, como eu acredito, quer o tenhamos obtido por outras razões, como algumas pessoas dizem, penso que muitas das que pertencem às gerações mais novas custarão a acreditar na

fúria e na brutalidade provocadas por nossa reivindicação, há menos de trinta anos, pelo voto para as mulheres" (Flora Drummond, *Listener*, 25 de agosto de 1937). A geração mais nova está, supostamente, tão acostumada com a fúria e a brutalidade que as reivindicações por liberdade provocam que elas não têm nenhum sentimento disponível para aquele caso específico. Além disso, aquela luta específica ainda não ocupou seu lugar entre as lutas que fizeram da Inglaterra a terra da liberdade e dos ingleses os seus campeões. A luta pelo voto ainda é, em geral, referida em termos de amarga desaprovação: "... e as mulheres... ainda não tinham começado a campanha de rasgar pinturas, provocar incêndios e quebradeiras que acabou por demonstrar a ambos os tribunais seu direito ao voto" (*Reflections and Memories*, por Sir John Squire, p. 10). A geração mais nova pode, portanto, ser desculpada por acreditar que não há nada heroico numa campanha em que apenas umas poucas janelas foram estilhaçadas, algumas canelas foram quebradas e o retrato de Henry James, de autoria de Sargent, foi danificado, mas não irreparavelmente, com um canivete. Os atos de provocar incêndios, promover quebradeiras e rasgar pinturas aparentemente só se tornariam heroicos quando praticados, em larga escala, por homens munidos de metralhadoras.

[18] *The Life of Sophia Jex-Blake,* por Margaret Todd, M.D., p. 66-72.

[19] "Muito tem sido dito e escrito, ultimamente, sobre os feitos e realizações de Sir Stanley Baldwin durante seus mandatos como primeiro-ministro e seria impossível dizer mais. Posso chamar a atenção para aquilo que Lady Baldwin tem feito? Quando, inicialmente, me associei ao conselho diretivo deste hospital, em 1929, os analgésicos (aliviadores da dor) para casos de partos normais nas enfermarias eram praticamente desconhecidos; agora seu uso é rotina e são utilizados em quase cem por cento dos casos, e o que é verdadeiro para este hospital é verdadeiro, virtualmente, para todos os hospitais similares. Essa notável mudança num período tão curto se deve à inspiração e aos incansáveis esforços e ao estímulo da sra. Stanley Baldwin, tal como ela era então conhecida..." (Carta ao *The Times*, assinada por C. S. Wentworth Stanley, presidente do Conselho Diretivo, Maternidade da Cidade de Londres, 1937). Desde que o clorofórmio foi, pela primeira vez, administrado à rainha Vitória, quando do nascimento do príncipe Leopold, em abril de 1853, "casos de partos normais nas enfermarias" tiveram que esperar por setenta e seis anos e pelos esforços da esposa de um primeiro-ministro para obter esse alívio.

[20] De acordo com o *Debrett*, os Cavaleiros e Damas da Suprema Ordem do Império Britânico portam uma insígnia consistindo de "uma cruz *patonce*, de cor pérola esmaltada, fimbriada, ou encimada por um medalhão dourado com uma imagem de Britannia sentada num círculo vermelho, inscrito com o lema 'Por Deus e pelo Império'". Essa é uma das poucas

ordens abertas às mulheres, mas sua subordinação é apropriadamente marcada pelo fato de que a fita, no caso delas, tem apenas seis centímetros de largura; ao passo que a dos Cavaleiros tem dez centímetros de largura. As estrelas também têm tamanho diferente. O lema, entretanto, é o mesmo para ambos os sexos, e deve ser portado para sugerir que os que assim se rotulam veem alguma conexão entre a Deusa e o Império, e se mantêm preparados para defendê-los. O que acontece se Britannia, sentada num círculo vermelho, se opõe (como é concebível) à outra autoridade, cuja sede não é especificada no medalhão, o *Debrett* não diz, e os Cavaleiros e as Damas devem decidir sozinhos.

21 *Life of Sir Ernest Wild, KC*, por R. J. Blackham, p. 91.

22 Lorde Baldwin, discurso publicado no *The Times*, 20 de abril de 1936.

23 *Life of Charles Gore*, por G. L. Prestige, DD, p. 240-241.

24 *Life of Sir William Broadbent, KCVO, FRS*, organizado por sua filha, M. E. Broadbent, p. 242.

25 *The Lost Historian, a Memoir of Sir Sidney Low*, por Desmond Chapman-Huston, p. 198.

26 *Thoughts and Adventures*, pelo Muito Honorável Winston Churchill, p. 57.

27 Discurso em Belfast pronunciado por Lorde Londonderry, publicado no *The Times*, 11 de julho de 1936.

28 *Thoughts and Adventures*, pelo Muito Honorável Winston Churchill, p. 279.

29 *Daily Herald*, 13 de fevereiro de 1935.

30 *Goethe and Faust. An Interpretation*, por F. Melian Stawell e G. L. Dickinson.

31 *The Life of Charles Tomlinson*, por sua sobrinha, Mary Tomlinson, p. 30.

32 *Srta. Weeton, Journal of a Governess*, 1807-1811, organizado por Edward Hall, p. 14, xvii.

33 *A Memoir of Anne Jemima Clough*, por B. A. Clough, p. 32.

34 *Personal Reminiscences of a Great Crusade*, por Josephine Butler, p. 189.

35 "Você e eu sabemos que pouco importa se tivermos que ser os píeres invisíveis – profundamente enterrados no lodo e em cima dos quais repousam os visíveis – que sustentam a ponte. Não nos importaremos se, no futuro, as pessoas se esquecerem de que *há* algo encoberto; se alguns tiverem que ser usados em testes até que o melhor método de construir pontes seja descoberto. Estamos inteiramente dispostas a estar entre eles. O que nos importa é a ponte, e não nosso lugar nela; e acreditamos que, até o final, deve-se ter em mente que este, apenas este, deve ser nosso objetivo" (Carta de Octavia Hill ao sr. Senior, 20 de setembro de 1874 *The Life of Octavia Hill*, por C. Edmund Maurice, p. 307-308).

Octavia Hill iniciou o movimento para "assegurar melhores moradias para os pobres e espaços abertos para o público... O 'Sistema Octavia Hill' foi adotado por toda a extensão planificada de [Amsterdam]. Em janeiro de 1928 não menos que 28.648 casas tinham sido construídas" (*Octavia Hill, Early Ideals from Letters*, org. por Emily S. Maurice, p. 10-11).

[36] A criada exerceu um papel tão importante na vida da classe alta inglesa desde os primeiros tempos até o ano de 1914, quando a Honorável Monica Grenfell foi cuidar de soldados feridos acompanhada por uma criada [*Bright Armour*, por Monica Salmond, p. 20], que seus serviços merecem ser reconhecidos. Seus deveres eram peculiares. Ela tinha, por exemplo, que acompanhar sua senhora ao longo de Piccadilly "onde, nos clubes, alguns homens poderiam espiá-la pela janela", mas isso era desnecessário em Whitechapel, "onde malfeitores estavam, possivelmente, espreitando em cada esquina". Mas seu ofício era, sem dúvida, árduo. O papel de Wilson na vida privada de Elizabeth Barrett é bastante conhecido dos leitores de suas famosas cartas. No final do século (1889-1892), Gertrude Bell "ia com Lizzie, sua criada, a exposições de pinturas; era buscada, em jantares festivos, por Lizzie; ia com Lizzie ver o Assentamento em Whitechapel onde Mary Talbot trabalhava..." (*Early Letters of Gertrude Bell*, organizado por Lady Richmond). Basta pensar nas horas que ela esperava em antessalas, as distâncias que enfrentava em exposições de pinturas, os quilômetros que percorria penosamente ao longo das calçadas do West End, para concluir que, se o dia de Lizzie está agora quase acabado, ele era, em sua época, um longo dia. Esperemos que o pensamento de que estava pondo em prática os mandamentos de São Paulo, em suas cartas a Tito e aos Coríntios, era um amparo; e a certeza de que ela estava fazendo o máximo que podia para entregar o corpo de sua senhora intacto ao seu senhor, um consolo. Ainda assim, na fraqueza de sua carne e na escuridão do porão infestado de insetos, ela devia, às vezes, ter amargamente repreendido São Paulo, por um lado, pela castidade dele e, por outro lado, os cavalheiros de Piccadilly, pela luxúria deles. É de se lamentar que não se encontre, no *Dicionário da Biografia Nacional*, nenhuma biografia de criadas, a partir da qual um relato mais amplamente documentado pudesse ser elaborado.

[37] *The Earlier Letters of Gertrude Bell,* reunidas e organizadas por Elsa Richmond, p. 217-218.

[38] A questão da castidade, tanto da mente quanto do corpo, é do maior interesse e complexidade. A concepção vitoriana, a eduardiana e grande parte da concepção georgiana da castidade estava baseada, para não recuar mais no tempo, nas palavras de São Paulo. Para entender o significado delas, temos que entender a psicologia e o ambiente dele – uma tarefa nada fácil em vista da frequente obscuridade do apóstolo e da falta de

material biográfico. A julgar pela evidência interna, parece claro que ele era poeta e profeta, mas carecia de capacidade lógica e não tinha aquele treinamento psicológico que obriga, nos dias de hoje, inclusive os menos poéticos e proféticos a submeterem seus sentimentos pessoais a exame. Assim, seu famoso pronunciamento sobre a questão dos véus, na qual a teoria da castidade das mulheres parece se basear, está sujeita, sob vários ângulos, à crítica. Na Epístola aos Coríntios, seu argumento de que uma mulher deve usar véu quando ora ou profetiza baseia-se na suposição de que não cobrir a cabeça com véu "é como se a tivesse rapada" [1.Coríntios, 11:5]. Tendo admitido essa suposição, devemos perguntar em seguida: Que vergonha há em ter a cabeça rapada? Em vez de responder, São Paulo prossegue, afirmando: "Porque, na verdade, o homem não deve cobrir a cabeça, por ser ele imagem e glória de Deus" [11.7], do que se deduz que não é ter a cabeça rapada em si que é errado, mas ser mulher e ter a cabeça rapada. É errado para a mulher, ao que parece, porque "a mulher é glória do homem". Se São Paulo tivesse dito abertamente que gostava da visão dos cabelos compridos das mulheres, muitas de nós teriam concordado com ele e lhe teríamos em grande apreço por dizê-lo. Mas outras razões lhe pareciam preferíveis, como mostra seu próximo comentário: "Porque o homem não foi feito da mulher, e sim a mulher, do homem. Porque também o homem não foi criado por causa da mulher, e sim a mulher, por causa do homem. Portanto, deve a mulher, por causa dos anjos, trazer véu na cabeça, como sinal de autoridade" [11:8-10]. Que opinião tinham os anjos sobre os cabelos compridos não temos como saber; e o próprio São Paulo parece ter tido dúvidas sobre o apoio deles porque, do contrário, não teria pensado ser necessário apelar para o cúmplice de sempre, a natureza. "Ou não vos ensina a própria natureza ser desonroso para o homem usar cabelo comprido? E que, tratando-se da mulher, é para ela uma glória? Pois o cabelo lhe foi dado em lugar de mantilha. Contudo, se alguém quer ser contencioso, saiba que nós não temos tal costume, nem as igrejas de Deus" [11:14-16]. O argumento da natureza parece ser suscetível de reparo; a natureza, quando aliada à vantagem financeira, raramente é de origem divina; mas, se a base do argumento é escorregadia, a conclusão é firme. "Conservem-se as mulheres caladas nas igrejas, porque não lhes é permitido falar; mas estejam submissas como também a lei o determina" [14:34]. Tendo, assim, invocado a familiar, mas sempre suspeita, trindade de cúmplices, os anjos, a natureza e a lei, São Paulo chega à conclusão que tem se desenhado, sem sombra de dúvidas, à nossa frente: "Se, porém, querem aprender alguma coisa, interroguem, em casa, a seu próprio marido; porque para a mulher é vergonhoso falar na igreja" [14:35]. A natureza dessa "vergonha", que está estreitamente ligada à castidade é, à medida que a epístola avança, consideravelmente refundida. Pois ela é, obviamente, composta de certos preconceitos sexuais e pessoais. São Paulo, é óbvio, não era apenas um homem solteiro (sobre suas relações com Lídia, ver Renan, *Saint Paul*, p. 149. "*Est-il cependant absolument impossible que Paul ait contracté avec cette soeur une union plus intime? On ne saurait l'affirmer*"); e, tal como muitos solteiros, desconfiado do outro sexo; mas também um poeta e, como muitos poetas, preferia ele mesmo profetizar em vez de ouvir as profecias de outros. Além disso, ele era do tipo viril ou dominador tão popular, atualmente, na Alemanha, para cuja gratificação uma raça ou sexo subjugado é essencial. A castidade, pois, tal como definida por São Paulo, é vista como sendo uma concepção complexa, baseada no gosto por cabelos compridos; no gosto pela sujeição, no gosto por um público; no gosto por estabelecer a lei e, subconscientemente, num desejo muito forte e natural de que a mente e o corpo da mulher sejam reservados para uso de um homem e apenas um. Uma tal concepção, quando respaldada pelos Anjos, a natureza, a lei, o costume e a Igreja, e imposta por um sexo com um forte interesse pessoal em impô-la, e com recursos econômicos, era de um poder incontestável. A marca dos dedos imaculados, ainda que esqueléticos, dessa concepção de castidade pode ser encontrada em qualquer página de história que se abra, de São Paulo a Gertrude Bell. A castidade foi invocada para impedi-la de estudar medicina; de pintar a partir de modelos nus; de ler Shakespeare; de tocar em orquestras; de caminhar pela Bond Street sozinha. Em 1848, era um "imperdoável solecismo", para as filhas de um jardineiro, descer a Regent Street num cabriolé (*Paxton and the Bachelor Duke,* por Violet Markham, p. 288); esse solecismo tornava-se um crime, sobre cuja magnitude os teólogos devem decidir, se as cortinas fossem deixadas abertas. No começo do presente século, a filha do proprietário de uma fundição de ferro (pois não vamos desconsiderar distinções tidas hoje como de capital importância), Sir Hugh Bell, tinha "alcançado a idade de 27 anos e se casado sem jamais ter caminhado sozinha por Piccadilly... Gertrude, naturalmente, jamais teria sonhado em fazer isso...". O West End era a zona contaminada. "Era a própria classe a que se pertencia que era tabu..." (*The Earlier Letters of Gertrude Bell,* reunidas e organizadas por Elsa Richmond, p. 217-218). Mas as complexidades e inconsistências da castidade eram tais que a mesma moça que tinha que ser velada, ou seja, acompanhada, em Piccadilly, por um homem ou uma criada, podia visitar Whitechapel, ou Seven Dials, então antros do vício e da doença, sozinhas e com aprovação dos pais. Essa anomalia não passou completamente desapercebida. Assim, Charles Kingsley quando menino espantava-se: "... e as garotas têm a cabeça cheia de visitas a escolas e bairros pobres, e de enxovais de bebê e associações de ajuda social. Que desgraça!!! ter que andar pelo meio das mais abomináveis cenas de sujeira e miséria e indecência para visitar os pobres e ler a Bíblia para eles. Minha própria mãe diz que os lugares a que elas vão não são apropriados para serem vistos por garotas e que elas não deviam saber que tais coisas existem" (*Charles Kingsley,* por Margaret Farrand Thorp, p. 12). A sra. Kingsley, entretanto, era uma exceção. As filhas dos homens instruídos, em sua maioria, viam essas "cenas abomináveis" e sabiam que essas coisas existiam. Que elas ocultavam seu conhecimento é algo provável; que efeito essa ocultação tinha psicologicamente é algo impossível de ser especulado aqui. Mas que a castidade, real ou imposta, constituía um imenso poder, bom ou mau, é algo que não se pode pôr em dúvida. Mesmo nos dias de hoje é provável que uma mulher tenha que travar uma batalha psicológica de alguma dureza com o fantasma de São Paulo para conseguir ter alguma relação com um homem que não seja seu marido. Para além do estigma social fortemente impingido em nome da castidade, a Lei da Ilegitimidade fez de tudo para impor a castidade por meio da pressão financeira. Antes de as mulheres obterem o direito ao voto em 1918, "a Lei da Ilegitimidade fixou a soma de 5 xelins por semana como o máximo que um pai, não importando qual fosse sua riqueza, era obrigado a pagar para a manutenção da criança" (*Josephine Butler,* por M. G. Fawcett e E. M. Turner, nota, p. 101). Agora que São Paulo e muitos de seus apóstolos foram, eles próprios, desvelados pela ciência moderna, a castidade passou por uma considerável revisão. Mas diz-se haver uma reação em favor de algum grau de castidade para ambos os sexos. Isso se deve, em parte, a causas econômicas; a proteção da castidade por parte das criadas é um item dispendioso no orçamento burguês. O argumento psicológico em favor da castidade está muito bem expresso nas palavras do sr. Upton Sinclair: "Hoje em dia, ouvimos muitas coisas sobre as perturbações mentais causadas pela repressão sexual; é a inclinação do momento. Não ouvimos nada sobre os complexos que podem ser causados pela complacência sexual. Mas, pelo que tenho observado, os que se permitem levar a termo qualquer impulso sexual são tão infelizes quanto os que reprimem qualquer impulso sexual. Lembro-me de um colega de faculdade; eu disse a ele: 'Já lhe ocorreu fazer uma pausa e examinar a sua mente? Tudo que chega até você se transforma em sexo'. Ele pareceu surpreso, e vi que se tratava de uma ideia nova para ele; ele pensou um pouco e disse: 'Acho que você está certo'." (*Candid Reminiscences,* por Upton Sinclair, p. 63). Uma ilustração adicional é fornecida pelo seguinte relato: "Na esplêndida biblioteca da Columbia University havia tesouros de beleza, custosos volumes de gravuras, e eu, com minha habitual avidez, atirei-me neles, querendo aprender tudo o que havia para conhecer sobre a arte da Renascença em uma semana ou duas. Mas me vi aturdido por aquela quantidade de nudez; senti uma vertigem e tive que desistir" (*op. cit.,* p. 62-63).

[39] A tradução aqui utilizada é a de Sir Richard Jebb (*Sophocles, the Plays and Fragments*, com notas críticas, comentários e tradução em prosa). É impossível julgar qualquer livro a partir de uma tradução, mas, mesmo que lido em tradução, *Antígona* é claramente uma das obras-primas da literatura dramática. Entretanto, ela poderia, sem dúvida, ser transformada, se necessário, em material de propaganda contra o fascismo. A própria Antígona poderia ser transformada na sra. Pankhurst, que quebrou uma janela e foi encarcerada em Holloway; ou então em Frau Pommer, a esposa de um oficial prussiano do setor de minas de guerra, em Essen, que disse: "'O espinho do ódio foi cravado muito fundo nas pessoas pelos conflitos religiosos, e chegou a hora de os homens de hoje desaparecerem.'... Ela foi presa e será submetida a julgamento, acusada de insultar e difamar o Estado e o movimento nazista" (*The Times*, 12 de agosto de 1935). O crime de Antígona foi praticamente da mesma natureza e foi punido praticamente da mesma maneira. Suas palavras – "Vejam o que sofro, e por parte de quem!... E que lei dos céus transgredi? Por que, infeliz de mim deveria ainda olhar para os deuses – que aliado deveria invocar – quando por piedade ganhei o nome de ímpia?"– poderiam ser ditas pela sra. Pankhurst ou por Frau Pommer; e são, certamente, atuais. De novo, Creonte – que "atirou os filhos da luz do sol às sombras, e cruelmente depositou uma alma viva no túmulo"; que sustentou que "a desobediência é o pior dos males"; e que "seja quem for que a cidade indique, esse homem deve ser obedecido, nas pequenas e nas grandes coisas, nas coisas justas e nas injustas" – é representativo de certos políticos do passado, e de Herr Hitler e do Signor Mussolini, no presente. Mas, embora seja fácil enfiar esses personagens em roupas atuais, é impossível mantê-los nelas. Eles sugerem muitíssimas coisas; quando a cortina desce, pode-se registrar, nos identificamos até mesmo com o próprio Creonte. Esse resultado, indesejável para o propagandista, parece dever-se ao fato de que Sófocles (até mesmo numa tradução) utiliza livremente todas as faculdades que um escritor pode possuir; e sugere, portanto, que, se usarmos a arte para propagar opiniões políticas, devemos forçar o artista a coibir e cercear seu dom para nos prestar um serviço barato e passageiro. A literatura sofrerá a mesma mutilação que a mula tem sofrido; e não haverá mais cavalos.

[40] As cinco palavras de Antígona são: *οὔτοι συνέχθειν, ἀλλὰ συμφιλεῖν ἔφυν*". "Não é de minha natureza compartilhar ódio, mas amor." Às quais Creonte replica: "Passe, então, ao mundo dos mortos e, se precisar de amor, ame-os. Enquanto eu viver, nenhuma mulher me governará".

[41] Mesmo numa época de grande tensão política como a atual, é notável quantas críticas continuam sendo feitas às mulheres. O anúncio "um arguto, inteligente e provocativo estudo da mulher moderna" aparece,

em média, três vezes por ano nas listas das editoras. A autoria é, em geral, de alguém com um título universitário em Letras e, invariavelmente, do sexo masculino; e "para o homem comum", como diz a chamada (veja o *Times Lit. Sup.*, 12 de março de 1938), "este livro será uma revelação."

Três

[1] Espera-se que alguma pessoa metódica tenha colecionado os vários manifestos e enquetes publicados aqui e ali durante os anos 1936-1937. Cidadãos comuns sem nenhuma experiência política foram convidados a assinar petições reivindicando que seus próprios governos e os governos estrangeiros modificassem suas políticas; artistas foram convidados a preencher formulários que estabeleciam quais eram as relações apropriadas do artista com o Estado, com a religião, com a moralidade; apelos foram feitos para que os escritores utilizassem o inglês conforme a gramática e evitassem expressões vulgares; e sonhadores foram convidados a analisar seus sonhos. A título de estímulo, propunha-se, em geral, publicar os resultados na imprensa diária ou semanal. Que efeito teve essa inquirição sobre os governos cabe aos políticos dizer. Sobre a literatura, uma vez que o produto é instável, e a gramática não parece ter melhorado nem piorado, o efeito é problemático. Mas a inquirição é de grande interesse psicológico e social. Supostamente, ela teve origem no estado de espírito sugerido pelo deão Inge (The Rickman Godlee Lecture, segundo notícia no *The Times*, 23 de novembro de 1937), ao perguntar "se, levando em conta nossos próprios interesses, estamos caminhando na direção certa. Se continuarmos fazendo o que estamos fazendo agora, o homem do futuro será superior a nós ou não?... Pessoas sensatas estão começando a compreender que, antes de nos congratularmos por estarmos caminhando rapidamente, deveríamos ter alguma ideia sobre o lugar para onde estamos caminhando": uma insatisfação geral e o desejo de "viver diferente". Ele também destaca, indiretamente, a morte da Sereia, aquela dama tão ridicularizada e, em geral, da classe alta, que, ao manter a casa aberta para a aristocracia, a plutocracia, a intelligentsia, a ignorantsia, etc., tentava proporcionar a todas as classes um espaço de conversação ou um mecanismo de estimulação, em que elas pudessem exercitar a mente, as maneiras e as virtudes mais privadamente e, talvez, também mais proveitosamente. O papel que a Sereia exerceu na promoção da cultura e da liberdade intelectual no século dezoito é considerado pelos historiadores como tendo sido de alguma importância. Ela tem sua utilidade até mesmo em nossa própria época. W. B. Yeats dá testemunho disso: "Quantas vezes desejei que ele (Synge) pudesse ter vivido o suficiente para desfrutar daquela comunhão com mulheres ociosas, sedutoras, cultivadas que Balzac, em uma de suas dedicatórias, chama de 'o supremo consolo

do gênio'!" (*Dramatis Personae*, W. B. Yeats, p. 127). Entretanto, Lady St Helier que, quando era ainda Lady Jeune, conservou a tradição do século dezoito, nos informa que "ovos de tarambola a 2 xelins e 6 pênis cada, morangos fora da estação, aspargos temporãos, *petits poussins...* são agora considerados quase uma necessidade por qualquer um que queira oferecer um bom jantar" (1909); e sua observação de que o dia da recepção foi "muito fatigante... como me senti cansada quando chegou as sete e meia e o quão alegremente me sentei, às oito horas, para um jantar *tête-à-tête* com meu marido!" (*Memories of Fifty Years,* por Lady St Helier, p. 182, 184-185). pode explicar por que essas casas estão fechadas, por que essas anfitriãs estão mortas e por que, portanto, a intelligentsia, a ignorantsia, a aristocracia, a burocracia, a burguesia, etc., se veem obrigadas (a menos que alguém reviva aquela sociedade tendo uma base econômica como suporte) a manter sua conversação em público. Mas, em vista da profusão de manifestos e enquetes atualmente em circulação, seria insensato instilar mais um na mente e nas intenções dos Inquiridores.

[2] "Ele começou, entretanto, em 13 de maio (1844), a dar aulas, semanalmente, no Queen's College, que Maurice e outros professores do King's College tinham estabelecido um ano antes, primariamente para o exame e o treinamento de preceptoras. Kingsley estava disposto a participar dessa missão impopular porque ele acreditava na educação superior das mulheres" (*Charles Kingsley*, por Margaret Farrand Thorp, p. 65).

[3] Os franceses, como mostra a citação acima, são tão ativos quanto os ingleses na publicação de manifestos. Pode causar surpresa o fato de que os franceses, que se recusam a permitir que as mulheres da França votem, e ainda lhes impõem leis cuja severidade quase medieval pode ser estudada em *The Position of Women in Contemporary France,* por Frances Clark, devam apelar às mulheres inglesas para ajudá-los a proteger a liberdade e a cultura.

[4] A precisão absoluta, aqui ligeiramente em conflito com o ritmo e a eufonia, exige a palavra "porto". Uma fotografia na imprensa diária, com a legenda "Catedráticos numa Sala de Recreação após a ceia" (1937), mostra "um carrinho sobre trilhos no qual o decantador de vinho do porto atravessa um vão entre os convivas sentados junto à lareira e assim continua seu curso, sem se expor à luz do sol". Outra fotografia mostra o copo de "castigo" sendo utilizado. "Esse antigo costume de Oxford ordena que, diante da menção de certos temas no refeitório, o transgressor, como punição, seja obrigado a tomar um litro e meio de cerveja de um só gole..." Esses exemplos são, por si só, suficientes para provar que é impossível, para a pena de uma mulher, descrever a vida numa faculdade masculina sem cometer algum imperdoável solecismo. Mas os cavalheiros cujos costumes frequentemente são, é de se recear,

caricaturados, concederão sua complacência quando compreenderem que quem escreve romances e é do sexo feminino, por mais reverente que seja sua intenção, trabalha sob desvantagens físicas graves. Se ela quiser, por exemplo, descrever um banquete no Trinity College, da Universidade de Cambridge, ela tem que "escutar pelo visor da porta da sala da sra. Butler (a esposa do diretor) os discursos que estão sendo feitos no banquete oferecido no Trinity". A observação da srta. Haldane foi feita em 1907, quando ela observou que "o ambiente inteiro parecia medieval" (*From One Century to Another*, por E. Haldane, p. 235).

[5] De acordo com o Whitaker, há uma Sociedade Real de Literatura e também uma Academia Britânica, ambas, supostamente, instituições oficiais, uma vez que elas têm escritórios e administradores, mas é impossível dizer quais são seus poderes, pois, se o Whitaker não registrasse sua existência, dificilmente se suspeitaria dela.

[6] No século dezoito, as mulheres estavam, aparentemente, banidas do salão de leitura do Museu Britânico. Como exemplo: "A *srta. Chudleigh* pede permissão para ser admitida ao salão de leitura. Dentre os pesquisadores, a única do sexo feminino que tinha até agora nos honrado com sua presença tinha sido a *sra. Macaulay*; e sua Senhoria deve se recordar do infeliz evento que ofendeu sua sensibilidade" (Daniel Wray a Lorde Hardwicke, 22 de outubro de 1768. Nichols, *Illustrations of The Literary History of the Eighteenth Century*, v. I, p. 137). O organizador do livro acrescenta uma nota de rodapé: "Alusão à indelicadeza de um cavalheiro diante da presença da *sra. Macaulay*; cujos pormenores não merecem ser repetidos".

[7] *The Autobiography and Letters of Mrs M. O. W. Oliphant*, reunidas e organizadas pela sra. Harry Coghill. A sra. Oliphant (1828-1897) "vivia em perpétuas dificuldades financeiras por ter se encarregado da educação e manutenção dos filhos do irmão viúvo, além da de seus dois filhos..." (*Dictionary of National Biography*).

[8] *History of England*, por Macaulay, v. III, p. 277-278 (edição comum).

[9] O sr. Littlewood, até recentemente crítico teatral do *Morning Post*, descreveu a situação do jornalismo na atualidade num jantar dado em sua honra, em 6 de dezembro de 1937. O sr. Littlewood disse "que tinha lutado, durante a temporada e fora dela, por mais espaço nas colunas dos jornais diários londrinos. A Fleet Street era a rua na qual, entre as onze e as doze e meia da noite, para não mencionar as horas antes e depois desse intervalo, milhares de belas palavras e ideias eram sistematicamente massacradas. Tinha sido sua sina, durante pelo menos duas de suas quatro décadas, retornar àquele matadouro a cada noite com a expectativa certa e segura de ser informado de que o jornal já estava cheio com notícias importantes e de que não havia mais espaço para qualquer coisa

sanguinolenta sobre o teatro. Tinha sido seu destino levantar-se a cada manhã para se descobrir responsável pelos restos mutilados daquilo que havia sido uma vez um bom comentário... Não era culpa dos revisores do jornal. Alguns deles, lápis azul à mão, assinalavam com lágrimas no olhos os cortes a serem feitos. O verdadeiro culpado era o imenso público que não sabia nada sobre teatro e do qual não se esperava que fosse se importar" (*The Times*, 6 de dezembro de 1937).

O sr. Douglas Jerrold descreve o tratamento da política na imprensa. "Naqueles poucos e breves anos [entre 1928 e 1933] a verdade tinha fugido da Fleet Street. Não se podia nunca dizer toda a verdade o tempo todo. Não era possível fazê-lo. Mas, ao menos, costumava ser possível dizer a verdade sobre outros países. Por volta de 1933, cada um fazia isso por sua conta e risco. Em 1928, não havia nenhuma pressão política direta por parte dos anunciantes. Hoje em dia, essa pressão é não apenas direta, mas também eficaz."

A crítica literária parecia estar praticamente na mesma situação e pelo mesmo motivo: "Não há nenhum crítico no qual o público ainda tenha confiança. As pessoas confiam, se é que confiam, nas opiniões das diversas Associações do Livro e nas seleções feitas por jornais específicos, e, em geral, elas são criteriosas... As Associações do Livro são abertamente constituídas de comerciantes de livros, e os grandes jornais nacionais não podem correr o risco de confundir os seus leitores. Todos eles devem escolher livros que tenham, de acordo com o gosto dominante do público, grande potencial de venda" (*Georgian Adventure,* por Douglas Jerrold, p. 282, 283, 298).

[10] Embora seja óbvio que, sob as condições atuais do jornalismo, a crítica literária possa ser insatisfatória, é também óbvio que nenhuma mudança pode ser feita sem que se mude a estrutura econômica da sociedade e a estrutura psicológica do artista. Economicamente, é necessário que o resenhista anuncie a publicação de um novo livro com o grito de um pregoeiro público: "Oh, siiim, oh, siiim, Oh, siiim, tal e tal livro foi publicado; seu tema é este, aquele ou aquele outro". Psicologicamente, a vaidade e o desejo por "reconhecimento" ainda são tão fortes entre os artistas que privá-los da publicidade e negar-lhes frequentes, ainda que contrastantes, sensações de elogio e reprovação seria tão precipitado quanto a introdução de coelhos na Austrália: o equilíbrio da natureza seria perturbado, e as consequências poderiam muito bem ser desastrosas. A sugestão do texto não é a de abolir a crítica pública; mas de complementá-la com um novo serviço baseado no exemplo da profissão médica. Um painel de críticos recrutados entre os resenhistas (muitos dos quais são críticos potenciais de gosto e saber genuínos) exerceria sua profissão como médicos e na mais estrita privacidade. Removida a publicidade, é

de se deduzir que a maior parte das distrações e corrupções que, inevitavelmente, tornam a crítica contemporânea inútil para o escritor seria abolida; todo incentivo ao elogio ou à reprovação por razões pessoais seria destruído; nem as vendas nem as vaidades seriam afetadas; o autor poderia levar em conta as críticas sem considerar o efeito sobre o público ou os amigos; o crítico poderia criticar sem o lápis azul dos revisores ou o gosto do público. Uma vez que a crítica é muitíssimo desejada pelos contemporâneos, como atesta a constante demanda por ela, e uma vez que livros novos são tão essenciais para a mente do crítico quanto a carne fresca para o seu corpo, todos saem ganhando; até a literatura pode se beneficiar com isso. As vantagens do sistema atual de crítica pública são, sobretudo, econômicas; psicologicamente, seus efeitos maléficos são demonstrados pelas duas famosas resenhas sobre Keats e Tennyson publicadas no *Quarterly*. Keats ficou profundamente magoado; e "o efeito... sobre o próprio Tennyson foi agudo e prolongado. Seu primeiro ato consistiu em retirar imediatamente *The Lover's Tale* do prelo... Vemo-lo pensando em deixar a Inglaterra permanentemente e ir morar no exterior" (*Tennyson*, por Harold Nicolson, p. 118). O efeito do sr. Churton Collins sobre Sir Edmund Gosse foi praticamente o mesmo: "Sua autoconfiança foi abalada, sua personalidade, enfraquecida... não estava todo mundo vendo seus conflitos e considerando-o predestinado ao fracasso?... Sua própria interpretação de seus sentimentos era de que ele andava de um lado para o outro sentindo que tinha sido esfolado vivo (*The Life and Letters of Sir Edmund Gosse*, por Evan Charteris, p. 196).

[11] "Um-homem-que-toca-a-campainha-e-sai correndo." Essa expressão foi cunhada para definir aqueles que fazem uso das palavras com intenção de ferir e, ao mesmo tempo, de fugir sem ser descobertos. Numa época de transição, na qual muitas qualidades estão mudando de valor, novas palavras para expressar novos valores são altamente desejáveis. A vaidade, por exemplo, que, a julgar por evidências fornecidas no estrangeiro, pareceria sugerir sérias combinações de crueldade e tirania, está ainda disfarçada por um nome carregado de associações triviais. Um suplemento ao *Dicionário Oxford* seria desejável.

[12] *Memoir of Anne J. Clough*, por B. A. Clough, p. 38, 67. "The Sparrow's Nest," por William Wordsworth.

[13] No século dezenove, as filhas dos homens instruídos fizeram um trabalho muito valioso para a classe operária, da única forma que estava disponível para elas. Mas agora que algumas delas, ao menos, se beneficiaram de uma educação dispendiosa, pode-se argumentar que elas podem trabalhar de maneira muito eficaz permanecendo em sua própria classe e utilizando os métodos dessa classe para melhorar as condições de uma classe que precisa muito dessa melhoria. Se, por outro lado, as mulheres instruídas

(como, com muita frequência, acontece) renunciarem àquelas mesmas qualidades que a educação deveria ter comprado – razão, tolerância, conhecimento – e começarem a fazer de conta que pertencem à classe operária e a adotar sua causa, elas apenas vão expor aquela causa ao ridículo da classe instruída, sem fazerem nada para melhorar a sua própria classe. Mas o número de livros sobre a classe operária, escritos pelas mulheres instruídas, parece mostrar que o fascínio pela classe operária e o alívio emocional proporcionado por adotar a sua causa são, atualmente, tão irresistíveis para a classe média quanto foi o fascínio pela aristocracia vinte anos atrás (ver *Em busca do tempo perdido*). Entretanto, seria interessante saber o que o genuíno operário ou operária pensa dos moços e das moças de vida folgada das classes instruídas que adotam a causa operária sem sacrificar o capital de classe média ou partilhar da experiência operária. "A dona de casa média", de acordo com a sra. Murphy, diretora do setor domiciliar da Associação Britânica de Gás Comercial, "lavava, por ano, meio hectare de pratos sujos, um quilômetro e meio de vidraria e quatro quilômetros e meio de roupas, e esfregava sete quilômetros e meio de assoalho" (*Daily Telegraph*, 29 de setembro de 1937). Para um relato mais detalhado da vida operária, ver *Life as We Have Known It*, pela Cooperativa de Mulheres Operárias, organizado por Margaret Llewelyn Davies. O livro *Life of Joseph Wright* também fornece um notável relato da vida operária, de primeira mão, e não através de óculos pró-proletários.

[14] "Foi decidido ontem, no Ministério da Guerra, que o Estado Maior do Exército não tem nenhuma intenção de iniciar o recrutamento para qualquer unidade militar feminina" (*The Times*, 22 de outubro de 1937). Isso assinala uma distinção fundamental entre os sexos. O pacifismo é imposto às mulheres. Aos homens ainda é dada a liberdade de escolha.

[15] A seguinte citação mostra, entretanto, que o instinto bélico, quando sancionado, se desenvolve facilmente. "Olhos encovados, traços acentuados, a amazona se mantém muito aprumada nos estribos, à frente de seu esquadrão... Cinco parlamentares ingleses olham para essa mulher com a respeitosa e um tanto perturbada admiração que se sente por um *fauve* de uma espécie desconhecida...

– Chegue mais perto, Amalia – ordena o comandante. Ela incita seu cavalo na nossa direção e saúda o comandante com a espada.

– Sargenta Amalia Bonilla – continua o comandante do esquadrão – quantos anos você têm? – Trinta e seis. – Onde nasceu? – Em Granada. – Por que se juntou ao exército? – Minhas duas irmãs eram milicianas. A mais nova foi assassinada no Alto de León. Achei que devia assumir o lugar dela e vingá-la. – E quantos inimigos você matou para vingá-la? – O senhor sabe, comandante, cinco. Sobre o sexto não tenho certeza. – Não, mas você ficou com o cavalo dele. De fato, a amazona Amalia cavalga um magnífico cavalo malhado, com pelo brilhante, manso como um cavalo de desfile... Essa mulher que matou cinco homens – mas que não tem certeza sobre o sexto – foi, para os enviados da Câmara dos Comuns, uma excelente introdutora à guerra espanhola" (*The Martyrdom of Madrid, Inedited Witnesses*, por Louis Delaprée, p. 34, 35, 36. Madrid, 1937).

[16] À guisa de prova, pode-se fazer uma tentativa para elucidar as razões dadas por vários ministros de Estado em vários parlamentos de 1870 a 1918 para se oporem ao projeto de lei do direito das mulheres ao voto. Um esforço hábil nessa direção tem sido feito pela sra. Oliver Strachey (veja o capítulo "The Deceitfulness of Politics" em seu livro *The Cause*).

[17] "Na Liga, tivemos informações sobre a situação civil e política das mulheres apenas a partir de 1935." A julgar pelos relatórios enviados sobre a posição da mulher como esposa, mãe e dona de casa, "constatou-se o lamentável fato de que sua posição econômica em muitos países (incluindo a Grã-Bretanha) era instável. Ela não tem direito a nenhum salário ou pagamento, embora tenha deveres definidos a cumprir. Na Inglaterra, embora ela possa ter devotado sua vida inteira ao marido e aos filhos, seu marido, não importa quão rico ele seja, pode deixá-la desamparada ao morrer e ela não tem nenhum amparo legal. Devemos mudar isso – pela legislação..." (Linda P. Littlejohn, em *The Listener*, 10 de novembro de 1937).

[18] Essa definição particular da tarefa da mulher vem não de uma fonte italiana, mas de uma fonte alemã. Há tantas versões, e todas se assemelham tanto que parece desnecessário verificar cada uma delas separadamente. Mas é curioso descobrir como é fácil extraí-las de fontes inglesas. O sr. Gerhardi, por exemplo, escreve: "Nunca, até agora, cometi o erro de considerar as mulheres escritoras como verdadeiras colegas do ofício artístico. Eu as tenho, em vez disso, como auxiliares espirituais que, dotadas de uma capacidade considerável para a apreciação, podem ajudar os poucos de nós afligidos pelo gênio a carregar de bom grado a nossa cruz. Seu verdadeiro papel é, portanto, de preferência, o de nos estender a esponja, de refrescar a nossa testa, enquanto sangramos. Se sua compassiva compreensão puder, de fato, ser posta a serviço de uma finalidade mais romântica, como as apreciaremos por isso!" (*Memoirs of a Polyglot,* por William Gerhardi, p. 320, 321). Essa concepção do papel da mulher coincide quase exatamente com aquela citada acima.

[19] Para falar com precisão, "uma grande placa de prata na forma da águia do Reich... foi criada pelo presidente Hindenburg para cientistas e outros civis ilustres... Não é preciso levá-la na lapela. É, em geral, posta em cima da escrivaninha de quem a recebe" (Jornal diário, 21 de abril de 1936).

[20] "É comum ver moças que trabalham no comércio se contentando com um pãozinho ou um sanduíche para a refeição do meio-dia; e embora haja teorias de que isso se dê por escolha... a verdade é que, com frequência,

elas não têm dinheiro para se alimentar adequadamente" (*Careers and Openings for Women,* por Ray Strachey, p. 74). Compare-se, também, com o que diz a srta. E. Turner: "... muitos escritórios têm se perguntado por que não conseguem dar conta de seu trabalho tão facilmente quanto antes. Descobriu-se que as datilógrafas de nível inferior estavam extenuadas no meio da tarde porque não tinham dinheiro para comprar uma maçã ou um sanduíche para o almoço. Os empregadores deveriam compensar o crescente custo de vida com melhores salários" (*The Times,* 28 de março de 1938).

[21] A prefeita de Woolwich (a srta. Kathleen Rance) discursando numa feira beneficente, conforme relato do *Evening Standard,* 20 de dezembro de 1937.

[22] A srta. E. R. Clarke, segundo matéria no *The Times,* 24 de setembro de 1937.

[23] Noticiado no *Daily Herald,* 15 de agosto de 1936.

[24] Canon F. R. Barry discursando numa conferência organizada pelo Grupo Anglicano, em Oxford, conforme matéria do *The Times,* 10 de janeiro de 1933.

[25] *The Ministry of Women. Report of the Archbishops' Commission.* VII. Secondary Schools and Universities, p. 65.

[26] "A srta. D. Carruthers, diretora da Green School, Isleworth, disse que havia 'uma insatisfação muito grande' entre as alunas mais velhas com a maneira como a religião oficial era conduzida. 'De algum modo, as igrejas parecem estar fracassando em satisfazer as necessidades espirituais dos jovens', disse ela. 'Trata-se de uma falha que parece ser comum a todas as igrejas'" (*Sunday Times,* 21 de novembro de 1937).

[27] *Life of Charles Gore,* por G. L. Prestige, DD, p. 353.

[28] *The Ministry of Women. Report of the Archbishops' Commission, passim.*

[29] Quer o dom da profecia e o dom da poesia tenham originalmente sido uma só e mesma coisa, quer não, por muitos séculos se estabeleceu uma distinção entre esses dois dons, bem como entre suas respectivas profissões. Mas o fato de que o *Cântico dos cânticos,* obra de um poeta, esteja incluído entre os livros sagrados, e de que os poemas e as narrativas de propagação da fé, obras de profetas, estejam incluídos entre os livros seculares, sugere alguma confusão. Os amantes da literatura inglesa nunca conseguirão se mostrar gratos o suficiente pelo fato de Shakespeare ter vivido numa época demasiadamente tardia para poder ser canonizado pela Igreja. Tivessem suas peças sido classificadas entre os livros sagrados, elas teriam recebido o mesmo tratamento que o Velho e o Novo Testamentos; nós as teríamos repartidas, aos domingos, pela boca dos padres, em pequenas doses; ora um solilóquio de *Hamlet*; ora uma passagem deturpada saída da pena de um jornalista sonolento; ora uma canção obscena; ora meia página de

Antônio e Cleópatra, da mesma forma que o Velho e o Novo Testamento têm sido fatiados e entremeados com hinos no serviço religioso da Igreja da Inglaterra; e Shakespeare teria sido tão incompreensível quanto a Bíblia. Contudo, aqueles que não foram forçados desde a infância a ouvi-la assim, semanalmente esquartejada, asseguram que a Bíblia é uma obra do maior interesse, de extrema beleza e de profundo significado.

[30] *The Ministry of Women,* apêndice I. "Certain Psychological and Physiological Considerations", pelo professor Grensted, DD, p. 79-87.

[31] "Atualmente um padre casado é capaz de cumprir as exigências do serviço sacerdotal, 'de esquecer e pôr de lado todas as preocupações e tarefas mundanas', sobretudo porque sua esposa pode assumir a manutenção da casa e da família..." (*The Ministry of Women*, p. 32).

Os membros da Comissão estão, aqui, estabelecendo e aprovando um princípio que é, com frequência, estabelecido e aprovado pelos ditadores. Herr Hitler e o Signor Mussolini têm, ambos, com frequência e com palavras muito similares, manifestado a opinião de que "há dois mundos na vida de uma nação, o mundo dos homens e o mundo das mulheres"; e deram praticamente as mesmas definições dos respectivos deveres. O efeito que essa divisão tem tido sobre a mulher; a natureza banal e pessoal de seus interesses; sua absorção na vida prática; sua aparente incapacidade para o poético e o aventuroso – tudo isso tem constituído a matéria-prima de muitos romances, o alvo de muitíssimas sátiras, tem confirmado a teoria de muitíssimos teóricos de que, por lei, a natureza da mulher é menos espiritual que a do homem, de que nada mais precisa ser dito para provar que ela tem cumprido, querendo ou não, sua parte do contrato. Mas tem-se dado pouca atenção ao efeito intelectual e espiritual dessa divisão de tarefas sobre aqueles aos quais o contrato autoriza "esquecer e pôr de lado todas as preocupações e tarefas mundanas". Contudo, não há como duvidar de que devemos a essa segregação o grande aprimoramento dos modernos instrumentos e métodos de guerra; as espantosas complexidades da teologia; a imensa quantidade de notas de rodapé nos textos gregos, latinos e ingleses; os inumeráveis entalhes, cinzelamentos e decorações desnecessários de nossa mobília e louçaria comum; o sem-número de distinções do *Debrett* e do *Burke*; e todos aqueles torneios e torções nos quais o intelecto se enreda quando está livre "da manutenção da casa e da família". A ênfase que os padres e os ditadores põem na necessidade de dois mundos é suficiente para provar que essa divisão é essencial para o seu domínio.

[32] Uma evidência da natureza complexa da satisfação propiciada pelo domínio é fornecida pela seguinte citação: "Meu marido insiste que eu o chame de 'Senhor'", disse ontem uma mulher no Tribunal de Pequenos Delitos de Bristol, ao requisitar uma pensão alimentícia por parte do

marido. "Para manter a paz, concordei com a exigência dele", acrescentou. "Também tenho que limpar as suas botas, trazer a navalha para ele quando se barbeia e responder prontamente quando me faz perguntas." No mesmo número do mesmo jornal, informa-se que Sir E. F. Fletcher "exortou a Câmara dos Comuns a enfrentar os ditadores" (*Daily Herald*, 1º de agosto de 1936). Isso parece mostrar que a consciência comum, que inclui o marido, a esposa e a Câmara dos Comuns, sente a um só e mesmo tempo o desejo de dominar, a necessidade de aquiescer para manter a paz e o imperativo de dominar o desejo por domínio – um conflito psicológico que serve para explicar grande parte daquilo que parece inconsistente e turbulento na opinião contemporânea. O prazer do domínio se torna, com efeito, mais complicado pelo fato de que ele ainda está, na classe instruída, estreitamente aliado aos prazeres da riqueza, do prestígio social e profissional. Sua distinção com relação aos prazeres comparativamente simples – por exemplo, o prazer de uma caminhada pelo campo – é demonstrada pelo medo do ridículo, que grandes psicólogos, como Sófocles, detectam no dominador; o qual também é peculiarmente suscetível, de acordo com a mesma autoridade, seja ao ridículo, seja ao desafio por parte do sexo feminino. Um elemento essencial desse prazer, portanto, parece derivar não do sentimento em si, mas do reflexo dos sentimentos de outras pessoas e, por consequência, pode ser influenciado por uma mudança nesses sentimentos. O riso como um antídoto ao domínio é, talvez, indicado.

[33] *The Life of Charlotte Brontë*, pela sra. Gaskell.

[34] *The Life of Sophia Jex-Blake*, por Margaret Todd, p. 67-69, 70-71, 72.

[35] A observação externa sugeriria que um homem ainda sente como um insulto fora do comum ser acusado, por uma mulher, de covardia, da mesma maneira que uma mulher sente como um insulto fora do comum ser acusada, por um homem, de não ser casta. A seguinte citação confirma essa visão. O sr. Bernard Shaw escreve: "Não esqueço a gratificação que a guerra propicia ao instinto de combatividade e admiração pela coragem que são características tão fortes das mulheres... Na Inglaterra, à eclosão da guerra, as jovens civilizadas correm de um lado para o outro entregando penas brancas a todos os homens jovens que não vestem uniforme. Isso", continua ele, "tal como outros resquícios da barbárie, é bastante natural", e ele observa que "em tempos ancestrais a vida de uma mulher e a de seus filhos dependiam da coragem e da capacidade de matar de seu companheiro". Uma vez que um grande número de homens jovens trabalhou durante todo o tempo da guerra em escritórios sem qualquer adorno desses, e o número de "jovens civilizadas" que pregava penas na lapela dos casacos deve ter sido infinitesimal em comparação com aquelas que não fizeram nada desse tipo, o exagero do sr. Shaw é prova

suficiente da imensa impressão psicológica que cinquenta ou sessenta penas (não há nenhuma estatística disponível) ainda podem causar. Isso parece provar que o macho ainda conserva uma suscetibilidade anormal a essas acusações; portanto, que aquela coragem e combatividade ainda figuram entre os principais atributos da masculinidade; portanto, que ele ainda deseja ser admirado por possuí-los; portanto, que qualquer ridicularização dessas características teria uma reação proporcional. Que o "sentimento de masculinidade" também está conectado com a independência econômica é algo provável. "Nunca conhecemos um homem que não se sentisse orgulhoso, aberta ou secretamente, de ser capaz de sustentar mulheres; fossem elas suas irmãs ou suas amantes. Nunca conhecemos uma mulher que não considerasse como uma promoção honrosa passar da independência econômica devida a um emprego para a dependência econômica de um homem. De que serve aos homens e mulheres mentirem uns aos outros sobre essas coisas? Não fomos nós que as inventamos" – (*A. R. Orage*, por Philip Mairet, vii) – uma declaração interessante, atribuída por G. K. Chesterton a A. R. Orage.

[36] *Life of Sophia Jex-Blake*, por Margaret Todd, p. 74, 73, 64.

[37] Até o início dos "anos oitenta, segundo a srta. Haldane, irmã de R. B. Haldane, nenhuma dama podia trabalhar. "Eu teria gostado, naturalmente, de estudar para exercer alguma profissão, mas isso era uma ideia impossível a menos que se estivesse na triste condição de 'ter que trabalhar para ganhar o pão', e essa teria sido uma terrível situação. Um irmão, inclusive, escreveu sobre o melancólico fato depois de ter visto a atuação teatral da sra. Langtry. 'Era uma dama e atuava como uma dama, mas que coisa triste que fosse obrigada a fazer isso!'" (*From One Century to Another*, por Elizabeth Haldane, p. 73-74). Harriet Martineau, no começo do século, ficou feliz quando a família perdeu sua fortuna, pois com isso ela perdeu sua "nobreza" e foi autorizada a trabalhar.

[38] Para um relato do caso do sr. Leigh Smith, ver *The Life of Emily Davies*, por Barbara Stephen. Barbara Leigh Smith tornou-se Madame Bodichon.

[39] O quão nominal foi essa abertura foi demonstrado pelo seguinte relato das reais condições sob as quais as mulheres trabalhavam nas escolas da Academia Real por volta de 1900. "Por qual razão não se deveria dar à fêmea da espécie as mesmas vantagens do macho é algo difícil de compreender. Nas escolas da Academia Real, nós, mulheres, tínhamos que competir com os homens por todos os prêmios e medalhas que eram concedidos todos os anos, mas tínhamos direito a apenas metade das aulas e a menos da metade das oportunidades de estudos artísticos... Nas escolas da Academia Real não era permitido que modelos nus posassem na sala de pintura das mulheres... Os estudantes do sexo masculino não apenas trabalhavam a partir de modelos nus, tanto masculinos quanto

femininos, durante o dia, mas também tinham direito a uma aula noturna, na qual podiam fazer estudos, sob a supervisão de um professor visitante, a partir de estátuas." Isso parecia, na opinião das estudantes do sexo feminino, ser algo "realmente muito injusto"; a srta. Collyer teve a coragem e a posição social necessária para enfrentar, primeiro, o sr. Frank Dicksee, o qual argumentou que, uma vez que as moças acabam se casando, o dinheiro gasto na sua instrução é dinheiro desperdiçado; e, depois, Lorde Leighton; por fim, uma pequena mas importante concessão, isto é, a estátua descoberta, foi feita. Mas "as vantagens da aula noturna nós nunca conseguimos obter...". As estudantes, portanto, juntaram dinheiro e alugaram o estúdio de um fotógrafo em Baker Street. "O dinheiro que nós, como membros da comissão, tínhamos que juntar reduziu praticamente nossas refeições a uma dieta de inanição" (*Life of an Artist*, por Margaret Collyer, p. 79-81, 82). A mesma regra estava em vigor na Escola de Artes de Nottingham, em pleno século vinte. "Às mulheres não era permitido desenhar a partir de um modelo nu. Se os homens estivessem trabalhando a partir de um modelo vivo, eu tinha que ir para o Salão da Antiguidade... a aversão àquelas estátuas de gesso continua comigo até hoje. Nunca tirei nenhum proveito de seu estudo" (*Oil Paint and Grease Paint*, por Dame Laura Knight, p. 47). Mas a profissão da arte não é a única que está acessível apenas nominalmente. A medicina está "acessível", mas "... quase todas as escolas ligadas aos hospitais de Londres estão inacessíveis às mulheres estudantes, cujo treinamento se dá, principalmente, na Escola de Medicina de Londres" (*Memorandum on the Position of English Women in Relation to that of English Men*, por Philippa Strachey (1935), p. 26). "Algumas das 'médicas' da Universidade de Cambridge formaram um grupo para denunciar a injustiça" (*Evening News*, 25 de março de 1937). Em 1922, as estudantes do sexo feminino foram admitidas ao Royal Veterinary College, em Camden Town. "... Desde então, a profissão atraiu tantas mulheres que o número de admissões foi, recentemente, limitado a 50" (*Daily Telegraph*, 1° de outubro de 1937).

[40, 41] *The Life of Mary Kingsley*, por Stephen Gwynn, p. 18, 26. Num fragmento de uma carta, Mary Kingsley escreve: "Sou útil ocasionalmente, mas isso é tudo – muito útil alguns meses atrás quando, em visita a uma amiga, ela me pediu para subir ao seu quarto para ver seu novo chapéu – uma sugestão que, sabendo da opinião que ela tinha da minha nessas questões, me surpreendeu". "A carta", diz o sr. Gwynn, "não fala do final dessa aventura de um *fiancé* clandestino, mas estou seguro de que ela o tirou do telhado e se divertiu loucamente com a experiência".

[42] De acordo com Antígona, há duas espécies de lei, a escrita e a não escrita, e o sr. Drummond sustenta que às vezes pode ser necessário melhorar a

lei escrita, transgredindo-a. Mas as muitas e variadas atividades da filha do homem instruído no século dezenove com certeza não visavam simplesmente, ou até mesmo principalmente, transgredir as leis. Tratava-se, pelo contrário, de esforços de natureza experimental para descobrir em que consistiam as leis não escritas; isto é, as leis privadas que deveriam regular certos instintos, paixões, desejos físicos e mentais. Que essas leis existem, e são cumpridas por pessoas civilizadas, é algo quase amplamente admitido; mas começa-se a concordar que elas não foram estabelecidas por "Deus", o qual é, agora, geralmente considerado como sendo uma concepção, de origem patriarcal, válida apenas para certas raças, em certas etapas e épocas da história; nem pela natureza, que, sabe-se agora, varia muitíssimo em suas ordens e está, em grande parte, sob controle; mas têm que ser de novo descobertas pelas sucessivas gerações, em grande parte por seus próprios esforços de razão e imaginação. Uma vez, entretanto, que a razão e a imaginação são, em alguma medida, o produto de nossos corpos e que há duas espécies de corpo, o masculino e o feminino, e uma vez que esses dois corpos, como se tem demonstrado nos últimos anos, diferem fundamentalmente, é evidente que as leis que eles percebem e respeitam devem ser diferentemente interpretadas. Como diz o professor Julian: "...a partir do momento da fertilização, o homem e a mulher diferem em cada célula de seu corpo quanto ao número de seus cromossomos, esses elementos que, embora não sejam familiares ao público em geral, têm se mostrado, graças ao trabalho de pesquisa da última década, serem os portadores da hereditariedade, os determinantes de nossas características e individualidades". Portanto, a despeito do fato de que "a superestrutura da vida prática e intelectual é potencialmente a mesma em ambos os sexos", e de que o recente relatório do Conselho de Educação elaborado pela Comissão sobre a Diferenciação do Currículo para Meninos e Meninas nas Escolas Secundárias (Londres, 1923) tenha estabelecido que as diferenças intelectuais entre os sexos são muito menores do que admite a crença popular" (*Essays in Popular Science*, por Julian Huxley, p. 62-63), é evidente que os sexos têm, agora, diferenças e sempre terão. Se fosse possível não apenas que cada sexo decidisse quais leis são válidas em seu próprio caso e respeitasse, cada um, as leis do outro, mas também que partilhasse os resultados dessas descobertas, talvez cada um dos sexos pudesse se desenvolver em toda a sua plenitude e melhorar qualitativamente sem renunciar a suas características específicas. A antiga concepção de que um dos sexos deve "dominar" o outro se tornaria não apenas obsoleta, mas também tão odiosa que, se fosse necessário, por razões práticas, que um poder dominante devesse tomar certas decisões sobre certas matérias, a repulsiva tarefa da coerção e do domínio seria relegada a alguma sociedade inferior e secreta, da mesma maneira que a tortura e a execução de criminosos são agora levadas a cabo por seres mascarados, na mais profunda obscuridade. Mas estamos nos precipitando.

[43] Em notificação, no obituário do *Times*, da morte de H. W. Greene, professor do Magdalen College, Oxford, familiarmente conhecido como "Grugger", 6 de fevereiro de 1933.

[44] "Em 1747, na reunião trimestral (do Hospital de Middlesex), decidiu-se separar algumas das camas para parturientes conforme regras que impediam as mulheres de atuar como parteiras. A exclusão das mulheres continuou sendo a atitude tradicional. Em 1861, a srta. Garrett, mais tarde dra. Garrett Anderson, obteve permissão para assistir às aulas... e lhe foi permitido visitar as enfermarias acompanhada de médicos residentes, mas os estudantes protestaram e os autoridades médicas recuaram. A Diretoria rejeitou uma oferta feita por ela para estabelecer uma bolsa para estudantes do sexo feminino" (*The Times*, 17 de maio de 1935).

[45] "Há, no mundo moderno, um grande volume de conhecimento bem documentado... mas tão logo qualquer paixão forte intervenha para distorcer o julgamento do especialista, este último se torna pouco confiável, não importando o equipamento científico que ele possa possuir" (*The Scientific Outlook*, por Bertrand Russell, p. 17).

[46] Uma das recordistas, entretanto, forneceu uma razão para a quebra de recorde que deve inspirar respeito: "Então, além disso, havia minha crença de que, de vez em quando, as mulheres deveriam fazer em prol de si mesmas o que os homens já fizeram – e, ocasionalmente, o que os homens não fizeram – afirmando-se, assim, como pessoas, e talvez encorajando outras mulheres em direção a uma maior independência de pensamento e ação... Quando elas fracassam, seu fracasso deve ser um desafio para outras" (*The Last Flight*, por Amelia Earhart, p. 74).

[47] "Com efeito, esse processo [dar à luz], na verdade, incapacita as mulheres apenas por uma fração muito pequena da maior parte de suas vidas – até mesmo uma mulher que tem seis filhos fica necessariamente de cama apenas por doze meses de toda a sua vida" (*Careers and Openings for Women*, por Ray Strachey, p. 47-48). Atualmente, entretanto, ela fica necessariamente ocupada por muito mais tempo. Tem-se feito a ousada sugestão de que essa tarefa não deve ser de responsabilidade exclusiva da mãe, mas que, para o bem comum, poderia ser dividida entre os dois cônjuges.

[48] A natureza da masculinidade e a natureza da feminilidade têm sido frequentemente definidas por ambos os ditadores, o italiano e o alemão. Ambos insistem, repetidamente, que é da natureza do homem e, na verdade, da essência da masculinidade, lutar. Hitler, por exemplo, faz uma distinção entre "uma nação de pacifistas e uma nação de homens". Ambos insistem, repetidamente, que é da natureza da feminilidade cura

as feridas do guerreiro. Entretanto, está em ação um movimento muito forte para emancipar o homem da antiga "lei eterna e natural" segundo a qual o homem é essencialmente um guerreiro; basta observar o crescimento do pacifismo entre o sexo masculino hoje em dia. Comparem também a afirmação de Lorde Knebworth de que, "se a paz permanente fosse um dia alcançada, e os exércitos e as marinhas deixassem de existir, não haveria nenhuma válvula de escape para as características masculinas que a luta desenvolveu", com a seguinte afirmação de outro jovem da mesma casta social poucos meses atrás: "... não é certo afirmar que, no íntimo, todo menino deseja a guerra. Na verdade, são as outras pessoas que nos ensinam isso aos nos darem espadas e armas, soldados e uniformes de brinquedo" (*Conquest of the Past,* pelo príncipe Hubertus Loewenstein, p. 215). É possível que os Estados fascistas, ao revelarem à geração mais nova ao menos a necessidade de emancipação da antiga concepção de virilidade, estejam fazendo pelo sexo masculino o que as guerras da Crimeia e da Europa fizeram pelas irmãs deles. O professor Huxley, entretanto, nos adverte de que "qualquer alteração da constituição hereditária é uma questão de milênios, não de décadas". Por outro lado, como a ciência também nos assegura que nossa vida na terra é "uma questão de milênios, não de décadas", talvez valha a pena tentar alguma alteração na constituição hereditária.

[49] Coleridge, entretanto, expressa as visões e os objetivos das outsiders com alguma precisão na seguinte passagem: "O homem deve ser *livre,* senão para que propósito ele foi criado como um Espírito da Razão, e não como uma Máquina do Instinto? O homem deve *obedecer;* senão por qual razão tem ele uma consciência? Os poderes, que criam essa dificuldade, contém igualmente sua solução. Pois o propósito *deles* é a liberdade perfeita. E seja qual for a lei ou o sistema de leis que imponha qualquer outro propósito, desnobrece nossa natureza, alia-se com o animal contra o feito à semelhança de Deus, liquida em nós o princípio mesmo da virtude jubilosa e luta contra a humanidade... Se, portanto, o objetivo é que a sociedade esteja sob uma constituição *justa* de governo, e uma constituição que possa impor aos Seres racionais uma obrigação verdadeira e moral para obedecê-la, ela deve estar moldada em princípios tais que cada indivíduo siga sua própria Razão, ao mesmo tempo que obedece as leis da constituição e cumpre a vontade do Estado, ao mesmo tempo que segue os ditados de sua própria Razão. Isso é expressamente afirmado por Rousseau, que expõe o problema de uma perfeita constituição de governo com estas palavras: *Trouver une forme d'Association – par laquelle chacun s'unissant a tous, n'obéisse pourtant qu'à lui même, et reste aussi libre qu'auparavant.* Ou seja: Encontrar uma forma de Sociedade pela qual cada um, unindo-se a todos, não obedece, entretanto, senão a si mesmo,

e continua tão livre quanto antes" (*The Friend*, por S. T. Coleridge, v. I, p. 333, 334, 335, edição de 1818). À qual se pode acrescentar uma citação de Walt Whitman:

"Da Igualdade – como se me prejudicasse, dando aos outros as mesmas oportunidades e os mesmos direitos que a mim – como se não fosse indispensável aos meus próprios direitos que os outros tenham a mesma coisa."

E, finalmente, as palavras de uma romancista meio esquecida, George Sand, merecem ser consideradas:

"*Toutes les existences sont solidaires les unes des autres, et tout* être *humain qui présenterait la sienne isolément, sans la rattacher* à *celle de ses semblables, n'offrirait qu'une* énigme à *débrouiller... Cette individualité n'a par elle seule ni signification ni importance aucune. Elle ne prend un sens quelconque qu'en devenant une parcelle de la vie générale, en se fondant avec l'individualité de chacun de mes semblables, et c'est par là qu'elle devient de l'histoire.*" ["Todas as existências são solidárias entre si, e todo ser humano que apresentasse a sua isoladamente, sem ligá-la à de seus semelhantes, não ofereceria senão um enigma a ser decifrado... Essa individualidade não tem, por si só, nem significado nem importância alguma. Ela não adquire sentido, qualquer que ele seja, senão ao se tornar parte da vida geral, ao se fundir com a individualidade de cada um de meus semelhantes, e é assim que ela se transforma em história."]

Notas do tradutor

Três guinéus, o livro em que Virginia Woolf expressa de forma abrangente e radical sua perspectiva feminista, foi publicado, na Inglaterra, pela Hogarth Press, a editora do casal Woolf, em 2 de junho de 1938, e nos Estados Unidos, pela editora Harcourt Brace, em 25 de agosto de 1938. No mesmo ano, a revista americana *The Atlantic Monthly* publicou, em duas partes, nas edições de maio e junho, uma versão abreviada de *TG* (a tradução desse resumo pode ser lida no livro *As mulheres devem chorar... Ou se unir contra a guerra*, Autêntica, 2019).

O livro tem sua origem no texto "Profissões para mulheres" (ver tradução em *As mulheres devem chorar...*), escrito para uma palestra dada, em 21 de janeiro de 1931, às integrantes do Junior Council (Conselho Juvenil) da London and National Society for Women's Service, uma associação fundada para promover a causa do emprego das mulheres profissionais. Mas entre esse texto "primitivo", de 1931, e a publicação de *TG*, em 1938, há uma longa história de tentativas de iniciar efetivamente a escrita do livro em que Virginia desenvolve o argumento da forte conexão entre o patriarcado e o militarismo.

Em 28 de janeiro de 1937, ela registra em seu diário que, finalmente, está pronta para enfrentar a tarefa há tanto tempo adiada de escrever o livro que, nesta altura, depois de ter recebido mais de uma dezena de títulos provisórios, é nomeado pelo título sob o qual será publicado: "Mergulhada mais uma vez no feliz e tumultuado sonho: quer dizer, começar esta manhã e terminar por volta de 12 de outubro [...] 3 Guinéus [...]." E o prazo seria rigorosamente cumprido: "Esta é a primeira manhã [após uma semana sem escrever] em que escrevo [no meu diário] porque às 12 horas, dez minutos atrás, escrevi o que penso ser a última página de 3 Gs" (*Diário*, 12 de outubro de 1937).

Concebido, inicialmente, como uma continuidade a *Um quarto todo seu*, o projeto fazia parte de um livro mais abrangente, intitulado *The Pargiters*, em que se misturavam ficção e ensaísmo. Virginia, entretanto, que sempre desconfiou da mistura de arte e literatura com a defesa de causas políticas, acabou por separar o livro em duas partes. A parte ficcional deu origem ao livro *Os anos* (publicado em março de 1937), enquanto a parte ensaística se transformou em *Três guinéus*.

Mas *TG* não é um ensaio comum. Em primeiro lugar, ele assume o formato de uma longuíssima carta (cerca de 200 páginas), escrita por uma missivista fictícia e endereçada a um destinatário também fictício. Depois, trata-se de uma carta muito peculiar: dividida em capítulos (três), com mais de cem notas ao final (e respectivas chamadas no interior do texto, devidamente assinaladas por algarismos sobrescritos!), além de duas notas de rodapé. Para terminar, a carta-livro inclui cinco fotos, não legendadas, mas listadas no início sob o título de "ilustrações" e identificadas com descrições genéricas (como, por exemplo, "Um general", "Um juiz", "Um arcebispo").

E a estrutura desse livro-ensaio não é nada simples. A carta-matriz, por assim dizer, a carta dirigida a um advogado que teria escrito à missivista (três anos antes!) pedindo-lhe sua ajuda no esforço para evitar a guerra (a segunda guerra mundial, que havia muito se gestava), contém, no seu interior, outras cartas, aludidas ou citadas, também pedindo a ajuda da missivista para outras causas, bem como rascunhos de possíveis respostas da missivista a essas outras cartas.

Tampouco é simples a trama argumentativa construída por Virginia para demonstrar o forte vínculo entre o militarismo e o papel subordinado das mulheres na esfera doméstica, política e social. Lidando com um gênero que não é nem o de seu terreno preferido, o da ficção, nem o de seus ensaios de crítica literária, o raciocínio de Virginia é, aqui, difícil de ser seguido. Mas sua exposição está longe de ser meramente retórica ou discursiva. O livro está todo recheado de exemplos da vida cotidiana, de citações de jornais e livros, de extratos de biografias e autobiografias, de dados e estatísticas de livros de referência. Há raciocínios do tipo "como se queria demonstrar" por toda parte. O difícil é seguir o fio dessa meada. Mas o esforço de leitura e compreensão é recompensado pelo traçado de um panorama abrangente dos elos entre as estruturas da vida social e política e a estrutura da vida doméstica e familiar. Pode-se questionar alguns detalhes específicos dos espinhosos teoremas de Virginia; é difícil, entretanto, não se deixar convencer por suas rigorosas demonstrações.

Essas demonstrações se baseiam numa meticulosa e árdua pesquisa, cuidadosamente registrada em três álbuns de recortes recheados de notícias de jornais, devidamente recortadas e coladas ou apenas transcritas à mão, além de cartas, panfletos e manifestos. *Três guinéus* está também cheio de cifras, números, estatísticas, extraídas de obras de referência, como o amplamente citado *Almanaque Whitaker*.

Não faltaram incrédulos e céticos, críticos e detratores, sobretudo numa época de incerteza e medo e insegurança como aquela em que o livro foi escrito e publicado, e no contexto da grande guerra que então se escalava, para contestar as intrincadas relações desenvolvidas por Virginia em defesa de seu feminismo pacifista.

A crítica de Queenie Dorothy Leavis, que se assinava como Q. D. Leavis, é, talvez, a mais conhecida da época em que o livro foi lançado. Numa resenha publicada na revista *Scrutiny*, em setembro de 1938, intitulada "Caterpillars of the Commonwealth Unite!" (reproduzida em Majumdar e McLaurin, *Virginia Woolf, The Critical Heritage*), Q. D. Leavis afirma que o livro é "não simplesmente tolo e mal-informado, embora também o seja, mas contém alguns pressupostos perigosos, algumas alegações absurdas e algumas atitudes odiosas".

Tampouco faltaram, entretanto, resenhas simpáticas à causa defendida pela ensaísta. Mas é possível que sua maior satisfação tenha sido causada por uma quantidade bastante grande de cartas, sobretudo de mulheres, elogiando o livro e agradecendo a autora por tê-lo escrito (ver Anna Snaith, "Wide Circles: The 'Three Guineas' Letters").

Incontestavelmente, entretanto, detratores e admiradores à parte, *Três guinéus* foi um documento importante em sua época. E que continua, sem dúvida, importante, num tempo em que a maioria das estruturas opressoras então dominantes continuam tão fortes e firmes e ferrenhas quanto antes. *Três guinéus* continua válido e vivo. Virginia, a feminista e pacifista Virginia, vive.

As notas que se seguem devem muito às edições anotadas de *Três Guinéus* da Shakespeare Head Press (por Naomi Black), da Oxford University Press (por Anna Snaith) e da Harvest/Harcourt (por Jane Marcus). Além disso, recorri a uma quantidade de artigos e livros, muito extensa para ser listada aqui, bem como a informações obtidas na internet, em especial, da Wikipédia.

As citações da Bíblia são retiradas da *Bíblia Almeida*.

Algumas das referências bibliográficas da edição original de *Três guinéus*, de 1938, estão incompletas ou incorretas. Na tradução, elas foram devidamente corrigidas conforme as indicações de Naomi Black, na edição da Shakespeare Head Press, p. 238-240. Além disso, Naomi Black corrigiu, nessa edição, erros evidentes de grafia de nomes próprios, etc. Segui suas indicações também nesses casos.

Tal como nas minhas traduções mais recentes, Lúcia Leão, também tradutora, me livrou, com suas atentas e repetidas leituras da tradução inicial, de um número considerável de pequenos e grandes lapsos. E, como sempre, o crivo final coube à Cecília Martins, nossa vigilante e rigorosa editora, que tornou ainda mais leve a minha carga de erros e desacertos. A responsabilidade pelo que ainda pode ter restado é exclusivamente minha.

Finalmente, uma nota curiosa sobre a imagem da capa. Já tínhamos nos decidido por essa imagem, quando, um pouco antes de o livro ser liberado para impressão, descobri que Virginia teve sua mão lida, pela médica e psicoterapeuta alemã Charlotte Wolff, numa sessão de quiromancia na casa de Aldous Huxley, adepto da arte (*Diário*, 14 de dezembro de 1935). Em carta ao sobrinho, Julian Bell, datada de 17 de dezembro de 1975, ela dá mais detalhes sobre a sessão: "Aldous Huxley me pediu que deixasse minha mão ser lida por Lotte Wolff; [...] com o resultado de que em algumas coisas ela errou feio; noutras ela estava divertidamente certa. [...] Leonard disse que era pura tapeação [...]. Vanessa ficou do lado de Leonard. Mantive uma certa distância, com base na ideia de que, afinal, existe algum tipo de comunhão entre os seres humanos que não pode ser explicada [...]. Mas por que sinais na mão? Por que mortes e outros eventos deveriam marcar a palma da mão?".

Charlotte Wolff, por sua vez, assim descreve o resultado da leitura da mão de Virginia, no livro *Studies in Hand Reading*, publicado em 1936: "A palma retangular de Virginia Woolf é dividida em duas partes pela linha principal que atravessa a mão e termina numa bifurcação. É a linha principal de uma filósofa. [...] Não ouso fazer qualquer afirmação definitiva sobre se essa divisão leva a uma separação entre impressões externas e as experiências da imaginação ou se age como uma força de resistência que refina e apura percepções externas e internas". A última parte cai como uma luva na descrição artística de Virginia, resultando, mais provavelmente, de um estudo prévio, pela médica alemã, das habilidades literárias de nossa autora do que da leitura da mão em si. Mas as mãos têm um papel central, mais artístico e literário, na obra de Virginia, como demonstra Abbie Garrington, em *Haptic Modernism. Touch and the Tactile in Modernist Writing.*

Notas prévias

O guinéu do título

O "guinéu" do título é o nome de uma moeda de ouro, cunhada pela última vez em 1813, que valia 21 xelins ou 1 libra. Na época em que Virginia escreveu *Três guinéus*, embora não existisse mais como moeda, ele ainda era utilizado para pagar certas contas com cheque, tais como consultas médicas ou contribuições periódicas a algum tipo de associação. Era também o pagamento feito a outros profissionais liberais, como advogados, por exemplo – a narradora fará referência à quantia supostamente recebida pelo destinatário de sua carta por ocasião de seu primeiro processo no tribunal ("seu primeiro guinéu"). É possível ver no uso da palavra "guinéus" no título e ao longo do livro uma alusão ao imperialismo britânico e, em particular, à exploração das riquezas naturais da África e à escravização de seus povos.

As fotografias

As cinco fotografias que ilustram o livro em sua primeira edição, em 1938, foram suprimidas em edições posteriores, até serem restauradas em cuidadosas reedições do início do presente milênio, como as das editoras Harvest/Harcourt, Penguin, Oxford e Shakespeare Head Press. Na presente tradução, elas estão posicionadas nas páginas que correspondem aos locais da primeira edição britânica de 1938, da Hogarth Press.

Tal como já observado, as fotografias constituem uma peça importante da estrutura e da argumentação de *Três guinéus*. Virginia não lhes acrescentou legendas, limitando-se a listá-las, no início do livro, como "Ilustrações", por títulos genéricos. No caso das fotografias de personalidades importantes, elas não são identificadas por seus nomes, possivelmente por serem pessoas facilmente identificáveis pelo público da época e também para funcionarem como simples amostras de um gênero muito mais amplo.

Naturalmente, com o passar do tempo, as figuras amplamente conhecidas na época foram se tornando paulatinamente misteriosas para os novos leitores, nas décadas posteriores à de 1930. Em 1998, Alice Staveley, numa comunicação no boletim *Virginia Woolf Miscellany*, intitulada "Name That Face", deu notícia de sua pesquisa de identificação de cada uma das cinco fotografias. As notas que se seguem baseiam-se nessa comunicação. Ver também: Rebecca Wisor, "About Face: The Three Guineas Photographs in Cultural Context".

26 **Um general** – General Robert Stephenson Baden-Powell (1857-1941), conhecido como o fundador da associação dos escoteiros.

28 **Arautos** – embora listada como retratando um grupo de arautos (oficiais encarregados de fazer proclamações reais ou governamentais), trata-se, mais propriamente, segundo Naomi Black, na edição da Shakespeare Head Press de *TG*, da fotografia de um grupo da Cavalaria dos Trombeteiros, cuja função difere, em aspectos importantes, da dos arautos, que, inclusive, não portam trombetas.

30 **Um cortejo universitário** – cortejo na Universidade de Cambridge, encabeçado por Stanley Baldwin, antigo primeiro-ministro e, então, reitor daquela universidade.

72 **Um juiz** – trata-se de Gordon Hewart, então Lorde Chefe de Justiça da Inglaterra, na saída de uma cerimônia na Abadia de Westminster.

130 **Um arcebispo** – Cosmo Gordon Lang (1864-1945), arcebispo de Canterbury.

Os álbuns de recortes

A partir de 1931, Virginia Woolf começou a organizar um álbum com recortes de jornais, citações de livros e artigos reproduzidas à mão ou datilografadas, cartas e panfletos, além de outros tipos de anotações, que poderiam servir de fonte de documentação ou de inspiração para o livro que seria intitulado *The Pargiters* e que, posteriormente, deu origem aos livros *Três guinéus* e *Os anos*. Os temas desses recortes e anotações iam desde a situação política na Grã-Bretanha e na Europa e a ascensão do fascismo e do nazismo até a situação social e profissional das mulheres na Inglaterra.

Virginia manteve essa prática até o final de 1937, resultando numa coleção de recortes divididos em três volumes, que estão atualmente arquivados na coleção Monks House Papers da biblioteca da

Universidade de Sussex, Inglaterra. A versão digitalizada dos álbuns pode ser consultada no site "Virginia Woolf Web Site at SCSU (Southern Connecticut State University)" (tinyurl.com/ycbcnvsc). É necessário associar-se, mediante o pagamento de uma pequena taxa, para ter acesso às imagens.

Um

Norfolk – condado, predominantemente rural, do leste da Inglaterra.

Mary Kingsley – Mary Henrietta Kingsley (1862-1900); etnógrafa, exploradora e escritora britânica.

Fundo Educacional de Arthur – tal como explicitado no texto, trata-se do fundo educacional estabelecido pelo personagem principal do romance *Pendennis* (ver nota a seguir) para financiar a educação do único filho, Arthur: "Anos antes o previdente e afetuoso John Pendennis, cujo projeto favorito sempre tinha sido dar ao filho uma educação universitária e as vantagens de que as extravagâncias de seu pai o tinham privado, começara a economizar uma reserva de dinheiro que ele chamou de Fundo Educacional de Arthur".

Pendennis – refere-se ao romance *The History of Pendennis. His Fortunes and Misfortunes, His Friends and His Greatest Enemies*, do escritor inglês William Makepeace Thackeray (1811-1863).

Pastons – família de latifundiários de Norfolk, condado inglês, cujas cartas, datadas do século XV e publicadas no século XVIII, foram objeto de um ensaio de Virginia, "The Pastons and Chaucer", publicado no livro *The Common Reader I*, em 1925.

iniciais K. C. – *King's Counsel*, Conselheiro do Rei, título que dava ao advogado assim agraciado certas vantagens sobre os outros advogados, além de lhe permitir usar uma toga de seda.

Eton ou Harrow – dois dos principais e tradicionais internatos particulares aos quais eram – e ainda são – enviados os filhos das classes privilegiadas para adquirir sua educação primária e secundária.

uma carteira escolar; um ônibus para ir à aula; uma mulherzinha de nariz vermelho... – a narradora descreve aqui, o que resta à filha do homem instruído em matéria de instrução: lições escolares em casa, com uma tutora ou com os pais ("carteira escolar"), e/ou aulas fora de casa com alguma preceptora ("um ônibus..."; "uma mulherzinha..."). A descrição corresponde à educação que teve a própria Virginia, educada em casa pelos pais e, no caso da aprendizagem da língua grega, por Clara Pater, primeiro, e depois por Janet Case, embora nenhuma das duas, portadoras de diploma universitário, pudesse ser classificada como "uma mulherzinha... não... muito instruída".

pátios e quadrângulos – *courts and quadrangules*, no original. É como são chamados os espaços abertos, em geral cobertos de grama, em Cambridge e Oxford, respectivamente.

12 **ano de 1919** – ano em que foi aprovado o projeto de lei chamado Sex Disqualification (Removal) Act, pelo qual se concedia às mulheres o acesso a quase todos os cargos públicos e profissões liberais.

13 **da vida de um soldado** – Virginia juntou na mesma citação, separadas pelo sinal de reticências, as palavras dos irmãos gêmeos Riversdale e Francis Grenfell (ambos mortos em batalha, durante a Primeira Grande Guerra), extraídas da p. 189 do livro *Francis and Riversdale Grenfell: A Memoir*, de autoria de John Buchan, o biógrafo aludido na citação que se segue.

de um piloto de guerra – conforme a nota 5 de Virginia ao capítulo Um (p. 156), a citação é retirada da p. 355 do livro *Antony (Viscount Knebworth)*, de autoria do conde de Lytton, sobre seu filho, Edward Antony James Bulwer-Lytton, Visconde Knebworth, piloto da Força Aérea Auxiliar britânica.

14 **guerra europeia** – refere-se à Primeira Grande Guerra.

A Conferência de Scarborough [...], a Conferência de Bournemouth – segundo Anna Snaith, na edição da Oxford University Press de *Three Guineas*, referem-se, respectivamente, à conferência anual do Partido Conservador, realizada em Scarborough (cidade na costa do Mar do Norte), de 7 a 8 de outubro de 1937, e à conferência anual do Partido Trabalhista, realizada em Bournemouth (cidade situada no litoral sul do país), de 4 a 5 de outubro de 1937. Nesse ano, como sugere o texto, ambas estavam centradas na questão da guerra.

Wilfred Owen – Wilfred Edward Salter Owen (1893-1918), soldado e poeta, tendo escrito poemas, sobretudo, sobre a guerra. Morreu um dia antes do final da Primeira Guerra.

15 **Lorde Chefe de Justiça da Inglaterra** – *Lord Chief Justice of England*, no original; o juiz que preside a divisão mais importante da Suprema Corte de Justiça da Inglaterra. A referência aqui é a Gordon Hewart (1870-1943), que exerceu esse cargo de 1922 a 1940 e que aparece, neste livro, na fotografia com a legenda "Um juiz".

16 **O governo espanhol as envia... mais ou menos duas vezes por semana.** – trata-se, obviamente, do governo republicano. Virginia já estava envolvida na escrita de *Três Guinéus* quando a Guerra Civil

· 204 ·

Espanhola começou, em 17 de julho de 1936. Em carta ao sobrinho Julian Bell, escrita em 14 de novembro de 1936, ela informa: "Recebi esta manhã um pacote de fotografias da Espanha, todas de crianças mortas, atingidas por bombas".

(17) punhado de varetas – entenda-se, do jogo de pega-varetas (no original, *a bunch of spillikins*).

(19) duquesa de Devonshire... Lady Ashburton – para além dos detalhes biográficos das grandes damas mencionadas nessa passagem, a questão central aqui enfatizada por Virginia é a influência que elas exerciam por estarem ligadas a homens importantes e pelas atividades sociais que promoviam em seus salões.

(20) Pitt... Gladstone – de novo, mais importante que os detalhes biográficos de cada um desses líderes políticos, é o fato de que os nomes dos políticos predominavam nas memórias publicadas na época.

Sheridan na Devonshire House... e até mesmo Carlyle na Bath House – algumas das mansões (*Houses*) mencionadas pertenciam às damas antes listadas e seus respectivos maridos. A narradora destaca aqui alguns dos escritores que frequentavam essas mansões, em contraste com a ausência das escritoras.

Jane Austen – (1775-1817), escritora inglesa, conhecida por romances como *Orgulho e preconceito* e *Mansfield Park*, entre outros.

Charlotte Brontë – (1816-1855), escritora inglesa, conhecida, sobretudo, pelo romance *Jane Eyre*.

George Eliot – pseudônimo de Mary Ann Evans (1819-1880), escritora inglesa conhecida por romances como *The Mill on the Floss* (traduzido por Oliveira Ribeiro Neto com o título *O moinho do rio Floss*, e, por Gilda Stuart, com o título *O moinho sobre o rio*) e *Middlemarch* (traduzido por Leonardo Fróes com o mesmo título – o nome de uma cidade fictícia), entre outros.

últimos cento e cinquenta anos – segundo nota de Naomi Black à edição Shakespeare Head de *Three Guineas*, Virginia se baseia aqui no livro *The Cause*, de Ray Strachey, que remonta a luta das mulheres pelo direito ao voto a 1792, com a publicação do livro de Mary Wollstonecraft, *A Vindication of the Rights of Women*, ou seja, 146 anos antes da publicação de *Three Guineas*. Em 1918, o direito ao voto, na Inglaterra, foi concedido às mulheres com mais de 30 anos. Apenas em 1928, o direito ao voto tornou-se universal.

(21) Ernest Wild – (1869-1934), advogado e membro do Parlamento.

Piccadilly Circus – largo no oeste de Londres, ponto de intersecção de diversas ruas. Na época, era conhecido como zona de prostituição.

· 205 ·

22 **bolinhas mágicas às quais as crianças põem fogo** – Bryony Randall e Jane Goldman, em *Virginia Woolf in Context*, argumentam que "Esta cena de 'bolinhas mágicas' simboliza o poder do fogo para criar e destruir [...]. [...] Essas 'bolinhas mágicas' em chama claramente expressam o poder de regeneração ligado ao 'fogo' e às qualidades transformativas da palavra".

23 **a grande lady, a Sereia** – refere-se àquelas senhoras da alta sociedade, algumas delas anteriormente citadas nominalmente, que promoviam saraus em seus salões para entreter, como diz Virginia, na nota 1 do capítulo Três, "a aristocracia, a plutocracia, a intelligentsia, a ignorantsia, etc.", isto é, o *grand monde* da cultura, da política e do dinheiro.

24 **educada nas escolas privadas... quinhentos ou seiscentos anos, a nossa por sessenta** – Queen's College for Women e Bedford College, fundados, respectivamente, em 1848 e 1849, foram as primeiras escolas privadas femininas de nível primário e secundário. As primeiras atividades da Universidade de Oxford datam de 1096, a de Cambridge foi fundada em 1209, ambas, por muito tempo, exclusivamente masculinas. O Girton College, da Universidade de Cambridge, a primeira faculdade para mulheres, foi fundado em 1873.

sombra do véu que São Paulo – alusão a 1.Coríntios, 11:5-9: "Toda mulher, porém, que ora ou profetiza com a cabeça sem véu desonra a sua própria cabeça, porque é como se a tivesse rapada. Portanto, se a mulher não usa véu, nesse caso, que rape o cabelo. Mas, se lhe é vergonhoso o tosquiar-se ou rapar-se, cumpre-lhe usar véu. Porque, na verdade, o homem não deve cobrir a cabeça, por ser ele imagem e glória de Deus, mas a mulher é glória do homem. Porque o homem não foi feito da mulher, e sim a mulher, do homem. Porque também o homem não foi criado por causa da mulher, e sim a mulher, por causa do homem". Ver nota 38 de Virginia ao capítulo Dois.

Catedral de St Paul, o Banco da Inglaterra...; e no outro lado, a Abadia de Westminster e as Casas do Parlamento. – ou seja, as sedes dos poderes eclesiástico, político e financeiro, situadas de um e outro lado da Westminster Bridge.

25 **West End** – região central de Londres, onde se concentram grandes lojas, edifícios governamentais e locais de entretenimento, como os teatros.

ora é de metal e... balde de carvoeiro – refere-se a um capacete militar com a forma de um balde usado para carregar carvão, com a boca para baixo; como o desses "soldados" de fotografias dramatizadas de Julia Margaret Cameron, tia de Virginia e renomada fotógrafa da era vitoriana: tinyurl.com/y3ykaflb; segunda e terceira fotos da p. 480).

27 **Lorde Chanceler** – *Lord Chancellor*, no original; também conhecido como *Lord High Chancellor*. Cargo da hierarquia governamental britânica logo abaixo, em importância, do cargo de primeiro-ministro. É responsável pelo bom funcionamento e pela independência das cortes de justiça.

até poucos anos atrás seu uso nos era interditado. – a referência aqui é ao uso dos títulos universitários. Embora a primeira faculdade feminina, Girton, tenha sido fundada em 1869, na Universidade de Cambridge, as mulheres não tinham, nas duas grandes universidades, Oxford e Cambridge, direito ao diploma e ao título correspondentes aos cursos completados. Foi apenas em 1920 que a Universidade de Oxford passou a conceder diplomas às estudantes do sexo feminino, enquanto a Universidade de Cambridge fez o mesmo apenas em 1948. Naomi Black observa, entretanto, que a Universidade de Londres concedia diplomas plenos às mulheres desde 1878, ecoando, assim, críticas feitas à Virginia, na época da publicação de *Três guinéus*, por ter se concentrado nas duas grandes universidades inglesas e ter ignorado instituições como a Universidade de Londres. Ver também a nota "batalha do diploma", capítulo Dois.

29 **letras maiúsculas depois deles** – trata-se das abreviaturas dos títulos mencionados, acrescentadas aos nomes próprios. Ver nota "OM, FRS" adiante.

32 **ponte sobre o Tâmisa** – trata-se da Westminster Bridge.

ambas têm rios, e ambas também têm pontes – alusão às universidades de Cambridge e Oxford, seus respectivos rios, Cam e Isis, e as pontes que ligam suas margens.

poema de Arthur – poema escrito por Arthur Pendennis, o personagem central de *Pendennis*, de William Makepeace Thackeray (ver a nota "Pendennis"), para acompanhar uma ilustração de jornal intitulada "A Church Porch" ("Um pórtico de igreja"). Ao citá-la, Virginia suprimiu alguns versos, bem como encurtou o último verso da primeira parte aqui transcrita.

34 **Mary Astell** – (1668-1731), escritora e filósofa feminista inglesa. Apresentou sua proposta de fundar uma faculdade para as mulheres no livro *Serious Proposal to the Ladies for the Advancement of Their True and Greatest Interest*, publicado em 1694.

princesa Anne – (1665-1714), filha do rei James II e irmã mais nova da rainha Mary. Acedeu ao trono da Inglaterra em 1702.

bispo Burnet – Gilbert Burnet (1635-1715), autor do livro *History of the Reformation of the Church of England*.

35 **outsider** – segundo o dicionário Oxford, *outsider* é "alguém que está fora, real ou figurativamente, de algum círculo" e, mais especificamente,

· 207 ·

"uma pessoa que está isolada ou não se 'adapta' à sociedade convencional, seja por escolha, seja por alguma razão social, intelectual, etc.". Nesta passagem específica, Virginia parece utilizar a palavra na sua acepção objetiva, descritiva, passiva, referindo-se a alguém que está fora de um determinado círculo, como a sua correspondente, que está excluída das vantagens de uma sociedade que privilegia o sexo masculino. Em passagens posteriores, entretanto, ela utiliza a palavra "outsider" num sentido mais subjetivo, mais ativo, mais assertivo, de uma mulher que, desprovida dos privilégios do sexo masculino, assume uma atitude de crítica e luta contra tal sociedade. Virginia se caracterizava, fundamentalmente, como uma outsider, como demonstram várias passagens de seu diário e de suas cartas. Por exemplo, em 20 de maio de 1938, referindo-se a *Três guinéus*, ela registra no diário: "Sou uma outsider. Posso escolher o meu caminho: experimentar com minha própria imaginação, do meu próprio jeito". Num conto escrito em 1920, "Uma sociedade" (ver tradução em *As mulheres devem chorar*, Autêntica, 2019), um grupo de mulheres se reúne numa associação que, embora não seja nomeada como tal, é, claramente, uma sociedade de outsiders, de mulheres reunidas para questionar as bases de uma sociedade caracteristicamente patriarcal.

faculdades para as irmãs dos homens instruídos tanto em Oxford quanto em Cambridge – em 1938, ano da publicação de *Três guinéus*, as faculdades femininas de Oxford eram: Lady Margaret Hall, Sommervile, St Hugh's e St Hilda's, e as de Cambridge: Girton e Newnham.

36 **Ode de Gray** – refere-se à *Ode for Music*, de autoria de Thomas Gray (1716-1771), da qual a narradora reproduz adiante a seção intitulada "Quartetto". Das benfeitoras mencionadas a seguir, a canção cita, entretanto, apenas a condessa de Clare e Margaret de Anjou. Ver a nota 22, capítulo Um, de Virginia.

a condessa de Pembroke que fundou Pembroke... e o Christ's College. – Mary de Saint Paul (ou Paul ou Pol) (1304-1377), a condessa de Pembroke, fundou o Pembroke Hall, na Universidade de Cambridge, em 1348; Elizabeth de Burgh (1291-1360), a condessa de Clare, patrocinou a fundação do University Hall (renomeado, em 1338, como Clare College), na Universidade de Cambridge, em 1326; Margaret de Anjou (1430-1482), rainha consorte de Henrique IV, fundou o Queen's College of St Margaret and St Bernard, na Universidade de Cambridge, em 1448; Margaret Beaufort, condessa de Richmond e Derby (1443-1509), participou da fundação do Christ's College, em 1506, e do St John's College, em 1511, ambos na Universidade de Cambridge.

Anon. – Virginia personaliza aqui a abreviatura de "anônimo" ou "anônima". Em *Um quarto todo seu*, ela diz que "arriscaria adivinhar que Anon., que escreveu tantos poemas sem assiná-los, era, com frequência, uma mulher". Poucos meses antes de sua morte, Virginia estava envolvida no projeto de um novo livro que, por alguns apontamentos de seu diário na época, pode-se deduzir, seria uma espécie de história da literatura inglesa. Ela escreveu o esboço de pelo menos dois ensaios, um dos quais se intitulava "Anon." e estava planejado para ser a introdução do novo livro. Virginia imagina, em "Anon.", um estado primitivo do povo inglês, vivendo no silêncio da floresta e com os poucos recursos fornecidos pela natureza. De acordo com o início do ensaio: "*The voice that broke the silence of the forest was the voice of Anon. Some one heard the song and remembered it for it was later written down, beautifully, on parchment. Thus the singer had his audience, but the audience was so little interested in his name that he never thought to give it. [...] Every body shared in the emotion of Anon's song, and supplied the story. Anon sang because spring has come; or winter is gone; because he loves; because he is hungry, or lustful; or merry: or because he adores some God. Anon is sometimes man; sometimes woman. He is the common voice singing out of doors. He has no house. He lives a roaming life crossing the fields, mounting the hills, lying under the hawthorn to listen to the nightingale.*" ["A voz que quebrou o silêncio da floresta era a voz de Anon. Alguém ouviu a canção e a memorizou, pois ela foi mais tarde escrita, lindamente, em pergaminho. Assim, o cantor tinha seu público, mas o público estava tão pouco interessado em seu nome que ele nunca se importou em dizê-lo. [...] Todo mundo partilhava da emoção da canção de Anon e preenchia a história. Anon cantava porque a primavera tinha chegado; ou o inverno ido embora; porque ele ama; porque está com fome ou cheio de desejo; ou alegre: ou porque adora algum Deus. Anon é, às vezes, homem; às vezes, mulher. É a voz comum cantando ao ar livre. Ele não tem casa. Vive uma vida de andarilho, cruzando os campos, subindo as colinas, deitando-se embaixo do espinheiro para ouvir o rouxinol."] (Brenda R. Silver, "'Anon.' and 'The Reader': Virginia Woolf's Last Essays", p. 382). Observe-se que Virginia oscila, nos diferentes textos em que aparece o epíteto Anon, entre as duas grafias: com ou sem o ponto de abreviação. Ver também Maria DiBattista, *Virginia Woolf's Major Novels: The Fables of Anon*.

outra dama... graças à herança da mãe – segundo Naomi Black, refere-se a Anne Jemima Clough (1820-1892), a primeira diretora do Newnham College, a faculdade feminina da Universidade de Cambridge. É mencionada, adiante, pelo sobrenome.

OM, FRS – OM (Old Master) e FRS (Felllow of the Royal Society), títulos dados a ex-alunos e a membros da Royal Society, respectivamente.

BA após o nome – BA é abreviação de Bachelor of Arts, indicação de grau universitário.

38 **Newnham e Girton** – faculdades femininas da Universidade de Cambridge.

Trinity – Trinity College, da Universidade de Cambridge.

No dia da votação... – sobre esse episódio, ver a nota "batalha do diploma", capítulo Dois.

Senado – isto é, o Senado da universidade, uma espécie de Conselho, neste caso, da Universidade de Cambridge.

39 **o número de filhas de homens instruídos... ainda estritamente limitado** – alusão ao limite, estabelecido em 1926, de 500 mulheres que podiam ser admitidas a cada ano na Universidade de Cambridge, limitação que durou até 1960.

40 **profundas questões sobre capelos e becas** – alusão ao fato de que às mulheres universitárias, bem como às suas dirigentes, não era permitido usar as mesmas vestes solenes usadas pelos homens.

qual deles deve entrar primeiro na sala da reitoria – alusão às rigorosas regras de precedência que deviam ser observadas, à entrada, em ocasiões festivas na Universidade de Cambridge: primeiro, as autoridades máximas, segundo sua ordem de importância; depois, os diretores das faculdades; e, então, os professores catedráticos, por ordem de prestígio de suas respectivas cátedras.

42 **livros acorrentados** – era prática de certas bibliotecas tradicionais armazenar os livros nas prateleiras com as lombadas viradas para dentro e prendê-los, por uma corrente fixada na parte exterior da lombada, à parte de baixo da prateleira, o que permitia a consulta sem que fossem removidos da estante.

43 **ultrapassar alguma marca de giz** – a "marca de giz" lembra a passagem de *Um quarto todo seu* em que a narradora, em visita a uma faculdade feminina de umas das universidades de prestígio da Inglaterra (Cambridge e Oxford), para dar uma palestra às alunas, é impedida, por um bedel, de caminhar pelo gramado, supostamente reservado aos professores (homens) da universidade em questão, sendo obrigada, em vez disso, a utilizar a trilha de cascalho. Segundo Naomi Black, em nota à edição da Shakespeare Head Press de *Três guinéus*, as marcas de giz estão associadas a invocações de demônios, em que círculos traçados com giz são utilizados para restringir a participação na cerimônia apenas aos indivíduos autorizados.

44 **diretor de Eton, atual deão de Durham** – refere-se a Cyril Argentine Alington (1872-1955). Eton é o famoso internato particular inglês. Durham é a catedral da cidade de Durham, no nordeste da

Inglaterra. "Deão", nesse contexto, é o eclesiástico de mais alto grau na administração de uma catedral.

46 **Quantos longos e monótonos dias de verão...** – a citação, não creditada por Virginia neste ponto, é de um artigo intitulado "Society and The Season. The Chaperoned Age", de Mary Caroline Milbanke, condessa de Lovelace (1848-1941), publicado na coluna "Fifty Years" do jornal *The Times*, de 9 de março de 1932, e reproduzido na coletânea *Fifty Years. Memories and Contrasts. A Composite Picture of the Period 1882-1932*. Esse artigo também é citado ao final do capítulo Um ("nosso esplêndido império") e nas notas 1 e 33 de Virginia do capítulo Um.

a questão não era *se* devíamos casar... – são palavras da mãe de Sophia Jex-Blake, em resposta à relutância da filha em se casar. A citação é extraída do livro de Margaret Todd, *The Life of Sophia Jex-Blake*. Nas palavras de Sophia, conforme citadas pela autora: "'Quando eu era jovem', costumava dizer a minha mãe, 'a questão não era *se* devíamos casar, mas simplesmente *com quem* devíamos casar'".

47 **Lady Lovelace** – Mary Caroline Wortley (1880-1941), Condessa de Lovelace.

aquela explosão de agosto de 1914 – é a data de início da Primeira Grande Guerra, mais exatamente 4 de agosto, quando a Inglaterra declarou guerra à Alemanha.

Dois

51 **sr. Joad** – C. E. M. Joad (1891-1953), tal como explicitado adiante, filósofo e jornalista inglês, autor do livro *The Testament of Joad*, do qual a narradora extrai as passagens citadas.

sr. Wells – Herbert George Wells ou H. G. Wells (1866-1946), o conhecido romancista inglês.

52 **WSPU** – The Women's Social and Political Union, uma associação criada, sob a liderança de Emmeline Pankhurst, a conhecida sufragista, para promover a campanha em favor do direito ao voto para as mulheres.

Câmara dos Comuns... em sua própria casa – no original "*House of Commons... their own houses*", jogo de palavras no original, irreproduzível na tradução.

comer amendoins e tomar sorvete – alusão a uma passagem do livro C. E. M. Joad, *The Testament of Joad*: "Contam-me que organizadores do movimento do Partido Trabalhista veem com perplexo desespero a atual geração de jovens que, empanturrados com filmes e danças, corridas de cão e rádio, sorvete e amendoins, não pode ser induzida a ter qualquer interesse sério pela política".

· 211 ·

54 **Cleopatra's Needle** – obelisco egípcio antigo, situado em Westminster, Londres. Embora seja originário, genuinamente, do antigo Egito, não tem qualquer conexão com a conhecida rainha egípcia. A frase "não tem nenhum ponto de vista a defender, nem qualquer compromisso a cumprir" (no original, *"has no more axe to grind or dinner to cook"*) justifica o emprego do obelisco, em sua indiferença e impassibilidade de monumento, como metáfora do *Almanaque Whitaker*.

Almanaque Whitaker – *Whitaker's Almanack*, no original; obra de referência criada por Joseph Whitaker (1820-1895) e publicada anualmente, na Inglaterra, desde 1868.

56 **Whitehall** – rua do centro do Londres. Estende-se da Trafalgar Square até as Casas do Parlamento e se caracteriza por alojar importantes repartições governamentais, tais como os Ministérios da Defesa e da Fazenda.

57 **o sr. Baldwin** – Stanley Baldwin (1867-1947), foi três vezes primeiro-ministro: de maio de 1923 a janeiro de 1924; de novembro de 1924 a junho de 1929; e de junho de 1935 a maio de 1937. Ele aparece na fotografia de colação de grau na Universidade de Cambridge intitulada, na lista de fotografias do livro, "Um cortejo universitário" (p. 32).

59 **uma banca... de madeira de lei, nem uma demarcação... de ferro** – *a board is not made literally of oak, nor a division of iron*, no original: trocadilho que joga com o sentido duplo de *board* (comissão de concurso para cargos no serviço público ou na universidade, de um lado, e tábua, do outro) e de *division* (nível na hierarquia do serviço público ou da universidade, de um lado, e demarcação, do outro).

60 **Whitehall pode ser igualmente suscetível.** – nesse caso, "Whitehall" está no lugar de "repartições governamentais" (ver nota acima, sobre Whitehall).

Christ Church – uma das faculdades da Universidade de Oxford.

61 **casar-se nem dar em casamento** – alusão a Mateus, 24:38.

62 **Há dois mundos na vida da nação...** – de um discurso de Adolf Hitler à Liga das Mulheres Nazistas, citado no jornal *Sunday Times* de 13 de setembro de 1936. Virginia anexou o recorte dessa notícia ao álbum usado na preparação da escrita de *Três guinéus*.

64 **O trabalho de um arcebispo... para o estado** – como observa Naomi Black, Virginia comete aqui um erro, pois, na Inglaterra, a Igreja não era, e não é, financiada pelo Estado.

65 **o Brook's, o White's, o Travellers', o Reform, o Athenaeum** – clubes exclusivamente masculinos, que as mulheres podiam frequentar apenas como convidadas de associados e, mesmo assim, restritas a certas partes.

· 212 ·

68 **oh, a quem?** – no original, "*oh, of whom?*", final do último verso do poema "The Question", do poeta inglês Percy Bysshe Shelley (1792-1822). Na verdade, no poema, a pergunta é "*Oh! to whom?*". Virginia mudou a preposição "*to*" do original para "*of*" para adaptar a frase à regência do verbo utilizado por ela, "*to ask*", em contraste com a regência exigida pelo verbo utilizado pelo poeta, "*to present*".

Lá vamos nós em volta da amoreira – alusão a uma conhecida canção de ninar inglesa: "*Here we go round the mulberry bush*".

69 **Projeto de Lei das Pensões** – *Pensions Bill*, no original; por extenso: *Orphans's and Old Age Contributory Pensions Bill*. Como diz o título, tratava-se de um projeto de lei, discutido no Parlamento em 1937, que estabelecia novas regras para as contribuições e os benefícios previdenciários por parte de homens e mulheres que não se encaixavam no esquema principal de seguridade social. Entretanto, o projeto, transformado em lei, deixava as mulheres em posição desvantajosa em relação aos homens.

Hansard – é o nome dado ao livro de transcrições dos debates das duas casas do Parlamento. O nome tem origem no fato de que a primeira impressão foi feita, em 1774, pelo tipógrafo oficial, Thomas Curson Hansard.

70 **Charing Cross** – Charing Cross é a junção de seis ruas do centro de Londres. A Charing Cross Road é uma dessas ruas.

71 **do leão e do unicórnio** – figuras do brasão real britânico. Aparece na bandeira das trombetas dos arautos, na foto da p. 28.

antigo capacete de metal da família... penacho de pelo de cavalo branco – "capacete de metal... em forma de balde de carvoeiro" traduz a expressão "*old family coal-scuttle*" do original; ver nota anterior ("ora é de metal e... balde de carvoeiro"). Possivelmente, a alusão é, aqui, aos King's Life Guards, um dos regimentos de cavalaria do exército britânico, cujos soldados usam um capacete desse tipo, encimado por um penacho de pelos de cavalo branco (tinyurl.com/yxo35bfn).

73 **Cenotáfio** – monumento funerário situado na Whitehall Street, em frente ao edifício do Ministério do Exterior, erigido em 1919, em memória dos soldados ingleses mortos durante a Primeira Grande Guerra.

batalha de Westminster... batalha das universidades... batalha de Whitehall... batalha de Harley Street... batalha da Academia Real – referências às instituições em que as mulheres tiveram que lutar contra os homens em defesa de seus direitos: pelo voto ("Westminster", ou seja, o Palácio de Westminster, sede dos dois Parlamentos); pelo direito à educação superior, luta abundantemente documentada em *Três guinéus* ("universidades"); pelo direito à admissão irrestrita ao serviço público, bem como remuneração igualitária nos cargos aí exercidos ("Whitehall"); pelo direito ao exercício irrestrito das profissões médicas ("Harley Street", rua de Londres onde se concentram consultórios de médicos e instituições de saúde); pelo direito ao acesso, como alunas e como professoras, a instituições profissionais como a Academia Real de Artes (fundada em 1768, apenas em 1860 uma mulher foi admitida como aluna, enquanto apenas em 2011 foram admitidas as duas primeiras professoras).

74 **Sophia Jex-Blake** – Sophia Louisa Jex-Blake (1840-1912), médica e ativista feminista inglesa.

o pai de Sophia – Thomas Jex-Blake (1790-1868), advogado inglês.

75 **Tom** – Thomas William Jex-Blake (1832-1915), o irmão mais velho de Sophia Jex-Blake.

Edimburgo, em 1869 – ano em que foi permitido a Sophia Jex-Blake (1840-1912) se matricular na Faculdade Real de Cirurgiões da Universidade de Edimburgo. A confusão referida a seguir ocorreu em 18 de novembro do ano seguinte. Quando as quatro mulheres que tinham sido admitidas à Faculdade, além de Sophia, chegaram para prestar um exame de anatomia, foram recebidas por um grupo de mais de duzentos estudantes que, além de insultá-las aos gritos, atiravam-lhes lama e restos de lixo.

uma ovelha de estimação – refere-se a uma ovelha que costumava pastar no gramado da faculdade e tinha sido empurrada para dentro da sala de exames pelos estudantes que protestavam contra a admissão das mulheres à universidade. O professor que conduzia o exame, o dr. Handyside, teria dito: "A ovelha pode ficar, ela é, sem dúvida, mais inteligente que os que estão lá fora".

batalha do diploma – *battle of the Degree*, no original. A primeira faculdade feminina, Girton, foi estabelecida em 1869, na Universidade de Cambridge; a primeira faculdade feminina da Universidade de Oxford, Somerville, foi fundada em 1879. Entretanto, por muitos anos, embora cumprissem todos os requisitos de uma educação universitária, não eram concedidos às formandas os diplomas correspondentes; quer dizer, seu valor profissional era praticamente nulo. Foi apenas em 1920 que a Universidade de Oxford passou a conceder diplomas às estudantes do sexo feminino, ao passo que a Universidade de Cambridge fez o mesmo apenas em 1948. Muito antes disso, em 1897, ex-alunas das faculdades femininas de Cambridge, Girton e Newnham, propuseram à Universidade que fosse concedido às mulheres que as frequentavam um diploma efetivo, em vez do documento meramente simbólico que então recebiam. Submetida à votação no órgão supremo da Universidade, a petição foi derrotada por 1.707 votos contra 661.

Na ocasião, os alunos (homens) da Universidade organizaram violentos e ruidosos protestos contra a reivindicação das mulheres. Ver, a respeito, esta página, com fotografias das demonstrações masculinas contra a petição das mulheres, incluindo a reproduzida a seguir: (tinyurl.com/y2w4quc7). Ver nota de Virginia, n. 25, capítulo Um.

76 **batalha de Harley Street, no ano de 1869** – Virginia está aqui usando a expressão "batalha de Harley Street" figurativamente, para se referir ao conflito ocorrido na Faculdade Real de Cirurgiões da Universidade de Edimburgo, em 1869, como referido em nota anterior. Harley Street, como já observado, por ser a rua de Londres onde se concentram consultórios médicos e instituições de saúde, é, aqui, apenas uma figura para a faculdade de medicina da Universidade de Edimburgo.

batalha da Universidade de Cambridge nos dias de hoje – as lutas ainda empreendidas por volta de 1938, ano de publicação do livro, pela concessão do diploma efetivo às estudantes da Universidade de Cambridge. A não ser confundida com a "batalha do diploma" de 1897.

77 **Pierpont Morgan** – John Pierpont Morgan (1837-1913), banqueiro e financista americano.

Rockefeller – John Davison Rockefeller (1839-1937), o conhecido magnata americano.

79 **palavras de Cristo sobre os ricos e o Reino de Deus** – alusão a Mateus, 19:24: "E outra vez vos digo que é mais fácil um camelo passar pelo fundo duma agulha, do que entrar um rico no reino de Deus".

Shakespeare, Shelley, Tolstói – misteriosa alusão aos três escritores, aparentemente, sem vínculo com a citação da passagem de Mateus no Novo Testamento. Naomi Black especula que se trata do resquício de algum rascunho de *Três guinéus*, que ficou sobrando após alguma reorganização do texto, sem que Virginia tivesse se dado conta.

80 **Por Deus e pelo Império** – lema da Ordem do Império Britânico, condecoração criada em 1917 pelo rei George V.

81 **deão Alington ou do deão Inge** – sobre Alington, ver nota anterior. William Ralph Inge (1860-1954) foi deão da Catedral de St Paul de 1911 a 1934.

Shoe Lane – travessa da Fleet Street, rua em que estavam localizadas as principais gráficas e sedes de jornais.

Lorde Hugh vagava pela antecâmara – trata-se de Hugh Richard Heathcote Gascoyne-Cecil (1869-1956), que, juntamente com outros parlamentares conservadores, evitava entrar no local de votação como estratégia de boicote ao Projeto de Lei da Irmã da Viúva (conforme nota de Naomi Black à edição da Shakespeare Head Press de *Três guinéus*).

82 **Projeto de Lei da Irmã da Viúva** – projeto de lei que permitiria a um viúvo casar-se com a irmã da esposa falecida, algo que era, até então, proibido. Proposto e derrotado em 1901, foi finalmente aprovado em 1907.

bispo Gore – Charles Gore (1853-1932).

83 **marquês de Londonderry** – Charles Henry Stewart Vane Tempest-Stewart (1878-1949).

Cyril Chaventre – simplesmente um leitor que assina uma carta ao *Daily Herald*, de 13 de fevereiro de 1935, conforme recorte de jornal anexado por Virginia ao álbum de recortes utilizados como material para a redação de *Três guinéus* (ver nota de Virginia, n. 29, capítulo Dois).

84 **As coisas que perecem...** – versos do "Chorus Mysticus" do *Fausto*, de Goethe. No original, em tradução de Melian Stawell e G. L. Dickinson: "*The things that must pass / Are only symbols; /Here shall all failure / Grow to achievement, /Here, the Untellable / Work all fulfilment, / The woman in woman / Lead forward for ever.*". Na tradução de Haroldo de Campos: "O perecível / É apenas símile. /O imperfectível / Perfaz-se enfim. / O não-dizível / Culmina aqui. / O Eterno-Feminino / Acena, céu-acima.". Sandra M. Gilbert e Susan Gubar, em *The Madwoman in the Attic*, transcrevem uma paráfrase, de autoria de Hans Eichner, do "Chorus Mysticus: "Tudo que é transitório é meramente simbólico; aqui (isto é, na cena à nossa frente) o inacessível é (simbolicamente) retratado e o inexprimível é (simbolicamente) tornado manifesto. O eterno feminino (isto é, o princípio eterno simbolizado pela mulher) nos arrasta para esferas mais altas".

85 **como lagartas enfileiradas** – trata-se de uma espécie de lagarta (*Thaumetopoea pityocampa*) cujos indivíduos se movem juntos, em fila. É conhecida como lagarta-do-pinheiro ou lagarta processionária.

FRS, FCS – respectivamente, Fellow of the Royal Society (Membro da Sociedade Real), Fellow of the College of Surgeons (Membro da Faculdade de Cirurgiões).

86 **obscura srta. Weeton** – Ellen Weeton (1776-1849), nome de solteira de Ellen Stock. Do livro de autoria de K. Gleadle, *Radical Writing on Women, 1800-1850: An Anthology*: "Ellen Stock [...] nasceu em Lancaster, Inglaterra. Assumiu a direção da escola de sua mãe em 1797, antes de se tornar preceptora em 1809. Cinco anos depois casou-se com um industrial viúvo, Aaron Stock, um homem violento [...] do qual se separou em 1822. [...] As cartas de Ellen Stock fornecem um retrato sombrio dos homens como tiranos e opressores". Seu nome de batismo era, na realidade, Nelly. "Ellen" foi o nome imposto por seu editor, por ser um "nome mais digno". Um livro recente, *Miss Weeton*

Governess and Traveller, de autoria de Alan Roby (amzn.to/2Pe6EC8), acrescenta novos dados à biografia da srta. Weeton.

Oriel – uma das faculdades da Universidade de Oxford.

Josephine Butler – Josephine Elizabeth Butler (1828-1906), feminista e reformista social inglesa.

Projeto de Lei das Doenças Contagiosas – legislação que permitia que a polícia detivesse todas as mulheres suspeitas da prática da prostituição, forçando-as a se submeterem a exames para a verificação de doenças venéreas.

campanha contra a venda e a compra de crianças para propósitos infames – refere-se a campanhas, conduzidas sobretudo pela imprensa e lideradas por Josephine Butler, nos anos 1880, contra a prostituição infantil.

87 **Gertrude Bell** – Gertrude Margaret Lowthian Bell (1868-1926), arqueóloga e escritora inglesa.

O discípulo, de Bourget – Paul Charles Joseph Bourget (1852-1935), escritor francês. Possivelmente, a suposta e temida influência do livro (*Le disciple*, no original francês) se deveria ao fato de que o romance conta a história de um filósofo cujas ideias teriam conduzido o discípulo do título ao assassinato de uma jovem.

88 **Florence Nightingale** – Florence Nightingale (1820-1910), escritora e estatística inglesa, fundadora da enfermagem moderna.

Gertrude Bell – Gertrude Margaret Lothian Bell (1868-1926), arqueóloga e escritora inglesa.

89 **famosa passagem na qual Florence Nightingale denunciou...** – refere-se ao ensaio "Cassandra", do livro *Suggestions for Thought to Searchers after Religious Truth* [*Sugestões de reflexão para os que buscam a verdade religiosa*], publicado privadamente por Florence Nightingale, em 1860.

a alegria natural com que ela saudou a guerra da Crimeia – supostamente por lhe permitir fugir às restrições do domínio patriarcal, como ressalta a própria Virginia em *Um quarto todo seu*, reconhecendo o paradoxo de ter que "louvar" a guerra: "[...] graças, curiosamente a duas guerras, a guerra da Crimeia que tirou Florence Nightingale de casa, e à Guerra Europeia [...], esses males [da pobreza e da falta de liberdade intelectual] estão prestes a ser minorados".

Emily Brontë – Emily Jane Brontë (1818-1848), romancista e poeta inglesa, mais conhecida pelo livro *Wuthering Heights*, comumente traduzido no Brasil como *O morro dos ventos uivantes*.

Christina Rossetti – Christina Georgina Rossetti (1830-1894), poeta inglesa.

91 **É o psicômetro que a senhora carrega no pulso...** – Virginia "inventa" aqui um instrumento para medir as reações instintivas das mulheres diante das lealdades irreais, "que devemos desprezar", e das lealdades reais, "que devemos honrar". A ideia baseia-se numa notícia de jornal, que ela colou em seu álbum de recortes, a respeito de uma possível execução de pena de morte, nos Estados Unidos, a ser decidida com base num detector de mentiras: "Este instrumento [o detector de mentiras] é amplamente usado aqui [nos Estados Unidos] e é considerado como capaz de distinguir respostas verdadeiras de falsas dadas a certas questões, ao registrar num gráfico as variações da pressão arterial do sujeito. As variações são mostradas por uma caneta acionada por um tubo de mercúrio que está conectado a um aparelho convencional de medição da pressão arterial". Obviamente, o psicômetro de Virginia é apenas uma imagem para a capacidade sensorial das mulheres diante dos casos por ela elencados, ou seja, um detector de mentiras metafórico.

91 *Antígona* **de Sófocles** – *Antígona* é uma das mais importantes tragédias de Sófocles (496 a.C.-405 a.C.), dramaturgo grego. O conflito entre Creonte e Antígona é tratado com mais detalhes no capítulo Três.

92 **a distinção entre as leis e a Lei, feita por Antígona.** – como explicita Virginia mais adiante, trata-se de uma distinção entre as leis escritas e as leis não escritas (ver, no capítulo Três, a passagem que remete à nota de Virginia, n. 42, e a respectiva nota) ou entre as leis dos homens e as leis divinas, tal como explicitada por Antígona (linhas 450 a 455 na lineação do site Perseus): "Mas Zeus não foi o arauto delas para mim, / nem essas leis são as ditadas entre os homens / pela Justiça, companheira de morada / dos deuses infernais; e não me pareceu / que tuas determinações tivessem força / para impor aos mortais até a obrigação / de transgredir normas divinas, não escritas,/ inevitáveis [...]." (trad. de Mário da Gama Kury).

A lei da Inglaterra cuida para que não herdemos grandes pro-priedades – as leis britânicas favorecem a linha masculina de sucessão, em detrimento da linha feminina.

94 **OM, KCB, LL D, DCL, PC** – iniciais dos títulos que homens importantes costumam apor a seus nomes. Respectivamente: Order of Merit, Knight Commander of the Bath, Doctor of Laws, Doctor of Civil Laws, Privy Councillor.

Três

95 **duque de Devonshire** – possivelmente, Edward William Spencer Cavendish, 10º duque de Devonshire (1895-1950).

Píndaro – (522 a.C.-443 a.C.), poeta grego.

97 **Não há uma única filha de homem instruído, diz o Whitaker...** – isto é, segundo o Whitaker, não há nenhuma mulher na lista de docentes das duas grandes universidades, Oxford e Cambridge.

Tampouco de nada adianta... informa o Whitaker... comprar um quadro para a Galeria Nacional... – ou seja, não há nenhuma mulher nas listas das diretorias dessas instituições.

Seule la culture désintéressée peut garder le monde de sa ruine – em francês no original: "Apenas a cultura desinteressada pode salvar o mundo de sua ruína". A frase corresponde ao título de uma notícia, possivelmente de um jornal francês. No álbum de recortes, colecionados para a escrita de *TG*, Virginia colou apenas o título da notícia, sem o texto correspondente.

98 **"Precauções durante um ataque aéreo"** – embora ainda não diretamente engajado na guerra contra as potências nazista e fascista, já em 1935, o governo britânico começou a tomar medidas relativamente à possibilidade de ataques aéreos. Em 1938, o Ministério do Interior (Home Office), publicou e distribuiu um panfleto com o título *The Protection Of Your Home Against Air Raids* [*Como proteger sua casa contra ataques aéreos*], que trazia na capa a advertência: "Leia por inteiro e conserve-o cuidadosamente".

provocar uma chuva de gatos mortos, ovos podres e portas quebradas – possível alusão a episódios de reações violentas de estudantes do sexo masculino à admissão de mulheres às universidades ou à concessão de direitos que lhes eram negados, tais como o da Universidade de Edimburgo em 1869 (ver nota "Edimburgo, em 1869", capítulo Um) e o das faculdades femininas de Cambridge, Girton e Newnham, em 1897 (ver nota "batalha do diploma", capítulo Um).

99 **Grub Street** – rua de Londres em que moravam aspirantes a poeta e autores de livros populares, entre outros subliteratos. Em 1830, foi renomeada como Milton Street, mas o nome "Grub Street" continuou sendo usado para se referir a grupos de escritores de segunda categoria.

100 **George Sand** – pseudônimo da escritora francesa Amantine Lucile Aurore Dupin (1804-1876), autora, entre outras obras, de mais de três dezenas de romances.

Milton, Goethe ou Matthew Arnold – John Milton (1608-1674), poeta inglês; Johann Wolfgang von Goethe (1749-1832), escritor alemão; Matthew Arnold (1822-1888), poeta e crítico inglês.

101 **sra. Oliphant** – Margaret Oliphant (1828-9187), escritora escocesa.

103 **a conduta de Mary** – Mary II (1662-1694), rainha da Inglaterra, Escócia e Irlanda de 1689 a 1694. Apesar de sua relutância em aceitar o posto de rainha (num reinado conjunto com o marido, William III), algo que, aparentemente, lhe desagradava, ela teria se mostrado alegre e bem-disposta durante a cerimônia de coroação. É essa a conduta a que se refere Macaulay.

Macaulay – Lorde Macaulay (1800-1859), historiador, poeta e político britânico.

 a crítica que Ben Jonson fez a Shakespeare na taberna *The Mermaid* – Ben Jonson (1572-1637) foi um dramaturgo, poeta e ator inglês. *The Mermaid* era a taberna supostamente frequentada por Ben Jonson e outros escritores elisabetanos. A crítica aqui aludida é possivelmente a declaração de Jonson de que, embora os dramaturgos da época dissessem, como elogio, que Shakespeare "nunca riscara uma linha", ele, Ben Jonson, teria preferido que "ele tivesse riscado mil!".

Keats – John Keats (1795-1821), poeta romântico inglês.

as tartarugas – entenda-se sopa de tartaruga, tipicamente servida em banquetes cívicos.

arcebispo de Canterbury – trata-se de Cosmo Gordon Lang (1864-1945), o arcebispo que aparece na foto de número 5 (p. 130), tendo ocupado esse posto de 1928 a 1942.

O que pode ser mais apropriado do que destruir uma palavra velha [...]. A palavra "feminista" é a palavra aludida. – a crítica das palavras "feminismo" e "feminista", tais como Virginia as interpretava, como ligadas a causas específicas e, de certa forma, limitadas, tem dado lugar a muitas discussões. Embora Virginia reforce, ao longo do livro, a importância daquelas causas, seu objetivo em *Três guinéus* parece ter sido o de ampliar não apenas o leque das desigualdades de gênero a serem combatidas, mas também, e sobretudo, o repertório de instrumentos analíticos para colocá-las em xeque, estendendo a crítica para além das desigualdades materiais e suas causas, para abranger desigualdades menos aparentes, baseadas em mecanismos sociais, culturais e psicológicos mais arraigados e mais difíceis de serem detectados. Sua crítica parece ser não tanto ao feminismo em si, mas ao feminismo de sua época, que ela via como estreito e restrito. Sob essa ótica, a perspectiva analítica de Virginia está muito mais próxima das perspectivas feministas atuais, em todas as suas vertentes, do que aparenta. As conexões que ela faz entre o mundo privado e o mundo público, entre o pessoal e o institucional, entre os gestos exteriores e os mecanismos interiores a tornam, apesar de sua ojeriza à palavra, uma verdadeira feminista, sem aspas e sem qualificações.

um-homem-que-toca-a-campainha-e-foge-correndo – *a ring-the-bell-and-run-away-man*, no original. Conforme a nota 11 da autora, trata-se de uma expressão inventada por ela.

113 **Downing Street** – rua de Londres em que se situam a residência e os escritórios do primeiro-ministro da Grã-Bretanha.

114 **William Wordsworth, falando de sua irmã...** – William Wordsworth (1770-1850), poeta romântico inglês. A irmã referida é Dorothy Mae Ann Wordsworth (1771-1855), também escritora.

119 **nem a pena branca da covardia nem a pena rubra da coragem** – no jargão do "esporte" da briga de galo, a expressão "pena branca" era aplicada a galos tidos como covardes, pois se acreditava que galos com pena branca no rabo eram fracos. No contexto da Primeira Grande Guerra, as mulheres britânicas eram incentivadas a mostrar uma pena branca a homens que não se alistassem. Não consta que aqueles que se apresentassem para combate fossem saudados com uma pena vermelha. Embora Naomi Black, na edição anotada de *Three Guineas* da Shakespeare Head Press, faça uma conexão da pena rubra com um episódio da Guerra Americana da Independência (1775-1783), é mais provável que Virginia tenha simplesmente usado a expressão "pena rubra", em contraste com a expressão "pena branca" como um recurso retórico. Ver nota 35 de Virginia ao capítulo Três (p. 188).

olhos brilhantes que jorram influência – alusão a versos do poema *L'Allegro*, de John Milton: "*With store of ladies, whose bright eyes / Rain influence* [...]." ("Com muitas damas, cujos olhos brilhantes / Jorram influência [...].") Ver tradução do poema, por Fabiano Seixas Fernandes, em *(n. t.): Revista Literária em Tradução* (tinyurl.com/yyolajzk), não utilizada aqui, entretanto, por falta de coincidência entre o arranjo das linhas.

121 **arredores de Bath ou Cheltenham** – conhecidos balneários ingleses, frequentados por pessoas com problemas de saúde, sobretudo idosas.

o albatroz no pescoço da sociedade – isto é, um fardo nos ombros da sociedade. Alusão ao poema de Samuel Taylor Coleridge (1772-1834) "The Rime of the Ancient Mariner", em que o marinheiro do título mata um albatroz que acompanhava o barco; ato que, segundo os outros marinheiros, teria sido responsável pelas desgraças que se seguiram, uma vez que o albatroz é, em geral, considerado sinal de boa sorte. Para lembrá-lo do ato que lhes trouxe a má sorte, eles penduram o pássaro morto em volta de seu pescoço.

131 **alguma memória ancestral profetizando a guerra** – alusão a um verso do poema "Kubla Khan", de Samuel Taylor Coleridge (1772-1834): "Vozes ancestrais profetizando guerra!".

132 **tradução de singular beleza** – presumivelmente, a tradução da Bíblia conhecida como a Bíblia Autorizada do Rei James.

133 **Lídia** – "Certa mulher, chamada Lídia, da cidade de Tiatira, vendedora de púrpura, temente a Deus, nos escutava; o Senhor lhe abriu o coração para atender às coisas que Paulo dizia" (Atos, 16:14).

Cloé – "Pois a vosso respeito, meus irmãos, fui informado, pelos da casa de Cloé, de que há contendas entre vós" (1 Coríntios, 1:11).

Evódia e Síntique – "Rogo a Evódia e rogo a Síntique pensem concordemente, no Senhor" (Filipenses, 4:2).

Trifena e Trifosa e Pérside – "Saudai Trifena e Trifosa, as quais trabalhavam no Senhor. Saudai a estimada Pérside, que também muito trabalhou no Senhor" (Romanos, 16:12).

pré-nicena... pós-nicena – isto é, antes e depois do Concílio de Nicea, realizado no ano de 325, para estabelecer princípios comuns a toda cristandade, então ameaçada por certas heresias.

Epístolas Pastorais – as epístolas de São Paulo a Timóteo e Tito.

134 **Alma covarde não é a minha...** – as duas primeiras estrofes do poema "Last lines" ("Últimas linhas"), de Emily Brontë.

135 **professor Grensted, DD** – Laurence William Grensted (1884-1964). As iniciais DD significam "Doctor of Divinity", grau acadêmico concedido a estudiosos que tenham se destacado em estudos da religião.

136 **complexo de Édipo** – Virginia empreende aqui uma aplicação das teorias de Freud, apelando aos conceitos freudianos de complexo de Édipo, castração e fixação infantil. Embora tenha começado a ler Freud, como admite em seu diário, apenas em dezembro de 1939, ela tinha tido contato com as teorias freudianas bem antes disso. Ela menciona Freud, de passagem, já em *Um quarto todo seu*. E a editora do casal Woolf havia começado a publicar as obras de Freud em 1924. Adrian Stephen, irmão de Virginia, e sua mulher, Karin Stephen, pertenciam ao grupo dos primeiros psicanalistas britânicos. O casal Woolf teve um breve encontro com Freud, em Londres, para onde ele havia se mudado em junho de 1938. O encontro ocorreu na casa de Freud, no número 20 da rua Maresfield Gardens, local onde hoje se situa o Museu Freud. Leonard dá detalhes desse encontro no volume 2 de sua autobiografia, *Downhill All the Way. Autobiography of the Years 1919-1939*, p. 168-169: "Encontrei Freud em pessoa apenas uma vez. [...] Assim que ele e sua família tinham confortavelmente se instalado ali [na rua Maresfield Garden], procurei saber se ele gostaria que Virginia e eu fôssemos visitá-lo. A resposta foi afirmativa, e na tarde se 28 de janeiro de 1939, sábado, nós fomos visitá-lo e tomamos chá com ele.

[...] Não foi um encontro fácil. Ele era extraordinariamente cortês, à maneira antiga – por exemplo, quase cerimoniosamente, ele presenteou Virginia com uma flor". Virginia, por sua vez, assim registra o encontro em seu diário (29 de janeiro de 1939): "O dr. Freud me deu um narciso. [...] Um senhor muito idoso, todo encolhido, acabado: [...] com movimentos espasmódicos, paralisados, desarticulado: mas alerta. [...]. Conversa difícil". Ver também o texto de Julia Brigss a respeito desse encontro: (tinyurl.com/y4yuvwat).

(137) homem manqué – o adjetivo está em francês e sem itálicos no original. Significa, aqui, homem imperfeito.

(137) ministério do santuário – isto é, o exercício de ofícios ligados ao altar.

(140) apelando às sereias – ver, acima, a nota "a grande lady, a Sereia". Ver também n. 1, capítulo Três, da própria Virginia.

Ismênia – personagem da peça *Antígona*, de Sófocles.

sr. Barrett... Wimpole Street... sua filha Elizabeth – o sr. Barrett é Edward Barrett Moulton-Barrett (1785-1857), rico proprietário de plantações de cana e de engenhos de açúcar na Jamaica, pai de Elizabeth Barrett Browning (1806-1861), a conhecida poeta inglesa. A Wimpole Street é uma rua localizada em Marylebone, na zona central de Londres.

(141) Patrick Brontë... Arthur Nicholls... Charlotte – Patrick Brontë (1777-1861), clérigo e autor irlandês, pai de Charlotte Brontë (1816-1855), poeta e romancista inglesa. Arthur Bell Nicholls (1819-1906), de origem irlandesa, foi clérigo da Igreja Anglicana.

Hartworth – localidade de West Yorkshire, condado do norte da Inglaterra, onde então morava a família Brontë.

(144) *Burke's Landed Gentry* – obra de referência, que lista as famílias da Grã-Bretanha e da Irlanda detentoras de propriedades rurais, destacando sua genealogia e heráldica.

escola de Maurice – isto é, o Queens College, localizado na Harley Street, Londres. Foi fundado em 1848, com o objetivo inicial de formar preceptoras. John Frederick Denison Maurice (1805-1872) foi seu primeiro diretor.

Elísio na terra – Elísio, ou Campos Elísios, era, na mitologia grega, o paraíso, parte do mundo subterrâneo para onde iam os justos e os heróis após a morte.

Era a mulher... que Charlotte Brontë e Elizabeth Barrett tinham que matar. – ou seja, o Anjo da Casa, tal como descrito no ensaio "Profissões para mulheres", de Virginia (ver *As mulheres devem chorar*, Autêntica, 2019).

mas das rainhas – "*but of Queens*", no original, evidente trocadilho com Queen's College.

145 **sra. Gaskell** – Elizabeth Gaskell (1810-1865), romancista inglesa, autora de uma biografia de Charlotte Brontë.

Elizabeth fugiu – Elizabeth Barrett Browning (1806-1861), que viveu, desde a adolescência, um tanto reclusa, em parte por escolha, em parte por padecer de moléstias nunca precisamente diagnosticadas, dedicou-se à poesia. Apesar de uma vida social limitada, manteve uma copiosa correspondência com outras figuras literárias importantes de sua época, incluindo Mary Russell Mitford (1787-1855), que lhe presenteou com o cocker spaniel Flush (ver *Flush*, de autoria de Virginia Woolf, Autêntica, 2016), e Robert Browning (1812-1889), com quem veio a se casar clandestinamente, fugindo com ele para a Itália, estabelecendo-se em Florença.

146 **Leigh Smith** – Benjamin Leigh Smith (1783-1860), político britânico.

Barbara – Barbara Leigh Smith Bodichon (1827-1891), educadora e artista britânica, envolveu-se ativamente na defesa de causas relativas aos direitos das mulheres.

147 **srta. Davies** – Sarah Emily Davies (1830-1921).

A palavra "feminismo", tivemos que eliminar. – ver nota anterior intitulada "O que pode ser mais apropriado do que destruir uma palavra velha [...]".

"A emancipação das mulheres" é, igualmente, um termo inexpressivo e corrompido. – tal como ocorre com as palavras "feminismo" e "feminista", Virginia liga a expressão "emancipação das mulheres" a reivindicações estreitas e limitadas.

prematuramente inspiradas pelos princípios do antifascismo... – Virginia parece se referir, aqui, à suposição de que as lutas das mulheres da época se baseavam nos princípios materialistas, economicistas, do esquerdismo britânico de então (o "antifacismo"), de tendência comunista, que não passava de uma imagem refletida do autoritarismo que pretendia combater. A crítica implícita parece ser, sobretudo, às manifestações artísticas dos anos 1930, em particular, às representações teatrais em voga nos círculos esquerdistas (ver, a respeito, Patricia Klindienst Joplin, "The Authority of Illusion: Feminism and Fascism in Virginia Woolf's 'Between the Acts'").

Chamá-las de campeãs da liberdade intelectual e da cultura... – neste caso, a crítica parece ser à "cultura" das palestras, conferências e manifestações públicas tão criticadas por Virginia em outras passagens do livro. Ao final desse elenco de manifestações criticáveis ("feminismo", "emancipação das mulheres", "princípios do antifacismo", as demonstrações públicas da "liberdade intelectual e da cultura"), Virginia se volta para as "emoções reais" por detrás da "oposição das filhas à fixação infantil dos pais".

Uma certa filha desejava aprender química – refere-se a Mary Kingsley. Ver nota do início do capítulo Um.

Ela se jogou na cama, em lágrimas... – a narradora é, aqui, Mary Kingsley. Sua amiga foi quem "se jogou na cama" e disse "Harry está no telhado", convidando-a a subir ao quarto para ajudá-la a tirar o amante do telhado e, supostamente, de dentro de casa.

(148) desejavam... explorar a África; escavar na Grécia e na Palestina. [...] compor – óperas, sinfonias, quartetos. [...] pintar [...] corpos nus. – segundo Naomi Black, possíveis alusões, respectivamente, a Mary Kingsley, Gertrude Bell, Ethel Smyth, Vanessa Bell (ou, mais provavelmente, Laura Knight). Sobre Mary Kingsley e Gertrude Bell, ver as notas respectivas. Ethel Smyth (1858-1944), compositora, era amiga de Virginia; Vanessa Bell (1879-1961), pintora, sua irmã. Laura Knigth (1877-1970) foi também pintora.

(149) Bertrand Russel – (1872-1970), filósofo e escritor inglês.

(150) E o ovo... é obra apenas do galo? – na verdade, o ovo em si, não fertilizado, é obra apenas da galinha.

(151) uma criancinha chorando dentro da noite – alusão a um verso do poema "In Memoriam", de Alfred Tennyson: "*So runs my dream: but what am I? / An infant crying in the night: / An infant crying for light: / And with no language but a cry.*" ("Assim se passa meu sonho: mas que sou eu? / Uma criancinha chorando dentro da noite: / Uma criancinha chorando por luz: / E sem nenhuma outra língua que não a do choro.")

Seja quem for que a cidade indique – palavras de Creonte, em *Antígona*, de Sófocles. A tradução citada no original, como indica a própria Virginia, é de Richard Jebb, uma tradução em prosa, que pode ser consultada no site Perseus (tinyurl.com/2w3qkw5). Indico aqui o número das linhas, segundo a lineação de Perseus. Respectivamente, na ordem marcada pelas reticências: 670-671; 672; 677-678; 578-579.

que poderia vir a ser sua nora – Antígona estava noiva de Hémon, filho de Creonte.

Não são essas as leis estabelecidas entre os homens... – *Antígona*, Perseus: 451-452.

Eu a levarei por onde o caminho... – *Antígona*, Perseus: 773-774.

Holloway – nome de uma prisão localizada na Parkhurst, no norte de Londres. Muitas sufragetes, a partir de 1906, foram aí encarceradas, sobretudo após demonstrações centradas em greves de fome.

154 **desculpando-me, repetidamente, três vezes, a vocês três** – no original, "*apologising three times over to the three of you*". Estranhamente, neste último parágrafo do livro e da carta endereçada ao tesoureiro da sociedade em prol da paz, a narradora se dirige a mais duas pessoas além do tesoureiro ("*the three of you*"). É verdade que a narradora cita, na carta (coincidente com o livro) ao tesoureiro, as cartas que ela teria escrito para as fictícias tesoureiras das outras duas sociedades que lhe pediram uma doação. Mas como elas tomariam conhecimento do pedido de desculpas da narradora? Por outro lado, a narradora (ou Virginia) arremata a carta (o livro) com o mágico número três que percorre a narrativa inteira: três cartas âncoras, três capítulos, três tesoureiros/as, três anos (o tempo que a carta do tesoureiro ficou à espera de resposta), três pontinhos (reticências), três razões, três sugestões, três medidas, três anos do curso universitário, três citações, três fatos, três homens instruídos, três diários e três semanários, três experimentações, três exemplos, três ordens, três casos e, claro, três guinéus. Isso sem listar os que aparecem nas notas da autora/narradora.

Notas e referências

Um

155 **Elizabeth Haldane** – Elizabeth Sanderson Haldane (1862-1937), escritora escocesa.

154 **Thomas Gisborne** – (1758-1846), clérigo e poeta inglês.

156 **Skittles** – era o apelido pelo qual era conhecida uma das grandes cortesãs londrinas da era vitoriana, Catherine Walters (1839-1920). O apelido devia-se ao fato de que ela trabalhara num salão do jogo de *skittles*, uma modalidade primitiva do jogo de boliche. Era também conhecida por sua excepcional habilidade no esporte da equitação.

157 **Lorde Hewart** – ver, nas notas ao capítulo Um, a nota "Lorde Chefe de Justiça da Inglaterra".

sra. Helena Normanton – Helena Florence Normanton (1882-1957), a primeira mulher a exercer a advocacia na Inglaterra.

Lisístrata – personagem central da comédia *Lisístrata*, de Aristófanes (446 a.C.-386 a.C.).

158 **sr. Asquith** – Herbert Henry Asquith (1852-1928), político britânico que ocupou o cargo de primeiro-ministro de 1908 a 1916.

161 **J. M. Keynes** – John Maynard Keynes (1883-1946), conhecido economista britânico, fazia parte do círculo de amigos de Virginia e do Grupo de Bloomsbury.

resenha de um livro sobre a história do Clare... – a primeira e a terceira citações ("vestido na mais fina das roupagens...") desta nota de Virginia são de uma resenha de autoria de John Maynard Keynes (ver nota abaixo), publicada, como indica Virginia, na edição de 17 de janeiro de 1931 do jornal *The Nation and Athenaeum*, e o livro referido é *Clare College*, organizado por M. D. Forbes.

Segundo os rumores... – Virginia parece inserir aqui essa alegoria, numa nota um tanto confusa, entre citações de duas matérias publicadas na mesma edição do jornal *The Nation and Athenaeum*, para dramatizar a diferença de tratamento entre as faculdades masculinas e as faculdades femininas das universidades de Cambridge e de Oxford. (Supõe-se que a mulher da aparição seja uma estudante de alguma das faculdades femininas das duas grandes universidades britânicas.) De um lado, a publicação de um luxuoso livro, resenhado por Keynes, dedicado à celebração do Clare College, exclusivamente masculino, da Universidade de Cambridge. De outro, as precárias condições habitacionais de uma estudante, Vera Brittain, do Sommerville College, faculdade feminina da Universidade de Oxford, tais como descritas por ela mesma. Vera Brittain (1893-1970), feminista britânica, foi admitida ao Sommerville College em 1915, interrompendo seus estudos um ano depois para se alistar como enfermeira voluntária nos acampamentos britânicos da Primeira Grande Guerra.

quartos de chão frio e escuro... – essa citação e a última desta nota de Virginia ("Sommerville recebeu...") são de um artigo de Vera Brittain, publicado em sua coluna, intitulada "A Woman's Notebook", da edição de 17 de janeiro de 1931 do jornal *The Nation and Athenaeum*.

pagável à diretora de... – obviamente, a frase deve ser preenchida com o nome de alguma faculdade feminina.

 Pusey – Edward Bouverie Pusey (1800-1882) foi professor de hebraico na Universidade de Oxford.

Oriel – uma das faculdades da Universidade de Oxford.

Newman – John Henry Newman (1801-1890), nascido em Londres e criado na Igreja Anglicana, converteu-se ao catolicismo, tendo sido nomeado cardeal em 1879. Participou ativamente dos esforços para a fundação da Universidade Católica da Irlanda (mais tarde, transformada na College University, onde Joyce se graduou), tendo sido seu reitor entre 1854 e 1858. Reconhecido pelo estilo brilhante de sua prosa, era uma das grandes admirações literárias de James Joyce, admiração que Joyce transfere ao personagem central de *Um retrato do artista quando jovem* (Autêntica, 2018).

Ballard – George Ballard (1706-1755), biógrafo inglês.

Elizabeth Elstob – (1683-1766). Pesquisadora da língua anglo-saxônica, é tida como uma das primeiras feministas inglesas.

(163) Lady Elizabeth Hastings – (1682-1739); filantropa inglesa.

Walter Bagehot – (1826-1877), economista e jornalista.

Lady Stanley of Alderley – Henrietta Maria Stanley, Baronesa Stanley of Alderley (1807-1895), nascida no Canadá, foi uma importante promotora da educação das mulheres na Inglaterra.

(167) Gibbs's Building – o edifício do King's College, da Universidade de Cambridge, em que ficavam os aposentos dos professores que faziam parte da diretoria.

John Bowdler – (1746-1823), autor inglês de tratados políticos e religiosos.

Dois

(169) Women's Freedom League – uma dissidência da Women' s Social and Political Union (WSPU; ver nota ao capítulo Um), liderada por Charlotte Despard (1844-1939), romancista e sufragista inglesa.

(171) Harriet Martineau – (1802-1876), teórica social e escritora feminista.

(172) ambos os tribunais – isto é, King's Bench e Queen's Bench, os tribunais superiores de justiça na Inglaterra.

Lady Baldwin – Lucy Baldwin (1869-1945), esposa do então primeiro-ministro, Stanley Baldwin, escritora e ativista em favor da assistência à maternidade.

Debrett – isto é, *Debrett's Peerage, Baronetage, Knightage, and Companionage*, um guia de etiqueta e de informações sobre títulos de nobreza, publicado, pela primeira vez, em 1769. De acordo com Naomi Black, entretanto, em nota à edição da Shakespeare Head Press de *Três guinéus*, a citação aqui fornecida por Virginia não é desse guia, mas de outra publicação semelhante, *Burke's Genealogical and Heraldic History of the Peerage and Baronetage, the Privy Council, and Knightage.*

cruz *patonce* – de acordo com o dicionário Oxford, trata-se de uma cruz com braços simétricos que se expandem em curva desde o centro, terminando numa figura semelhante à flor-de-lis (como esta: tinyurl.com/y3kcnghm).

Britannia – personificação feminina da ilha da Grã-Bretanha.

(173) KCVO – iniciais do título honorífico "Knight Commander of the Royal Victorian Order".

· 229 ·

174 **Monica Grenfell** – Monica Grenfell Salmond (1893-1973), trabalhou como enfermeira da Cruz Vermelha, na França, durante a Primeira Grande Guerra.

Whitechapel – distrito de Londre, conhecido, durante o século XIX e o início do século XX, como uma área pobre, com habitações precárias e infestadas de todo tipo de malfeitores. Em *Flush* (Autêntica, 2016), Virginia assim descreve a região: "Em Whitechapel, [..]a pobreza e o vício e a miséria tinham reproduzido e fermentado e propagado a sua espécie, sem interferência e por séculos a fio. [...] As vielas fervilhavam o dia inteiro de seres humanos seminus; à noite, de novo juntavam-se à corrente os ladrões, os mendigos e as prostitutas que tinham exercido o seu ofício durante o dia todo no West End" (p. 60).

O papel de Wilson – isto é, Lily Wilson, a criada de Elizabeth Barrett Browning, que a acompanhou em sua fuga para a Itália com Robert Browning. Em *Flush* (Autêntica, 2016), Virginia dedica uma longa nota (a de número 6, p. 116) a Lily Wilson.

concepção vitoriana, eduardiana... georgiana – os adjetivos remetem, respectivamente, aos reinados da rainha Vitória, de 1837 a 1901; do rei Edward VII, de 1901 a 1910; e do rei George V, de 1910 a 1936.

175 **Na Epístola aos Coríntios** – as referências bíblicas entre colchetes são, neste caso específico, do tradutor. Utilizo aqui, como em outros locais, a tradução da Bíblia conhecida como Bíblia Almeida.

176 *Est-il cependant absolument impossible...* – em francês no original: "É, entretanto, absolutamente impossível que Paulo tenha contraído com essa irmã uma união mais íntima? Não saberíamos dizê-lo".

Charles Kingsley – (1819-1875), professor universitário e romancista britânico.

177 **Upton Sinclair** – Upton Beall Sinclair Jr. (1878-1968), escritor americano.

178 **sra. Pankhurst** – Emmeline Pankhurst (1858-1928), líder do movimento em favor do voto feminino e fundadora da associação sufragista WSPU (ver nota ao capítulo Um).

Vejam o que sofro... – palavras de Antígona na tragédia homônima. As duas frases correspondem, respectivamente, às linhas 942-3 e 921-924 (Virginia as cita em ordem inversa à que aparecem na tragédia).

atirou os filhos da luz do sol... – as frases de Creonte aqui citadas correspondem, respectivamente, às linhas 1068-1069; 673; e 666-667 de *Antígona*.

Não é de minha natureza... – as palavras de Antígona estão na linha 523 de *Antígona*; as de Creonte, nas linhas 525-526.

Três

(179) **W. B. Yeats** – William Butler Yeats (1865-1939), poeta irlandês.

Synge – John Millington Synge (1871-1909), dramaturgo e poeta irlandês.

(180) **Lady St Helier que, quando era ainda Lady Jeune** – Susan Mary Elizabeth Mary Stewart-Mackenzie (1845-1931). Virginia refere-se aqui ao fato de que, no seu segundo casamento, em 1881, ela se tornou Lady Jeune e, mais tarde, em 1905, quando o segundo marido, Francis Jeune, foi nomeado Barão de St Helier, ela passou a ser chamada de Lady St Helier. Em outras palavras, ela foi Lady Jeune de 1881 a 1905 e, Lady St Helier, de 1905 até sua morte. [Lady St Helier aparece antes, na nota 31 do capítulo Um.]

petits poussins – em francês no original: franguinhos.

Queen's College – ver, acima, a nota "escola de Maurice".

Maurice – ver, acima a nota "escola de Maurice".

King's College – uma das faculdades da Universidade de Cambridge.

(181) **Fleet Street** – rua de Londres em que se localizavam as principais gráficas e sedes de jornais.

(184) ***Life as We Have Known It...* organizado por Margaret Llewelyn Davies** – ver, a respeito desse livro, a carta introdutória de Virginia em *As mulheres devem chorar... Ou se unir contra a guerra* (Autêntica, 2019).

Os olhos profundamente afundados nas órbitas... – como indica a referência bibliográfica de Virginia, o relato é extraído da tradução inglesa de um livro de Louis Delaprée (*Le Martyre de Madrid*). Louis Marie Joseph Delaprée (1902-1936) foi correspondente, na Espanha, do jornal diário francês *Paris Soir*, no início da guerra civil espanhola. O livro, em sua tradução inglesa, pode ser lido aqui: tinyurl.com/y4x9eyu7.

fauve – em francês no original: felino.

(185) **sra. Oliver Strachey** – isto é, Ray Strachey (1887-1940), feminista, artista e escritora inglesa, aqui chamada pelo nome do marido.

(189) **A. R. Orage** – Alfred Richard Orage (1873-1934), editor da revista *New Age*.

Posfácio

A vida da felicidade natural: o feminismo de Virginia Woolf

Naomi Black
Tradução de Lúcia Leão

Atualmente, considera-se, em geral, que Virginia Woolf era feminista e que era, além disso, uma escritora feminista. Mas nem sempre foi assim. Muitas das pessoas que reconheciam a força de suas convicções sobre a situação das mulheres negavam, contudo, que elas tivessem qualquer importância para sua obra. E aquelas que terminavam vendo como seu feminismo está presente em sua obra faziam, frequentemente, interpretações bastante variadas a esse respeito. Embora amigos, parentes e críticos concordassem que Virginia desejava que houvesse igualdade para as mulheres, entendiam essa igualdade como significando simplesmente o direito de votar, ou o acesso das mulheres à educação e às profissões liberais, ou uma androginia que eliminaria as distinções entre masculino e feminino, ou, até mesmo, uma sociedade separatista exclusiva para mulheres, composta de amazonas ou lésbicas. Porém, de modo geral, essas pessoas concordavam em situar a origem e o programa do feminismo de Virginia nas suas experiências de vida. Com raras exceções, aqueles que se debruçaram sobre essas questões afirmaram que ela não era política e que não tinha uma participação significativa no movimento das mulheres de sua época.[*] Sou de opinião, no entanto, de que quase todas essas interpretações são equivocadas.

---

[*] Duas exceções interessantes são Berenice Carroll, em "'To Crush Him in Our Own Country': The Political Thought of Virginia Woolf" (1978), e Jane Marcus em "'No More Horses': Virginia Woolf on Art and Propaganda" (1977). Nem Marcus nem Caroll, no entanto, discutem a efetiva participação política de Virginia Woolf. James Naremore, em "Nature and History in *The Years*" (1979), faz uma análise bastante inteligente de *Três guinéus*.

Virginia Woolf *era* feminista, é claro. Seu repúdio ocasional ao termo é ao mesmo tempo irônico e complexo. Em *Três guinéus*, numa passagem famosa e muito mal interpretada, ela atacou a palavra "feminista", afirmando ser "uma palavra viciada e corrompida, que causou tanto dano em sua época e está agora obsoleta" (p. 111),* e insistiu que fosse queimada e destruída. Mas o texto continuava e explicava que mulheres como Josephine Butler não deveriam ser rotuladas de feministas porque elas "combatiam a tirania do Estado patriarcal" como um todo, não se limitando a defender os direitos das mulheres. Essa afirmação não é um repúdio ao feminismo, mas uma diferenciação entre suas diversas modalidades. A modalidade de feminismo própria de Virginia é o tema em que vou me concentrar aqui. Seu sistema de convicções constitui sua política.

Além disso, Virginia teve, sim, várias e importantes ligações com o movimento das mulheres. Ela trabalhou em seu favor mais do que se supunha, acompanhou seus avanços com interesse e afeto, e seus textos feministas foram muito influenciados por ele. Quando ela criticava pessoas ou grupos feministas, era como alguém que se solidarizava, mas que via as incongruências humanas que são particularmente flagrantes em quem serve a uma Causa.

Por outro lado, Virginia aceitava o julgamento de que ela não era política. "Virginia era o animal menos político que já existiu desde que Aristóteles cunhou o termo", escreveu Leonard Woolf, o integrante da família que era "político" (Woolf, 1967, p. 27). Ela concordava. "Não posso acreditar em guerras e em política", escreveu numa carta, em 1900. "Eu me recuso a entrar em política – antes de mais nada, porque não consigo compreendê-la", repetiu, em 1936. E mais uma vez, aproximando-se do final da vida: "De qualquer modo, eu não sou política" (Nicolson; Trautman, 1975-1980, v. I, p. 325; v. VI, p. 28, 478). Mas nisso ela estava enganada. Na verdade, Virginia, que aceitava algumas das noções de política da época, exercia uma

---

* O feminismo pode ser definido em termos pessoais e organizacionais. Inclui o desejo de que as mulheres não sejam consideradas inferiores ou incompletas de acordo com os padrões masculinos e insiste que as mulheres não estejam em desvantagem em comparação com os homens. A definição de feminismo entendido aqui se aproxima da que encontramos no livro *Woman's Body, Woman's Right: Birth Control in America*, de Linda Gordon (1976).

participação política bem típica das mulheres. Ela trabalhava em diversos níveis, com organizações variadas e com objetivos diferentes daqueles usualmente considerados políticos. Ainda mais importante é que nos seus textos feministas ela expressava o mesmo feminismo político de grupos como o das sufragistas britânicas não militantes e suas descendentes. Não é coincidência que ela tenha se associado especificamente a esses grupos feministas "sociais".

Virginia era uma escritora profissional e bastante dedicada, tendo publicado vinte livros durante a vida, sem falar nas centenas de panfletos, ensaios e resenhas de livros que foram reunidos em mais de seis volumes. É nos seus textos que encontramos seu feminismo – sua política. E é nos seus textos feministas que me concentrarei aqui, especialmente no polêmico *Três guinéus*, publicado em 1938. Mas devemos primeiro examinar rapidamente a relação de Virginia tanto com a política convencional quanto com o movimento das mulheres de sua época. O mal-entendido – e a desvalorização que reinou por tanto tempo – relativamente ao seu feminismo está associado ao mal-entendido do que hoje parece ser, claramente, um comportamento político.

Não é difícil compreender por que os contemporâneos de Virginia, e até ela mesma, estivessem tão inclinados a considerá-la apolítica. Seus interesses e ocupações não correspondiam às clássicas noções aristotélicas de política, definida como as atividades relacionadas à administração pública (Okin, 1979). Sem ambição para assumir cargos, ela se satisfazia, como tantas outras mulheres, em permanecer na política de base popular, no seu caso o Partido Trabalhista de Rodmell, do qual chegou a ser secretária durante um período (Woolf, 1967, p. 27; Bell, 1972, v. II, p. 186). Mesmo naquele contexto, as questões que chamavam sua atenção e as soluções que ela privilegiava não eram comuns. Tampouco eram comuns suas interpretações sobre o que estava acontecendo. Seu sobrinho, Quentin Bell, contava que ela considerava desconcertante e até mesmo irrelevante a explicação marxista e juvenil que ele dava da guerra em termos da "crise econômica mundial" e sua defesa de táticas como a da Frente Unida. Na biografia que escreveu sobre a tia, Bell descreveu a reação exasperada de homens "políticos" diante da insistência de Virginia em enfatizar a questão dos direitos das mulheres e, o que é ainda pior, de associar essa questão ao fascismo, que era o grande problema da década de 1930.

"A relação entre as duas questões parecia tênue", ele escreveu, "e as inequívocas sugestões de que havia alguma relação eram totalmente inadequadas". Ele terminou, de fato, deixando a polêmica de lado e concluiu que tudo aquilo era "a reação instintiva dela, a reação do feminino em oposição ao masculino – 'o masculino brutal'" (Bell, 1972, v. II, p. 186, 187, 205). Ele pensava e, na verdade, a própria Virginia também, que a única questão reconhecidamente "política" relacionada às mulheres era o direito ao voto, e em 1928 as mulheres na Inglaterra haviam conquistado o direito de votar nas mesmas condições que os homens. A constante insistência de Virginia nas questões relacionadas às mulheres era, portanto, considerada por Bell, por ela própria e por outras pessoas como não-política. A associação que ela fazia entre a situação das mulheres e o fascismo (como em *Três guinéus*) era, para essas pessoas, pior, era uma prova de sua excentricidade e sua incompetência. O próprio Leonard Woolf tratou do paradoxo que era a combinação que sua esposa fazia de um ativismo quase político e de atitudes que, em sua opinião, não o eram, observando que ela era "intensamente interessada em coisas, pessoas e eventos... e extremamente sensível ao ambiente que a cercava" (Woolf, 1967, p. 27). Esse diagnóstico do feminismo de Virginia como sendo literário e pessoal é o mesmo feito por Quentin Bell. Antes dele, havia sido também o de seu pai, Clive Bell (1956). Era essa também a opinião de Nigel Nicolson, filho de Vita Sackville-West, grande amiga de Virginia, mas que não era feminista (Nicolson; Trautman, 1975-1980, v. V, p. xviii).

Um tanto ironicamente, as feministas contemporâneas não deixam de ter alguma responsabilidade na perpetuação das explicações que, apoliticamente, situam a origem do feminismo de Virginia em sua própria vida. Seu pai foi sem dúvida um patriarca, até mesmo tirânico, mas as objeções dela ao patriarcado estendem-se muito além dos seus sentimentos contraditórios em relação a Leslie Stephen, do mesmo modo que seu pacifismo tem outras raízes mais importantes, e certamente mais antigas, do que o fato de ter compartilhado com sua irmã a dor pela morte de Julian Bell na Guerra Civil Espanhola.

É importante enfatizar hoje que o feminismo de Virginia era, de fato, político. Afirmar que era pessoal e idiossincrático significa minimizá-lo e deturpá-lo. Da mesma maneira, afirmar que o movimento das mulheres restringia-se à luta pelo direito ao voto, dizer que a igualdade de condições era seu objetivo e que em 1928 o movimento havia atingido essas metas na Inglaterra significa relegar a segundo plano os programas e as convicções do histórico movimento das mulheres, assim como os de Virginia. Para Virginia, o feminismo significava mais do que o voto, e também mais do que a irmandade entre mulheres, queixas em comum, apoio mútuo e o sucesso obtido de maneira independente. Significava, especificamente, as convicções que constituem o feminismo social.*

As organizações feministas podem ser explicadas historicamente em função de dois conjuntos de convicções diferentes, porém intimamente relacionados: o que tem sido chamado de feminismo "político" ou de "direitos iguais" e o feminismo "social" ou "maternal". Os dois têm sido, reiteradamente, importantes em todo o mundo industrializado e continuam existindo lado a lado (Black, 1978, 1980). O mais conhecido é o feminismo dos direitos iguais, que alcançou sua máxima visibilidade nas campanhas pelo sufrágio do início do século vinte; ele ainda impulsiona segmentos importantes do American Women's Movement, como as campanhas pela Emenda dos Direitos Iguais. Para esse tipo de feminismo, o argumento básico em defesa dos direitos das mulheres é que elas são essencialmente iguais aos homens, ou seriam, se tivessem as devidas oportunidades. Essa é a posição de John Stuart Mill em *The Subjection of Women*. Organizações feministas que defendem a igualdade de direitos buscam revogar disposições legislativas e outras medidas que impedem que as mulheres tenham acesso às oportunidades às quais todos os seres humanos têm direito.

No final do século dezenove, o voto havia se tornado o principal símbolo das desvantagens das mulheres. Em se tratando de justiça, o sufrágio significava igualdade. A expressão máxima dessa posição era a crença de que qualquer tratamento diferenciado para as mulheres seria uma incapacitação degradante; algumas das feministas que defendem a igualdade de direitos se opõem a qualquer forma de licença-maternidade ou benefícios desse tipo.

---

* O feminismo social não deve ser confundido com o feminismo socialista, que vê no fim do capitalismo a solução para as desvantagens das mulheres. Virginia Woolf era socialista no sentido de que se opunha ao capitalismo, mas seu feminismo tem origem diferente: na sua análise da natureza do patriarcado. Para a análise do feminismo social, ver *The Woman Citizen: Social Feminism in the 1920s*, de J. Stanley Lemons (1975).

Mesmo nas maiores coalizões pelo sufrágio, porém, a maioria das ativistas não defendia o voto feminino primordialmente por razões simbólicas, ou mesmo como um recurso de autoproteção cidadã. Em sua grande maioria, os argumentos do movimento das mulheres para melhorar sua condição social baseavam-se nas convicções sobre as *diferenças* entre as mulheres e os homens. Havia divergências entre as que pensavam desse modo, e diziam respeito à questão de decidir se as características que diferenciam as mulheres são inatas ou se são um produto cumulativo das experiências de dar à luz, cuidar dos filhos e da casa. Seja como for, as feministas sociais acreditam que as mulheres criaram um conjunto de valores e aptidões práticas que são excluídos, juntamente com as mulheres, da sociedade mais ampla, que é organizada e administrada pelos homens. As virtudes femininas as tornam provedoras de cuidado e atenção, cooperativas e pacíficas. As aptidões femininas produzem ordem, abundância e segurança. Um papel de autoridade na esfera pública para as mulheres faz-se, portanto, necessário, para aperfeiçoar um sistema social defeituoso. O voto era o instrumento necessário para as mulheres ingressarem no serviço público, o que transformaria o Estado. Entre o final do século dezenove e o início do século vinte, esses argumentos persuadiram mulheres extremamente convencionais de que era apropriado agir agressivamente para obter um papel na esfera pública. Hoje, persuadem muitas feministas de que é necessário que as mulheres desempenhem na política um papel muito maior do que os que já tiveram.

Uma parte importante da fundamentação do feminismo social sempre foi a postura das mulheres em relação à violência, especialmente em relação à guerra. Algumas feministas sociais argumentavam que as mulheres ou as mães, por sua constituição, eram de algum modo incapazes de violência. Uma visão mais moderada e amplamente aceita entre as sufragistas era que a socialização das mulheres impediria que um governo dirigido por elas se tornasse imperialista ou bélico: as mulheres, que dão à luz e dão a vida, não se descuidariam dela tanto assim. Para as que aceitavam esse argumento, essa era uma das razões mais contundentes para a participação das mulheres na vida pública. Em 1916, Virginia expressou essa conexão em uma carta:

> Eu me torno cada vez mais feminista graças ao *The Times*, que leio durante o café da manhã, e me pergunto como essa ficção masculina absurda [a guerra] estende-se por mais um dia sem

que nenhuma jovem vigorosa nos reúna numa marcha para desmantelá-la (Nicolson; Trautman, 1975-1980, v. II, p. 76).

A maior parte das integrantes do movimento sufragista britânico aceitava os argumentos do feminismo social e frequentemente também os argumentos em defesa da igualdade de direitos. Mesmo as sufragistas militantes, membros da Women's Social and Political Union, lideradas por Emmeline Pankhurst e suas filhas, acreditavam que os valores e as capacidades das mulheres eram diferenciados e superiores, apesar de elas não terem, de modo algum, escapado de um comportamento bélico. Certamente, a maioria dos membros da imensa coalizão de não militantes, a National Union of Women's Suffrage Societies, pautava seu ativismo por esses argumentos.* O mesmo fazia a Guilda das Mulheres, que reunia esposas de operários relativamente prósperos. Além disso, a Guilda das Mulheres era uma das unidades da People's Suffrage Federation, uma coalizão composta principalmente de organizações de mulheres operárias que parece ter sido o grupo do "sufrágio universal" com o qual Virginia Stephen trabalhou em 1910. Essas eram as organizações de mulheres com as quais Virginia Woolf estava associada.

A relação efetiva de Virginia com a WCG e com a NUWSS parece ter sido mais ampla do que se pensava. Ela participou, por exemplo, das conferências anuais da Guilda pelo menos em 1916 e 1922, e de 1916 a 1920 organizou e conduziu reuniões da Guilda local na sua casa em Richmond. Sua correspondência e seus diários revelam seu constante interesse na Guilda, e a evidência mais clara disso é sua "Carta introdutória" (Woolf, 2019, p. 47-68) a uma coletânea de memórias das mulheres da Guilda publicada pela Hogarth Press em 1931. Essa "Carta" é um dos textos feministas mais importantes de Virginia; sua preparação exigiu consultas minuciosas às mulheres da Guilda e a sua amiga de longa data, Margaret Llewelyn Davies, que foi secretária do grupo durante 24 anos.

---

* A National Union of Women's Suffrage Societies (NUWSS) decidiu, com muita relutância, apoiar a Primeira Guerra Mundial, aceitando o argumento de que essa guerra permitiria acabar com o militarismo, pelo menos na Alemanha. Depois da guerra, retomou o pacifismo. A Guilda das Mulheres foi sempre incansavelmente pacifista. Ver a declaração da NUWSS na *International Women's Suffrage News* citada por Arnold Whittick em *Woman into Citizen* (1979, p. 296) e Ray Strachey em *Millicent Garrett Fawcett* (1931).

Quanto às sufragistas não militantes da NUWSS, podemos agora identificar uma relação entre Virginia e a organização que a sucedeu, posteriormente rebatizada de Fawcett Society, que durou até sua morte. Sabemos que ela escreveu pelo menos um artigo para o periódico da sociedade, *The Woman's Leader,* e que ao menos pensou na possiblidade de lhes ceder o manuscrito de *Um quarto todo seu* para que o vendessem em benefício da sociedade. Em 1930, durante uma homenagem à compositora feminista Ethel Smyth e sob os auspícios da Fawcett Society, ela fez uma palestra chamada "Profissões para mulheres" (Woolf, 2019, p. 29-35), que seria a primeira versão de *Três guinéus.* Uma série de referências em cartas e diários revelam o quanto Virginia apreciava a biblioteca da Marsham Street;* ela pedia aos amigos que contribuíssem com fundos para a biblioteca, a utilizou amplamente para pesquisas para *Três guinéus* e manteve, de 1938 até sua morte, um acordo permanente segundo o qual doava para a biblioteca os livros de que precisavam.

Em suma, até mesmo a participação relativamente breve de Virginia na campanha pelo sufrágio parece mais significativa do que geralmente se considera. Parece particularmente importante que sua participação, mesmo então, tenha acontecido por meio de organizações de mulheres essencialmente ligadas ao feminismo social e em conjunto com elas. Para a suposta "inválida senhora de Bloomsbury",** ela demonstra ter tido uma participação extraordinária em organizações – mas em organizações que nem ela nem seus amigos tinham como políticas. Daí, mais uma vez, a tendência em considerá-la apolítica. E mesmo em relação àqueles grupos, ela não demonstrava um nível de comprometimento voluntário comparável ao de algumas de suas

---

* Mais detalhes sobre a associação de Virginia Woolf com o movimento das mulheres podem ser encontrados no meu artigo "Virginia Woolf and the Women's Movement" (1983).

** Epíteto atribuído pelo escritor E. M. Forster (1879-1970) ao também escritor Arnold Bennett (1867-1931), em sua conferência proferida na série conhecida como Rede Lecture (ver nota na página 253), em 29 de maio de 1941. Não há nenhum registro de que Bennett tenha realmente pronunciado ou escrito a expressão a ele atribuída por Forster. Para um resumo da polêmica entre Woolf e Bennett, ostensivamente favorável ao último, ver o ensaio de Samuel Hynes, "The Whole Contention between Mr. Bennett and Mrs. Woolf". (N.E.)

amigas. Na People's Suffrage Federation, na WCG, nas organizações de luta pelo sufrágio e suas sucessoras, havia mulheres que se dedicavam por completo, e durante muitos anos. A principal ocupação de Virginia sempre foi sua escrita. A escrita, seus problemas de saúde e a preocupação do marido com seu bem-estar significavam que sua atividade política, qualquer que seja sua definição, não ocupava de modo algum o centro de sua vida. Mas nos seus textos, e especialmente nos textos especificamente feministas, podemos ver tanto a influência dos grupos aos quais ela se associava quanto a influência do feminismo social que tinha em comum com eles.

As versões mais simples do feminismo social inspiravam-se, ingenuamente, na biologia. Considerava-se que a maternidade havia criado nas mulheres uma natureza mais pura e melhor que a dos homens. Quando as feministas perceberam como essas visões haviam sido utilizadas para impor restrições às mulheres, reverteram o argumento de modo que as qualidades intrinsicamente femininas se tornassem a justificativa para as mulheres desempenharem um papel na esfera pública. Nas discussões mais sutis de Virginia, não é simplesmente a natureza das mulheres que produz suas virtudes nem simplesmente a sociedade que as mantêm confinadas. Determinadas características femininas irredutíveis fornecem o material com o qual as estruturas sociais operam. A sociedade manteve as mulheres em casa, mas a própria natureza sexual e reprodutora das mulheres facilitou esse processo. Em *Um quarto todo seu,* Judith, a irmã imaginária e desventurada de Shakespeare, conseguiu inicialmente superar as barreiras sociais que impediam o sucesso feminino. Mas pagou por isso com sofrimento psicológico, gravidez e, por último, a morte. É por isso que *Três guinéus* sugere uma remuneração especial para as mães como uma das reformas fundamentais para a transformação da sociedade; essa medida representa a independência econômica e a recompensa que se expressa em termos financeiros para a única área de atividade que é, de maneira distinta e permanente, feminina.

Pois para Virginia a situação das mulheres não deveria ser atribuída exclusivamente à sua natureza nem às instituições sociais, e sua avaliação do espaço doméstico e feminino era muito mais complexa do que as usuais avaliações das feministas sociais. As medidas políticas que ela defendia eram aquelas do movimento das mulheres de sua época, mas seu raciocínio era ligeiramente diferente, se aproximava mais dos argumentos das feministas de hoje. Especificamente, ela tinha uma maneira incomum de apontar os defeitos da vida privada, bem como os da vida pública.

Os vitorianos e os eduardianos tendiam a idealizar a casa como um abrigo contra as brutalidades da vida pública no capitalismo industrial. O ideal do "Anjo da Casa" ainda é bastante válido, sobrevivendo mesmo hoje no mito midiático da família feliz reunida à mesa em torno de uma mãe generosa e sorridente. Virginia reagiu, sem dúvida, à atração que esse anjo exercia. No conto "Uma sociedade", ela imaginou uma sociedade de jovens mulheres que chegaram à conclusão de que, enquanto se esperava dos homens que produzissem "bons livros", as mulheres tinham a vocação superior de produzir "boas pessoas". Nessa história, os homens são comparados ao cacto estéril do qual só o aloé floresce, e apenas uma vez a cada cem anos; as mulheres é que dão a vida, as que tornam a vida melhor (Woolf, 2019, p. 11, 14). Julia Stephen foi o centro absoluto de uma família patriarcal quase estereotípica que se desintegrou depois de sua morte, como sabia muito bem sua filha. Assim como na "Carta introdutória" ela exalta as virtudes das esposas da classe operária, em *Três guinéus* ela enaltece as mulheres de classe média e alta, traduzindo seu papel afetivo nas imagens de mulheres mexendo panelas e balançando berços. Virginia também argumentou que, além de prover cuidado e atenção, as mulheres haviam sido capazes de exercer as virtudes adquiridas por terem sido excluídas da educação formal e da independência econômica. As virtudes específicas das mulheres eram "a pobreza, a castidade, a irrisão e a libertação das lealdades irreais". Isso resulta em desapego e integridade – qualidades que são boas para gerir uma família, condições essenciais para a criatividade e para evitar conflitos na vida privada e na pública.

Ao mesmo tempo, Virginia tinha muito a dizer sobre os vícios produzidos nas mulheres que ficavam encerradas no mundo privado da família, numa situação de dependência econômica, física e psicológica. O espaço doméstico era melhor sob muitos aspectos, pois havia desenvolvido, pelo menos nas mulheres, certas qualidades nitidamente superiores. As mulheres haviam também escapado dos vícios públicos. Mas haviam desenvolvido problemas característicos dos escravos: tendência à manipulação, ao engodo, mesquinhez, ignorância, indiferença, ineficácia. Imagens da relação entre senhor e escravo são frequentes no feminismo de Virginia. Numa carta pública enviada ao "Afável

Hawk", Desmond Maccarthy, ela descreveu a relação entre homens e mulheres como "um barbarismo semicivilizado [que resulta em] uma eternidade de dominação, de um lado, e de servidão, de outro" (Woolf, 2019, p. 44). Os escravos são igualmente responsáveis pela situação. Em "Pensamentos sobre a paz durante um ataque aéreo", ela escreveu sobre as mulheres consumidoras de lábios carmesins e unhas carmesins como "escravas que tentam escravizar" (Woolf, 2019, p. 125). "Os hitlers são gerados por escravas", ela disse, ao refletir sobre o papel que as mulheres desempenham no fortalecimento do patriarcado e na criação de novas gerações de patriarcas e suas dependentes (Woolf, 2019, p. 125).

Mas se é igualmente degradante ser escravo ou senhor, os senhores têm, nitidamente, vantagens. Em casa, eles têm controle sobre todos os recursos e são quem decide sobre como partilhá-los. No espaço público, apenas aos homens é permitido adquirir riqueza, poder, educação, autoconfiança e, acima de tudo, a opção de cultivar a criatividade. Eles fizeram um péssimo trabalho na utilização dessas oportunidades; não demonstraram ter muito bom senso sobre sua própria vida e felicidade; mas tiveram oportunidades, simplesmente por causa do seu sexo. Seu fardo mais pesado, que eles não reconhecem, são os preceitos que necessariamente adquirem das instituições que levam ao sucesso na esfera pública. À medida que os rapazes progridem, passando da educação para a aprendizagem de uma profissão, habituam-se à competição, à hierarquia e à agressividade. Tornam-se comprometidos com a motivação do lucro, a ponto de até mesmo as potencialmente valiosas noções de ambição e patriotismo acabarem por se corromper. Em âmbito nacional, o resultado é uma vida pública desumana, voltada à exploração e nada criativa. Em âmbito internacional, o resultado são as guerras frequentes. E os homens levam essas atitudes e práticas da vida pública para casa, tiranizando e desprezando as mulheres que não possuem nem as vantagens, nem a formação, nem os mesmos valores que eles.

Ou seria o contrário? Virginia sugeriu também que o processo começou na família patriarcal, com sua aceitação inquestionável das características atribuídas* como base do status social. Atualmente,

---

* Em Sociologia, aquelas características individuais que, em contraste com as características adquiridas, estão ligadas à herança e ao nascimento ou estão além do controle individual, como, por exemplo, sexo, grupo étnico ou idade. (N.E.)

depois da Segunda Guerra Mundial, é mais aceitável afirmar que a família patriarcal é um dos principais fatores responsáveis pela criação de uma sociedade autoritária e bélica. O que Virginia dizia era mais extremo. Para ela, *toda* família é essencialmente autoritária por ser patriarcal, e *toda* sociedade de que se tem notícia é também patriarcal, autoritária e, fundamentalmente, bélica. Em vez de utilizar o jargão "autoritário", ela optou, naturalmente, pela provocação, fazendo referências polêmicas ao fascismo.

Na opinião de Virginia, que é a mesma de algumas teóricas atuais do feminismo, os dois espaços separados da atividade humana são patológicos. As mulheres fizeram melhor uso dessa separação porque desenvolveram as atitudes, as práticas e os valores que talvez possam redimir a vida pública. Mas elas não se beneficiaram disso pessoalmente. Os homens fizeram esforços de criatividade extraordinários em condições difíceis. Mas eles também se beneficiaram pessoalmente muito menos do que poderiam. Não existe, em nenhum desses espaços, um modelo adequado para o futuro, apesar de até mesmo a família imperfeita ser menos indesejável do que o atual mundo da política e da economia. E como as virtudes privadas, produzidas por exclusão, serão transferidas para a vida pública? E, principalmente, como farão as mulheres para se tornarem instruídas, ricas, ativas na esfera pública e poderosas, sem se tornarem exatamente iguais aos homens que estão substituindo ou aos quais estão se unindo? Uma "educação viciada" e "carreiras especializadas e árduas" não fazem distinção de sexo (Leaska, 1978, p. xliv). Virginia estava bem consciente dos riscos e das seduções da cooptação. Ela amava a vida social e expressava irritação, no seu *Diário*, com desfeitas como a de não ter recebido um convite para fazer parte do conselho da Biblioteca de Londres; quando ridicularizava e rejeitava a homenagem pública e os vários prêmios por conquistas dignas de aplauso, ela estava consciente do quanto eles podiam ser tentadores (Woolf, 2019, p. 83, 97).

Mas, no geral, como boa feminista social, Virginia acreditava que as mulheres seriam capazes de fazer os ajustes necessários. Em "A torre inclinada", ela escreveu: "No futuro, não vamos deixar que os livros sejam feitos para nós por uma pequena classe de homens jovens endinheirados que não têm mais que uma pitada de experiência para nos dar". A estrutura da frase coloca ênfase em "homens". Embora ela esteja se dirigindo a um grupo de homens da classe operária, o texto e seus comentários a respeito dele deixam claro que, entre os excluídos, ela colocava todas as mulheres. Ela era parte do grupo sobre o qual escreveu: "Vamos somar nossa própria experiência, dar nossa própria contribuição" (Woolf, 1966-1967, v. II, p. 181; Nicolson; Trautman, 1975-1980, v. VI, p. 467-468). A experiência feminina relevante era associada não apenas a "ser desprezada", mas também, e o mais importante, à versão particular das mulheres sobre a reprodução e a sexualidade. A primeira referência, no Diário, a uma "continuação" de *Um quarto todo seu* a descrevia como um relato "sobre a vida sexual das mulheres: será talvez intitulado 'Profissões para mulheres'" (Bell, 1977, v. IV, p 298, 6; o ensaio se encontra em Woolf, 2019, p. 29-35). Por outro lado, as vidas das mulheres tão cuidadosamente documentadas e analisadas em *Três guinéus* e em todos os artigos e resenhas de Virginia sobre mulheres pareciam ser frequentemente apresentadas como exemplos específicos das armadilhas da assimilação e de como elas poderiam ser evitadas: "ao considerar os experimentos que os mortos fizeram com sua vida no passado, nós possamos encontrar alguma ajuda..." (p. 85). Os exemplos são mais frequentemente utilizados para mostrar os riscos associados aos excessos caricaturados nas ilustrações de *Três guinéus* e relatados nos fracassos de mulheres "bem-sucedidas" como a sra. Humphry Ward e a sra. Ella Wheeler Wilcox.* Os verdadeiros sucessos têm menos utilidade, pois ocorreram no insatisfatório mundo presente. Ainda assim, Virginia ansiava por mais biografias, e insistia junto às feministas contemporâneas que pusessem no papel suas histórias. Para sua amiga íntima Ethel Smyth, ela escreveu explicitamente sobre a importância de haver relatos

---

* Escritoras que Virginia não tinha em alta conta. Humprhy Ward (o nome do marido, que ela adotou como pseudônimo literário), ou Mary Augusta Ward (1851-1920), de quem Virginia diz, no ensaio "Personalities", que "ninguém escreveu inglês pior que ela em alguns de seus romances", foi uma escritora inglesa. Ella Wheeler Wilcox (1850-1919) foi poeta americana, a quem Virginia dedicou um ensaio inteiro ("Wilcoxiana"), no qual ela é, em geral, avaliada negativamente. Esses julgamentos da obra de duas escritoras explicam a frase de Naomi Black: "os riscos ... relatados nos fracassos de mulheres 'bem-sucedidas'", isto é, escritoras que tiveram algum sucesso de público, mas que eram, segundo Virginia, medíocres. (N.E.)

francos e honestos sobre a sexualidade das mulheres (Nicolson; Trautman, 1975-1980, v. VI, p. 453).

As experiências das mulheres podem, portanto, servir de guia para a criação do futuro igualitário desejado. É necessário também destruir as estruturas dentro das quais essas experiências foram acumuladas. *Três guinéus* está repleto de imagens de incêndios e destruição, e de feministas dançando ao redor das chamas que consomem o patriarcado. A figura do Anjo da Casa era abnegada, até mesmo encantadora, mas Virginia falou em matá-la. Na mesma palestra que viria a se tornar *Três guinéus,* ela advertiu a plateia de jovens mulheres sobre os obstáculos que enfrentariam, os esforços e recursos que os homens empreenderiam para manter o controle. Afinal de contas, os homens tinham "uma longa tradição de posse do papel dominante" (Leaska, 1978, p. xliv). Mas ela supunha que as mulheres venceriam – vão com calma com esses pobres homens, achem graça, não tenham raiva: "Se pudermos nos libertar da escravidão, libertaremos os homens da tirania" (Woolf, 1966-1967, v. IV, p. 174). Para incentivar quem a ouvia, ela destacou o potencial dos homens; até mesmo atualmente já existem alguns homens "com os quais as mulheres podem viver em total liberdade, sem medo algum" (Leaska, 1978, p. xliv). Ela acreditava que as mulheres estavam se encaminhando para se libertar dos seus papéis limitadores e limitantes, e começando a criar um mundo de pessoas que não seriam nem patriarcas nem anjos. Num mundo como esse não haveria distinção de status social baseada em características atribuídas, como o gênero. Não haveria senhores nem escravos. Uma das principais consequências disso é que não haveria guerra.

De certo modo, os críticos de *Três guinéus* tinham razão quando afirmaram que o livro não falava exatamente sobre como evitar a guerra. A solução para a guerra é fácil: o pacifismo. Mas, de acordo com Virginia, apenas as mulheres são pacifistas, e geralmente pelas razões erradas e das maneiras erradas. Como seria uma *sociedade* verdadeiramente pacifista? Em 1938, não havia no vocabulário uma expressão para responder que uma sociedade assim seria "não sexista". O uso do termo "fascista" era equivocado. Seu oposto era "democrático", mas desde os tempos de Aristóteles o conceito de democracia pôde existir confortavelmente lado a lado com a total subordinação das mulheres. Porém, qualquer que seja a terminologia utilizada, a existência da violência não é a principal razão para querer acabar com uma sociedade assim e reformar a família, que é sua unidade constituinte. Pelo contrário, é o que uma sociedade igualitária pacífica seria em condições favoráveis. E, para a meta que tinha em vista, Virginia, a pacifista supostamente apolítica, fez uma descrição muito parecida à de Thomas Hobbes. O objetivo do governo, escreveu o autor de *Leviatã*, é "viver prazerosamente". Virginia denominou isso de "a vida da felicidade natural" (Lamprecht, 1949, p. 143; Nicolson; Trautman, 1975-1980, v. VI, p. 380).

A viscondessa Rhondda, que havia sido uma sufragista militante, escreveu em resposta a *Três guinéus* para dizer que tinha certeza de que as mulheres eram tão capazes de violência quanto os homens: "Em meu peito encontro, me parece, ecos de todo o orgulho, vaidade e combatividade que sempre vi nos homens". Virginia retrucou escrevendo o seguinte:

> Esses sentimentos existem em nós, naturalmente; eu os sinto me alfinetando a todo momento. Mas em nós eles são tão pouco estimulados; certamente, com o excelente exemplo daquilo que não devemos ser bem à nossa frente, podemos atenuá-los antes que se apossem de nós. Se reforçarmos a nossa posição de outsiders e a considerarmos como uma distinção natural, deverá ser mais fácil para nós do que para esses coitados rapazes...

Virginia comparou-se a seu "velho meio-irmão... que usava armas, montava cavalos e possuía vários acres". E, o mais importante, ela lembrou Lady Rhondda de como até mesmo aquela rica fidalga havia tido dificuldades por ser uma mulher tentando entrar no mundo do jornalismo:

> Mas não é isso também uma prova do que eu digo? – quero dizer, como uma mulher excluída de tantos santuários jornalísticos, você tem que lutar para entrar; e por isso não pensa, como aqueles que estão dentro naturalmente o fazem, em como manter os outros de fora (Nicolson; Trautman, 1975-1980, v. VI, p. 236-237).

Virginia estava demonstrando qual poderia ser o verdadeiro significado do "Clube das Outsiders", que ela sugeriu como a solução para os problemas da cooptação. Essa associação sem regras e sem dirigentes e, portanto, sem hierarquia ou status, parece ser uma precursora dos grupos de conscientização do atual movimento das mulheres, que não possuem estruturas hierárquicas. Uma associação assim atuaria como uma rede de estruturas de apoio dentro das quais mulheres como Virginia e Lady Rhondda lembrariam umas às outras do significado de sua história comum e de suas experiências pessoais. Feministas que leram *Três guinéus* escreveram perguntando se elas eram "outsiders". Naturalmente que sim, respondeu Virginia, que se considerava, ela própria, uma outsider. Ela também esclareceu que via o movimento das mulheres como um primeiro passo para o Clube das Outsiders. É possível que suas experiências com o movimento tenham lhe dado a convicção de que a causa das mulheres triunfaria.

Numa carta escrita um ano antes de sua morte, Virginia refletiu sobre como as outsiders poderiam tentar criar as condições que tanto desejavam no mundo pós-guerra:

> ...como compartilhar a vida depois da guerra: como combinar o trabalho dos homens e o trabalho das mulheres: na possibilidade, caso se chegue ao desarmamento, de eliminar as deficiências dos homens. É possível modificar as características dos sexos? Em que medida o movimento das mulheres é um experimento notável nessa transformação?

Perguntando-se se seria possível "baixar a crista e desarmar o esporão do galo de briga", ela considerava o impacto da guerra animador, pois havia removido grande parte da atração e do glamour do militarismo. E terminava num tom esperançoso:

> Tem-se, assim, a impressão de que os sexos podem se adaptar; e aqui (essa é a nossa tarefa) nós podemos, ou as jovens mulheres podem, exercer enorme influência. Muitos rapazes, se pudessem obter prestígio e admiração, renunciariam à glória e desenvolveriam aquilo que está agora tão tolhido... (Nicolson; Trautman, 1975-1980, v. VI, p. 380).

Virginia levou, assim, as ideias das feministas sociais a sua conclusão natural, a transformação não só do papel das mulheres, mas também da sociedade e, por fim, dos homens. Uma reação hostil, naquela época, a *Três guinéus* lamentava o fato de que isso destruiria a civilização tal como existia (Leavis, 1938, p. 212). A ideia de Virginia era exatamete essa; a necessidade de eliminar a civilização como nós a conhecemos, considerando-se que ela se sustenta no fascismo no interior da família e do Estado, na devoção não remunerada das mulheres à casa, na exploração das mulheres no local de trabalho e na estrutura implícita de valores que favorecem a competição, a hierarquia e a violência. "Mas e a *minha* civilização?", ela perguntou (Bell, 1977-1984, v. IV, p 298).

A imagem que a feminista social faz do mundo transformado é radical. Virginia pensava ser incapaz de apresentar os detalhes de como produzi-lo. Mais uma vez, pode-se ver como ela aceita a imagem de si mesma como relativamente apolítica. Numa carta a Ethel Smyth ela escreveu, bem a seu modo: "Mas naturalmente não estou na política para, de um salto, chegar às terras desejáveis" (Nicolson; Trautman, 1975-1980, v. VI, p. 478). Ela pensava que seu papel era o de prover a visão, como de fato o fez. No entanto, em suas obras feministas ela incluiu medidas específicas que o movimento das mulheres de sua época considerava serem os passos estratégicos no caminho para as "terras desejáveis". A lista é longa e corresponde, item por item, às reivindicações concretas feitas por grupos organizados de feministas. Grande parte de seu conteúdo continua sendo reivindicada hoje, ressurgindo em documentos como o Plano de Trabalho das Mulheres Americanas, de 1975, e o programa do Dia da Ação, de 1980, de 60 grupos associados ao Movimento das Mulheres Britânicas. Vale a pena mencioná-los aqui brevemente, pois representam as medidas específicas derivadas das feministas sociais.

Em *Um quarto todo seu*, seu texto feminista menos concreto, Virginia reivindicou, em nome de todas as mulheres, a independência econômica e a privacidade, bem como o controle sobre o casamento e a reprodução (através da irmã de Shakespeare), e a oportunidade de obter educação avançada. Essa última inclui tanto o acesso à instrução, em condições de igualdade, quanto a possibilidade de desfrutar das vantagens essenciais a ela relacionadas, tais como viagens e lazer. A "Carta introdutória" ao livro *A vida tal como a conhecemos* reforçava as reivindicações das mulheres operárias, tais como o voto em iguais condições aos homens, a reforma das leis de divórcio, o salário mínimo e a modernização dos equipamentos domésticos. Em *Três guinéus*, ela acrescentou um partido das mulheres no Parlamento, um jornal de mulheres, educação progressista (não hierárquica e que incluísse a história das mulheres), pensões para mulheres solteiras, salários para esposas e anestesia no parto. Essa última seria provavelmente o equivalente às reivindicações atuais por partos humanizados, nos quais as mães tenham mais participação; o salário parece ser para trabalhos domésticos, mas é provavelmente a remuneração especial para mães. Além disso, *Três guinéus* incluía o argumento em prol da admissão integral, e em condições de igualdade, das mulheres às profissões bem remuneradas, influentes e com maior nível de autoridade; ela examinou a Igreja e o serviço público em detalhes. Nesse meio tempo, as mulheres deveriam ser aceitas, em condições de igualdade, pelas instituições de ensino tradicionais já estabelecidas. Quem a leu e a acompanhou enquanto ela avaliava e registrava o nível exato de participação das mulheres, por exemplo, nas bolsas de estudo em Cambridge, poderá ter notado um prenúncio das técnicas da ação afirmativa, embora isso seja anacrônico para 1938. Virginia estava arrolando as medidas que uma mulher abastada poderia ajudar a promover, assim como políticas públicas que organizações de mulheres haviam considerado possíveis e as quais reivindicavam. Uma de suas maiores preocupações era fazer com que algumas mulheres ricas (e, portanto, poderosas) considerassem que essas mudanças eram urgentes.

Virginia fez, assim, a ponte entre os movimentos mais antigos das mulheres e os mais recentes, atuais. O novo movimento provavelmente acredita, equivocadamente, que o feminismo começou nos últimos anos (ver Dale Spender, 1982, 1983). Mas quando seus membros reagem à mensagem de Virginia, estão também implicitamente reconhecendo seu relacionamento com os grupos que compunham o contexto e eram, em parte, a fonte do feminismo dela. Os valores do feminismo social que ela acolhia continuam sendo parte importante das convicções das feministas de hoje. Para começar, ela articulava as convicções mais antigas e as que continuam existindo: a ênfase nas diferenças entre homens e mulheres, a convicção de que a dominação masculina deturpou a vida pública, a esperança nos resultados do impacto das mulheres na vida pública, a importância de reformas específicas, que o movimento defendeu e continua defendendo, e a noção de que as mulheres são quem provém cuidado e atenção e são, portanto, pacificadoras. Ela também acrescentou várias preocupações que não eram tão importantes para o movimento mais antigo ou que eram até mesmo alheias a ele, mas que se tornam cada vez mais importantes: o repúdio à família patriarcal, o medo da cooptação e da assimilação, as questões sexuais e a confiança no movimento das mulheres como fonte constante de apoio para as mulheres mesmo após a obtenção da igualdade em termos jurídicos. Os movimentos mais antigos e os mais recentes não interpretam da mesma maneira os problemas que se mantiveram presentes; houve, necessariamente, uma transformação na visão sobre a natureza da sexualidade e da maternidade, sobre a educação e a história das mulheres e sobre o fascismo e a guerra. Mas existem nítidas continuidades, tanto de ideias quanto de organizações.

As ligações de Virginia com o movimento das mulheres, bem como suas obras explicitamente feministas, deixam claro que ela foi, de fato, não apenas uma feminista que reivindicava a igualdade de direitos, não apenas uma feminista com uma orientação política, mas também uma feminista social e consciente de como o poder e as instituições explicam as desvantagens das mulheres. Por que, então, ela foi, durante tanto tempo, considerada apenas uma feminista no sentido pessoal, e por que se considerou, posteriormente, que ela estava comprometida apenas com formas limitadas de igualdade, com a androginia ou com o separatismo feminino?

As respostas, que podemos apenas esboçar aqui, parecem estar relacionadas às maneiras como sua obra foi analisada. No período em que ela foi estudada principalmente como romancista, sua ficção era apreciada pela inovação técnica. Os romances mais admirados no seu período de maior sucesso contrastavam profundamente com os romances "realistas" de protesto ou crítica social; sua mensagem e seu engajamento não eram facilmente reconhecidos, especialmente por um público para o qual feminismo significava sufrágio. Virginia estimulou essa desvalorização ingênua das ideias na ficção insistindo, ela mesma, que o proselitismo prejudicava a literatura criativa. Mas, mesmo quando a atenção se voltou para sua obra não ficcional, a mensagem era frequentemente mal interpretada. E. M. Forster, na palestra apresentada como parte da série de conferências conhecida como Rede Lectures,[*] a repreendeu delicadamente

---

[*] Conferência pública feita anualmente na Universidade de Cambridge, assim nomeada em homenagem a Sir Robert Rede (?-1519), por uma personalidade especialmente convidada. A de 1941 foi proferida por E. M. Forster (1879-1970) e centrava-se na figura de Virgina Woolf, falecida nesse mesmo ano. (N.E.)

por não ter uma "grande causa". Para ele, o feminismo havia prejudicado seus textos, e o rabugento *Três guinéus* era "o pior de seus livros". Ele não parece ter de modo algum considerado que os romances dela eram feministas (Rosenbaum, 1975, p. 207, 215).

Mesmo em *Um quarto todo seu*, de que quase todo mundo gosta, apenas parte da argumentação é geralmente percebida. Os leitores concordam com o argumento dela de que a criatividade depende da libertação da insegurança e da capacidade de utilizar todas as dimensões da mente e da personalidade. Mas continuam muito menos sensíveis à insistência que acompanha tal argumento, de que tais condições são, por motivos materiais e psicológicos, particularmente difíceis de serem conseguidas pelas mulheres. Virginia se recusava a aceitar as afirmações de que as mulheres em geral, no século vinte, ou mesmo ela em particular, já desfrutassem dos mesmos privilégios e liberdades dos homens. Sua análise da persistência de restrições para as mulheres não se encaixava facilmente no feminismo da igualdade de direitos tão amplamente aceito. Era mais fácil ler *Um quarto todo seu* como algo que mostrava como as mulheres, que eram antes excluídas, estavam ingressando no que iria de alguma forma se tornar uma sociedade andrógina. Era esse o argumento defendido por Winifred Holtby num estudo sobre Virginia escrito antes da publicação de *Três guinéus*. Ela admirava Virginia, mas disse que, em sua opinião, a "visão da autora sobre a segregação [sexual] é excessiva". Virginia subestimou o quanto as mulheres estavam se integrando ao "mundo profissional, ao mundo político, ao mundo dos negócios", o quanto "para o ser humano maduro... essa questão de masculinidade e feminilidade" não era mais importante. Tal interpretação considerava a "Carta introdutória" para *A vida tal como a conhecemos* como o "avanço máximo de Virginia na escritura política… reconhecendo o papel desempenhado, até mesmo na vida dos artistas, pelas condições materiais e práticas de vida" (Holtby, 1978, p. 58, 91, 184, 186). Essa análise, que limitava extremamente o significado de *Um quarto todo seu*, distorcia, e muito, a "Carta introdutória". Depois da publicação de *Três guinéus,* deixou de fazer qualquer sentido.

Três guinéus, em todo caso um livro muito menos atraente e charmoso, foi ou rejeitado ou distorcido. Até mesmo as feministas do pós-guerra, que eram favoráveis a seu ponto de vista, achavam difícil aceitar a visão radicalmente transformadora do feminismo social e o relato sutil e desanimador de Virginia sobre os perigos e as oportunidades que as mulheres tinham à sua frente. Era muito mais fácil ler o livro como uma simples afirmação dos valores femininos; a segregação que havia sido imposta às mulheres poderia agora ser exaltada. Os homens ainda tendem a reagir com graus variados de desconforto ao que consideram uma caricatura do "patriarcado perverso como Virginia o via... um monstro pervertido". São essas as palavras de Herbert Marder, que foi um dos primeiros críticos a ter consciência da importância do feminismo de Virginia. Até mesmo Marder acabou rejeitando *Três guinéus* e seu argumento como "mórbidos". Seu julgamento final sobre o feminismo de *Três guinéus* foi de que era uma aberração:

> A principal ênfase de Virginia Woolf nos seus textos feministas... era a autotransformação, e a arte como meio para esse fim. Os romances e os livros ensaísticos foram resultado de uma preocupação com seu próprio dilema espiritual... Quando ela abandonou a arte pelo proselitismo, como em *Três guinéus*, seu egocentrismo se impôs... O ataque direto de Virginia Woolf contra o mal social é estridente e autoindulgente demais para ter sucesso, mesmo como proselitismo (Marder, 1968, p. 91, 176, 175).

Curiosamente, foram alguns dos críticos mais ferrenhos de *Três guinéus* que melhor entenderam seu significado. Em uma resenha histérica que chamava o livro de "tagarelice", "autoindulgência desagradável" motivada por preconceitos de classe e "hostilidade sexual", Q. D. Leavis reconhecia as implicações do feminismo social de Virginia:

> E temos também os coitados dos homens... Eles devem, desde o início, dividir a tarefa de cuidar de seus filhos. É uma profunda reviravolta nas suas atividades de assalariados e, assim, uma reorganização social regular deverá se seguir (Leavis, 1938, p. 204, 205, 209, 211).

Essa foi a mensagem de um feminismo que tem sido rotulado de social, mas que é, obviamente, político e que continua tendo seus efeitos.

O feminismo de Virginia Woolf foi político porque contestou algumas das noções correntes sobre poder e estrutura social e porque refletiu uma história programática e organizacional específica. A veemência das tentativas de definir esse tipo de feminismo como apolítico e marginal revela simplesmente o quanto ele é radical.

A guerra e o patriarcado continuam existindo, talvez com menos sustentação do que antes da época do movimento das mulheres. Ainda há um longo caminho a ser percorrido até que as mulheres tenham seus próprios quartos, o que significa independência econômica e igualdade política. As feministas que defendiam a igualdade de direitos tinham isso como meta. As feministas sociais queriam mais. Hoje, ainda aguardam o tempo da "Batida na porta", que foi um dos títulos iniciais para *Três guinéus*. Era esta a meta da política para Virginia Woolf: os passos do homem na escada vindo consultar a mulher, a porta sendo aberta pelas mulheres, e "a mais interessante, instigante e importante conversa que jamais se ouviu" (Leaska, 1978, p. xliv). A "vida da felicidade natural" será possível na sociedade em que essa conversa acontecer, pois essa será a tão aguardada e sempre pacífica comunidade de iguais.

Referências bibliográficas

BELL, Anne Olivier (Org.). *The Diary of Virginia Woolf.* 5 v. Londres: Hogarth Press, 1977-1984.

BELL, Clive. *Old Friends.* Londres: Chatto & Windus, 1956.

BELL, Quentin. *Virginia Woolf: A Biography.* Londres: Hogarth Press, 1972.

BLACK, Naomi. Changing European and North American Attitudes Towards Women in Public Life. *Journal of European Integration*, v. 1, n. 2, 1978, p. 221-240.

BLACK, Naomi. The European Communities' Surveys: "European Men and Women". *Journal of European Integration*, v. 4, n. 1, 1980, p. 83-103.

BLACK, Naomi. Virginia Woolf and the Women's Movement. In: MARCUS, Jane (Ed.). *Virginia Woolf: A Feminist Slant.* Chicago: University of Chicago Press, 1983.

CARROLL, Bernice. "To Crush Him in Our Own Country": the political thought of Virginia Woolf. *Feminist Studies*, v. 4, n. 1, fev. 1978, p. 99-129.

GORDON, Linda. *Woman's Body, Woman's Right: Birth Control in America.* New York: Grossman, 1976.

HOLTBY, Winifred. *Virginia Woolf: A Critical Memoir.* Chicago: Cassandra, 1978.

LAMPRECHT, Sterling (Org.). *Thomas Hobbes's De Cive.* Nova York: Appleton, Century, Crofts, 1949.

LEASKA, Mitchell. The Pargiters *by Virginia Woolf: the novel essay portion of* The Years. Londres: Hogarth Press, 1978.

LEAVIS, Q. D. Caterpillars of the Commonwealth Unite. *Scrutiny*, v. VII, set. 1938, p. 203-214.

LEMONS, J. Stanley. *The Woman Citizen: Social Feminism in the 1920s.* Urbana: University of Illinois Press, 1975.

MARCUS, Jane (Org.). *Virginia Woolf: A Feminist Slant.* Chicago: University of Chicago Press, 1983.

MARCUS, Jane. "No More Horses": Virginia Woolf on Art and Propaganda. *Women's Studies*, v. 4, 1977, p. 264-289.

MARDER, Herbert. *Feminism and Art: A Study of Virginia Woolf.* Chicago: University of Chicago Press, 1968.

NAREMORE, James. Nature and History in *The Years*. In: FREEDMAN, Ralph: (Org.). *Virginia Woolf: Re-evaluation and Commentary.* Berkeley: University of California, 1979, p. 241-262.

NICOLSON, Nigel; TRAUTMAN, Joanne (Orgs.). *The Letters of Virginia Woolf.* 6 v. Londres: Chatto & Windus, 1975-1980.

OKIN, Susan Moller. *Women in Western Political Thought.* Princeton: Princeton University Press, 1979.

ROSENBAUM, S. P. (Org.). *The Bloomsbury Group: A Collection of Memoirs, Commentary and Criticism.* Toronto: University of Toronto Press, 1975.

SPENDER, Dale. *There's Always Been a Women's Movement.* Londres: Pandora Press, 1983.

SPENDER, Dale. *Women of Ideas: And What Men Have Done to them From Aphra Behn to Adrienne Rich.* Londres; Boston: Routledge; Kegan Paul, 1982.

STRACHEY, Ray. *Millicent Garrett Fawcett.* Londres: John Murray, 1931.

WHITTICK, Arnold. *Woman Into Citizen.* Londres: Atheneum e Frederick Mueller, 1979.

WOOLF, Leonard (Org.). *Virginia Woolf: A Writer's Diary.* Londres: Hogarth Press, 1966-1967.

WOOLF, Leonard. *Downhill All The Way: An Autobiography of The Years 1919 to 1939.* Londres: Hogarth Press, 1967.

WOOLF, Virginia. *As mulheres devem chorar... ou se unir contra a guerra.* Belo Horizonte: Autêntica, 2019.

Minibios

Virginia Woolf (1882-1941) é uma das figuras mais importantes do modernismo literário de língua inglesa. Embora seja conhecida, sobretudo, por sua obra de ficção, ela foi também prolífica ensaísta – seus ensaios estão reunidos numa série de seis volumes, perfazendo um total de 3.000 páginas. É, entretanto, em seus dois livros de crítica social feminista, *Um quarto todo seu* e *Três guinéus*, que Virginia concentra todo o seu poder de hábil polemista e de arguta observadora da cena política e social de sua época.

György Kepes (1906-2001), nascido na Hungria, emigrou, em 1937, para os Estados Unidos, onde esteve à frente da fundação de importantes instituições de ensino das artes visuais como a New Bauhaus. Embora o fotograma que ilustra a capa do livro date do período em que já vivia nos Estados Unidos, o artista tinha começado a trabalhar com essa técnica quando ainda morava em Budapeste. O fotograma da capa, *Mão sobre fundo preto*, pertence ao acervo da Tate Modern, Londres (tinyurl.com/yybp7whs).

Lúcia Leão é tradutora e escritora. Tem mestrado em Literatura Brasileira pela Universidade do Estado do Rio de Janeiro (UERJ) e mestrado em Jornalismo pela Universidade de Miami.

Naomi Black é professora emérita de Ciências Políticas e Estudos da Mulher da York University (Toronto, Ontário, Canadá), onde lecionou por mais de trinta anos. Sua pesquisa se centra no ativismo e na teoria feminista. Suas publicações incluem *Social Feminism* (1989) e *Virginia Woolf as Feminist* (2004). Ela organizou e anotou a edição de *Três guinéus* da Shakespeare Head Press (2001).

Tomaz Tadeu é tradutor. Traduz Virginia Woolf desde 2012, sempre para a Autêntica Editora. Trabalha atualmente na tradução de *As ondas*, com publicação prevista para 2020.

9	Três guinéus
195	Notas do tradutor
233	Posfácio
258	Minibios

Copyright da tradução © 2019 Tomaz Tadeu
Copyright © 2019 Autêntica Editora

Título original: *Three Guineas*

Todos os direitos reservados pela Autêntica Editora. Nenhuma parte desta publicação poderá ser reproduzida, seja por meios mecânicos, eletrônicos, seja via cópia xerográfica, sem a autorização prévia da Editora.

EDITORAS RESPONSÁVEIS
Rejane Dias
Cecília Martins

ASSISTENTE EDITORIAL
Rafaela Lamas

REVISÃO
Cecília Martins
Lúcia Leão

PROJETO GRÁFICO DE CAPA
Diogo Droschi
(Sobre Hand on Black Ground, *de György Kepes [1906-2001], c. 1939-1940. © Tate, London 2019; © Estate of György Kepes [Imre Kepes and Juliet Kepes Stone])*

DIAGRAMAÇÃO
Guilherme Fagundes

Dados Internacionais de Catalogação na Publicação (CIP)
(Câmara Brasileira do Livro, SP, Brasil)

Woolf, Virginia, 1882-1941.
  Três guinéus / Virginia Woolf ; organização, tradução e notas Tomaz Tadeu ; posfácio Naomi Black. -- 1. ed. -- Belo Horizonte : Autêntica Editora, 2019. -- (Coleção Mimo).

  Título original: Three Guineas.
  ISBN: 978-85-513-0630-7

  1. Ensaios ingleses 2. Mulheres - Inglaterra - Condições sociais I. Tadeu, Tomaz. II. Black, Naomi. III. Título IV. Série.

19-28328   CDD-824

Índices para catálogo sistemático:
  1. Ensaios : Literatura inglesa 824

Maria Alice Ferreira - Bibliotecária - CRB-8/7964

Belo Horizonte
Rua Carlos Turner, 420
Silveira . 31140-520
Belo Horizonte . MG
Tel.: (55 31) 3465 4500

www.grupoautentica.com.br

São Paulo
Av. Paulista, 2.073, Conjunto Nacional,
Horsa I . 23º andar . Conj. 2310-2312
Cerqueira César . 01311-940 São Paulo . SP
Tel.: (55 11) 3034 4468

Este livro foi composto com tipografia Bembo
e impresso em papel Off-White 90 g/m² na Gráfica Santa Marta.